ハンガリー
チェコスロヴァキア現代史

矢田俊隆 著

山川出版社

PROLETÁŘI VŠECH ZEMÍ, SPOJTE SE
1948
1973

聖イシュトヴァーン像と漁夫の砦（ブダペスト）

二月事件（1948年）の25周年記念に集まったプラハの人々（1973年 2 月23日）➡

まえがき

本書は、東欧共産圏のうち西欧に近いハンガリーとチェコスロヴァキアの歴史を、第一次大戦後の現代を中心に概観したものである。

わたしはこれまで中欧の多民族国家ハプスブルク帝国の歴史を専攻してきた関係で、この国が解体した一九一八年以後の時期については、十分な勉強をしてこなかった。それにもかかわらず『ハンガリー・チェコスロヴァキア現代史』の執筆を引きうけたのは、つぎの理由による。第一に、ハンガリーとチェコ人の居住地ボヘミアとは旧ハプスブルク帝国の重要な構成部分であり、この両地方が一九一八年の独立後それぞれどのような道を歩んだか、旧帝国時代に解決されなかった諸問題——民族的対立や封建的なものの残存など——が、共産圏の社会主義体制下でどのように、またどの程度解決されているかは、かねてからわたしの大きな関心事であった。そこでこの機会に一応の見通しをつけておきたいと考えたのが、執筆を承諾した第一の動機である。

第二は、〝社会主義と自由〟の問題である。資本主義社会の矛盾を克服し、人間を解放するための方策として登場した社会主義が、スターリンに代表される集権的管理体制のもとで逆に人間を強く縛る結果になったこと、一九五六年のハンガリー動乱、一九六八年の「プラハの春」(チェコスロヴァキアの自由化)がそれへの反発としておこったものでありながら、しかも結局ソ連の戦車の力で圧服されたことは、わたしの心を強くゆさぶらずにはおかなかった。これら二つの事件の真相と背景をさぐりながら、現代管理社会における人間の自由の意味について考えてみたいというのが、執筆を思いたったいま一つの理由である。

本書は、このような動機から、本来の専門を越えた広範な領域について勉強を重ねながらようやくまとめあげた、一つの試論的覚書とでもいうべきものにほかならない。それゆえ当然のことながら、叙述にあたっては、巻末の参考文献リスト所載のものをはじめ、内外の既成の多くの研究成果に、全面的に依拠しなければならなかった。ここに深く謝意を表したい。とはいえ、本書はどこまでもわたし自身の責任でまとめたものであり、単なる事実の展開過程の説明を越えて、自由な解釈や評論的叙述にふみこんだところも少なくない。不十分な点の多いことはよく承知しているが、ハンガリーとチェコスロヴァキアの歴史を全体として包括的に取り扱った邦語の文献が皆無に近い現状のもとで、この書物が両国にかんする読者の関心と理解を高めるうえに多少でも役立つならば、大きな喜びである。

最後に、この仕事に専念できる条件を与えられた北大法学部、また本書の刊行にあたっていろいろとお世話になった山川出版社の内藤編集部長、斎藤幸雄・山岸美智子の諸氏に、深く感謝する。

一九七八年七月一〇日

矢田俊隆

周知のように、昨年（一九八九）東欧では、歴史的な激動のうちに各国の民主化が一挙に進み、世界の人びとの目をみはらせたが、そのなかでハンガリーとチェコスロヴァキアも、それぞれ独自の重要な役割をはたした。このたびの増刷にあたり、機会を与えられて、この間の事情を中心に、初版が出たあと十年余りの両国の経過をある程度書き加えることができたのは、喜ばしい。読者の理解を深める一助となれば、幸いである。

一九九〇年三月二一日

目次

付録

ハンガリー・チェコスロヴァキア現代史

チェコスロヴァキアとハンガリー——民族・風土・歴史

東ヨーロッパの特徴

今日わが国では、西のドイツ・オーストリア・イタリアと東のソ連にはさまれた、バルト海から黒海・エーゲ海に及ぶ地域が、一般に東欧とよばれ、ポーランド・チェコスロヴァキア・ハンガリー・ユーゴスラヴィア・アルバニア・ルーマニア・ブルガリア・ギリシアなどの国々がそこに存在している。東欧共産圏というよび名もあるように、これらの諸国は、ギリシアを除いて、程度の差はあれ、いずれも社会主義の国である。本書では、そのうちチェコスロヴァキアとハンガリーを取り上げるが、この二国をいっしょに取り扱うのには、それなりの理由がある。

東欧では、日本の四、五倍程度の狭い地域に、異なる言語・文化・宗教・歴史をもった多くの民族が、たがいに接触しながら一千年以上も生活しつづけてきたために、当然領土をめぐる争いがおこり、しばしば国境線が引き直され、自国内に居住する少数民族の取扱いをめぐって、困難な問題が生じた。これと関連して、東欧諸民族は西方のドイツと東方の遊牧諸民族、のちにはロシアという二大勢力のあいだにはさまれたために、強い外圧をうけて平和な安定した生活をたえず妨げられ、彼らにとっては、外部の勢力とどのようにかかわりながら自己の生存の道を切り開いてゆくかが、一貫して切実な問題であった。

さらにこの地域は、先進的な西欧とは対照的に、近代世界の発展に取り残された後進地域であり、そしてこのことは、再版農奴制が支配した事実によるところが大きかった。中世末期東欧諸国では、西欧における農奴制の解体とは反対に、販売用の農産物生産を目的とする領主経営の発達にともなって、それまで比較的自由であった農民が移動の自由を奪われ、賦役などの負担を強められ、しばしば保有地を奪われ、人格的にも奴隷に近い取扱いをうけるようになった。こうしてエルベ川以東の地には、ブルジョアの支配する西欧型の近代社会に対して、地主の支配を特徴とする東欧型の社会が成立したが、これはその後の発展に大きなひずみをもたらし、二〇世紀まで民族的中産階級の欠如ないし不足が目立ち、優勢な土地貴族と多数の貧農の対立がつづいた。そのため西欧的な近代民主社会は建設されず、封建的遺制がいつまでも保存されることになった。

ドナウ中流域の戦略要地

以上は、大体において東欧全般に通ずる事柄であるが、しかしチェコスロヴァキアとハンガリーには、他の東欧諸国とは区別される共通の特徴のあることが、注目される。まず両国の輪郭をスケッチしながら、似通った点をみよう。

チェコスロヴァキア社会主義共和国はヨーロッパのほぼ中心部にあり、面積一二万七八六九平方キロメートル（日本の約三分の一）、人口およそ一四九二万（一九七七年）という小国で、北はポーランド、西は東・西ドイツ、南はオーストリアとハンガリー、東はソ連に接し、東西に長く、約七五〇キロに及ぶ帯状の内陸国である。ハンガリー人民共和国もヨーロッパのほぼ中央、ドナ

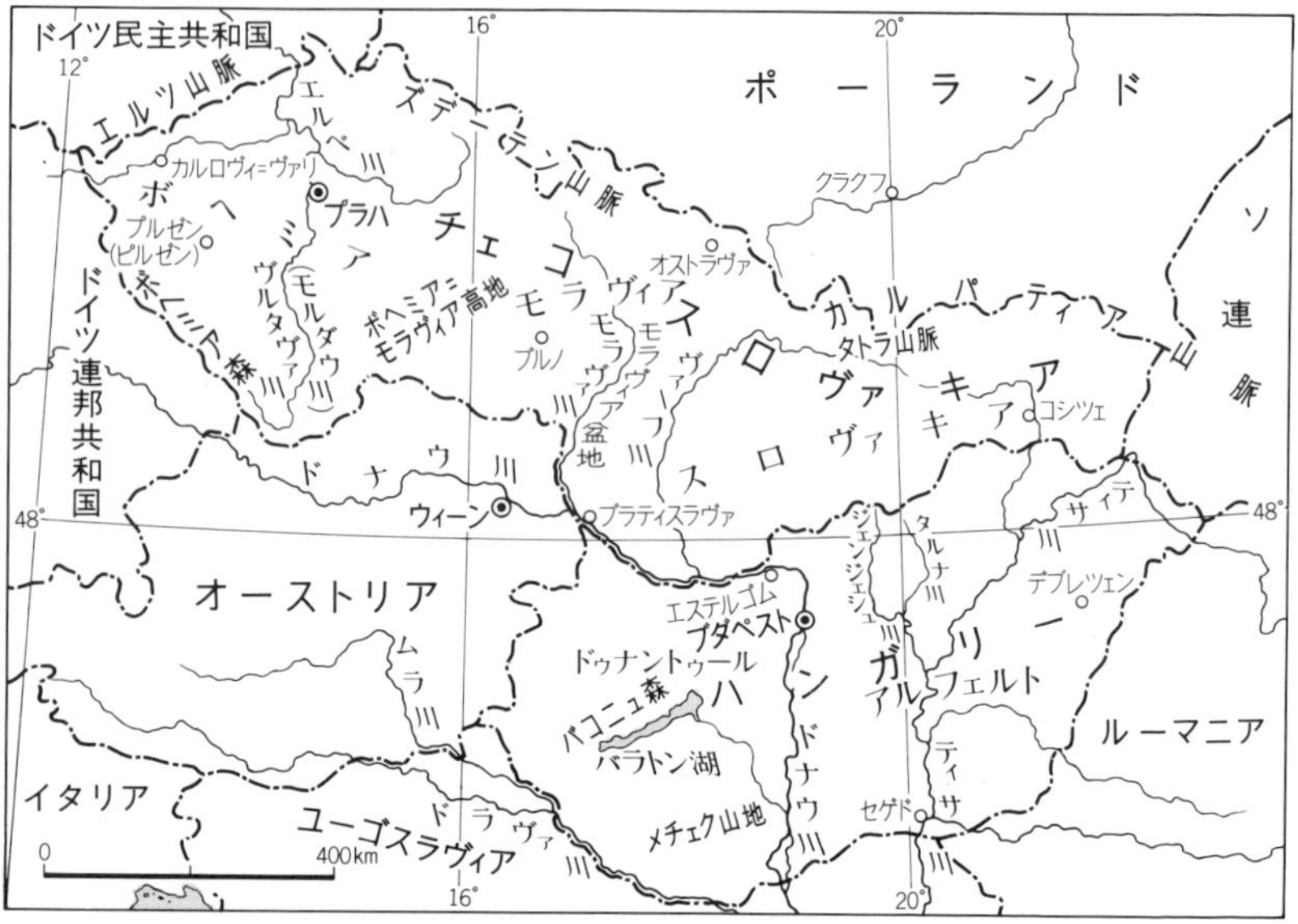

チェコスロヴァキア・ハンガリーの地勢

ウ川の中流域にあり、面積約九万三〇三〇平方キロ（日本の約四分の一）、人口は東京都なみの約一〇六〇万（一九七七年）という、チェコスロヴァキアよりもさらに小さな国で、北はチェコスロヴァキア、東はルーマニアとソ連、南はユーゴスラヴィア、西はオーストリアに囲まれ、これまた海をもたない内陸国である。

両国の特色は、ともに周囲を数カ国に囲まれ、海に面することなく、坦々たる平地のなかに国境線が引かれていることであるが、とりわけ重要なのは、ヨーロッパのほぼ中央にあたるドナウ地域に、たがいに境を接して存在するという地理的位置である。東欧は、地形的にみた場合、北から「バルト海沿岸地域」「ドナウ川地域」「バルカン地域」の三つに分けられるが、そのうち「ドナウ川地域」は、ズデーテン・カルパティア両山脈の南側のドナウ川に沿った地域で、上流にオーストリア、中流にハンガリー、下流にルーマニアをもち、チェコスロヴァキア・ユーゴスラヴィア・ブルガリアのそれぞれ一部を含む大盆地をなしている。チェコスロヴァキアの西部を流れるエルベ川は北海にそそぐが、中・東部の水はドナウ川に流れ込み、またこの地域は長くハプスブルク帝国に属し、ドナウ生活圏と深い関係があった点からも、チェコスロヴァキアをドナウ川地域のなかに含めることは、自然である。

チェコスロヴァキアとハンガリーがともにヨーロッパ大陸の中心部にあたるドナウ地域の重要な構成要素であったことは、両国の運命に大きな影響を与えた。チェコは戦略的に重要な位置を占めるところから、古来、この地を制するものはよくヨーロッパを制するといわれ、またヨーロッパの東西と南北をむすぶ交通上の要地でもあったために、首都プラハは古くから交易の町として栄えたけれども、同時に周囲の強国にマークされ、しばしば占領されなくてはならなかった。たとえば、ナチス＝ドイツは対ソ戦争をはじめるまえに、まっさきにチェコのズデーテン地方をとり、その後チェコ全域を占領し、戦争中にはチェコを通ってソ連・ポーランドに軍隊を送り、チェコスロヴァキアを軍の補給基地にした。一九六八年のチェコ事件のさいにソ連がこの国の占領に踏み切ったのも、中欧の戦略要地に位置している小国の悲劇という面を見逃すことはできない。陸地に囲まれ、東・南方に主要な道路の開けるハンガリー平野の地勢も、この国の歴史に大

モンゴル人のハンガリー侵入(13世紀)

きな影響を及ぼし、東・南方あるいは西方からの侵略者はいずれもドナウ中流盆地をめざして進撃し、数々の血なまぐさい争奪戦を演じてきた。一三世紀にモンゴルの侵入をうけてから一九五六年のソ連戦車の突入にいたるまで、中欧の小国ハンガリーもまたきびしい試練をくぐりぬけなければならなかったのである。

東欧の文化的先進国

つぎに文化や宗教の点でも、チェコとハンガリーにはかなりの共通点がある。東欧の諸民族は、隣接諸強国からの影響や侵略のうけ方に応じて、かなり違った二つの部分に分けられる。北西のポーランド・チェコ・ハンガリーは、中世の神聖ローマ帝国から第二次大戦のナチス＝ドイツ時代にいたるまで、ドイツの東方進出にたえず悩まされてきたが、南東のユーゴスラヴィア・ルーマニア・ブルガリアなどのバルカン諸国は、むしろトルコ人の圧制に苦しめられてきた。したがって北西部は長く西欧とくにドイツ文化の影響下にあったのに対し、南東部にはトルコ文化の影響が多分に残っている。宗教的にもポーランド・チェコスロヴァキア・ハンガリー・南スラヴの一部（クロアティア・スロヴェニア）は一〇世紀以降ローマ＝カトリック教徒になったが、バルカン諸国はギリシア正教徒となってビザンティン文化圏に属し、一四世紀以降はかなり回教化した。トルコの支配下におかれたバルカンは、以後文化的発展をおさえられ、後進地域として固定されることになったが、トルコの侵略を防ぎもしくは早期に撃退した北部のチェコ・ポーランド・ハンガリーは、比較的高い文化水準を維持することができた。要するにチェコとハンガリーは、ドナウ地域にある東欧の先進地域として、まとめて扱うことができるのである。

今日、チェコスロヴァキアとハンガリーは、ポーランドとともに、東欧のなかでもっとも西欧の文化・社会に近い国である。チェコスロヴァキアはヨーロッパの心臓とよばれ、首都プラハのみせる建築博物館のような美しさは、この国が否応なしにヨーロッパの歴史に巻き込まれ、西欧文化と深いかかわりをもってきたことを示している。宗教改革の先駆者フスの思想が全ヨーロッパに影響を及ぼし、フスを打倒するための十字軍がヨーロッパ各地から送られてきたことも、チェコと西欧の緊密な関係を示す一例である。

ハンガリーも早くから東西文化圏の接点であったうえに、長くハプスブルク帝国の支配下にあったため、今でも西欧的な雰囲気が色濃く残っている。九世紀に東方から進入したハンガリーのマジャール人は、現在ではほとんどヨーロッパ化し、農村にはなお古いマジャールの風習が残っているとはいえ、都市では西方の風習が支配的である。スターリン死後の東欧の自由化が、一九五六年、ポーランドのポズナンの労働者デモと並ぶ「ハンガリーの動乱」からはじまり、一九六八年、「プラハの春」とよばれるチェコスロヴァキアの改革運動で頂点に達したことも、西欧文化の伝統と無関係とは思われない。ハンガリー動乱はソ連戦車の砲火のもとで悲劇的な結末をみせたが、その後もこの国は独自の自由化をすすめ、共産主義の〝灰色の単純さ〟を克服している。チェコの自由化もソ連の戦車に抑圧されたが、最近はまた「憲章七七」の運動がおこって、人権の擁護が唱えられている。

民族意識の裏づけ

文化が強烈な民族意識に裏づけられていることも、両国に共通の特徴である。これは、強力な外圧や侵略に苦しみながらいろいろと工夫をこらし、自主性を維持しようと努めてきた両国の歴史からみて、当然といえる。チェコは音楽を愛し育ててきた国で、この国が生んだ二大作曲家スメタナとドヴォジャーク（通称ドヴォルザーク）の名を知らぬものはないが、一九世紀後半に活躍をはじめたスメタナは、チェコ民族運動の流れに身を投じて、祖国への強い愛着と独立への情熱をうたい、オペラ『売られた花嫁』、交響詩『わが祖国』などの傑作を生みだした。ほぼ同じ時期のドヴォジャークも、スメタナからチェコの民族文

ドヴォジャーク(左)とスメタナ

化をつくりあげる使命をふきこまれ、交響曲『新世界より』『チェロ協奏曲』『スラヴ舞曲』などの民族性豊かな名曲を生んでいる。

人形劇がチェコの誇りの一つになったのは、三世紀にわたるハプスブルク家の統治下に、自国語で芝居を上演できる劇場がなかったためであり、プラハのヴルタヴァ河畔に立つ国民劇場も、全国民が自分たちの劇場をもちたいために醵金して建てたものである。作家チャペックの作品にみられる上品なアイロニー、ハシェクの『兵士シュヴェイクの冒険』の無邪気な諷刺も、他民族による抑圧のもとで育成された民族意識に支えられている。

ハンガリーも東西の二大勢力の角逐場となり、不幸な国内分裂が繰り返されてきた。古くはチンギス汗の騎馬隊がこの国の草原をかけぬけ、一六世紀から一七世紀にかけては国土の大半をトルコ軍に占領され、また数世紀にわたってオーストリアの支配をうけ、第二次大戦にはソ連とドイツの戦車部隊の交戦地となり、一九五六年にもソ連の戦車が突入した。こうした悲惨な歴史はハンガリー人の民族的情熱を燃え立たせ、さらに、ウラル系のハンガリー人が東欧で民族的に孤立していることも、独自の民族意識を生みだす背景になっている。音楽の世界でも、民族音楽的伝統が大きな力をもち、二〇世紀の天才的作曲家バルトークとコダーイは、古くからハンガリーに伝わる民謡を収集し、これをもとに幅広い国民音楽をめざして努力し、独自の芸術を生みだした。

両国の相違点

以上チェコスロヴァキアとハンガリーの共通点・類似点をみてきたが、その反面、両国は種々の点で相違しているばかりか、対比的な関係にさえあることも、注目されねばならない。

第一は民族と言語である。チェコスロヴァキアを構成するチェコ人とスロヴァキア人は、スラヴ人の一種である西スラヴ族であるが、ハンガリーのマジャール人はスラヴ民族ではなく、中央アジアからでたウラル＝アルタイ系の民族（フィン＝ウゴル語族の一派）で、北部の西スラヴ族（ポーランドとチェコスロヴァキア）と南部の南スラヴ族（ユーゴスラヴィアとブルガリア）のあいだにくさびを打ち込んだ形で居住している。チェコ人とスロヴァキア人は言語的にはきわめて近い関係にあり、五世紀から六世紀のはじめにかけてカルパティア山脈をこえて現在の居住地にはいってくるまでは、共通スラヴ語のなかの同一方言を話す、まとまったグループをなしていたと思われる。

その後チェコ語とスロヴァキア語は次第に分化し、それらを語る民族も別々の歴史的発展の道をたどりはじめ、今日では異なる二つの民族といえなくもないが、似ていることはたしかであり、西スラヴ民族としてまとめることができる。

これに対してマジャール語は、周囲のスラヴ・ゲルマン・ラテン系の印欧語とは異質のもので、語の配列は日本語に似ており、名前の呼び方も姓のあとに名がつづく。外来語の影響をうけてはいるが、基本的には今なお旧来の形が保持され、表現力の豊かな言語とされている。建国以来他民族との接触が多かったために、現在のハンガリー人の大部分は純粋なマジャール族ではなく、混血を通じて形成されたものと思われるが、しかし総人口の九割以上がマジャール語を話し、東欧では言語的に孤島のような存在になっている。

つぎに、歴史的にみた場合のチェコとハンガリーの差異に目を向けよう。両国はともに東欧型社会として発展したが、そこには微妙な差があり、ハンガリーが最近まで貴族の力の強い代表的な農業国であったのに対して、チェコでは一九世紀以降近代工業がめざましい発展をとげ、経済的に高度に発達したブルジョアの国となり、一九一八年以後は、東欧では例外的に地についた民主政治を発展させ、ハンガリーとは著しいコントラストをなした。ハンガリーも一九世紀末から近代産業の発展がはじまり、伝統的な経済条件のもとに停滞をつづけたバルカン諸国には差をつけたが、それでもなお東欧型社会の伝統は強かった。この点は、現在の両国を眺める場合にも、念頭におく必要がある。

両国はまた、ともにハプスブルク帝国に属しながら、帝国内での地位に大きな違いがあった。チェコは結局従属的地位を脱することができなかったが、ハンガリーはかなり自主性を保持し、一八六七年のアウスグライヒ（和協）以後は、内政的には完全に独立し、オーストリア＝ハンガリー二重帝国をつくって、東半部の支配者となった。このことと関連して、両者はハプスブルク帝国の重要な構成要素でありながら、協力的関係になく、ハンガリーはしばしばチェコの自主化運動の足をひっぱる役割をはたしてきた。

チェコスロヴァキアとハンガリーは第一次大戦末にオーストリア＝ハンガリー帝国が崩壊した結果独立したとはいえ、建国の事情を異にし、チェコスロヴァキアは独立にあたって英・米・仏など連合国側の支持をえ、ハンガリー領のスロヴァキアとその東のルテニア地方を自領に編入した。このことがその後ハンガリーの敵意を招き、対立と争いの源泉となった。これはその後の歴史にあとをひき、ハンガリーは失地回復の夢をナチスにつなぎ、一方チェコスロヴァキアは、ナチスの武力のもとに独立を失うことになった。

民族構成　最後に、両国の内部事情をやや詳しくみておこう。チェコスロヴァキアは現在も一種の多民族国家で、総人口約一四〇〇万の三分の二（六五％）はチェコ人で、主としてボヘミアとモラヴィアに住み、残り三分の一の九割弱（二九％）がスロヴァキア人で、東部のスロヴァキアに住んでいるが、そのほかにマジャール人（五七万余、四%）、ドイツ人（九万弱、〇・八%）、ポーランド人（六万弱、〇・五%）、ルテニア人（ウクライナ人）およびロシア人（六万弱、〇・四%）が含まれている。第二次大戦前までは、ドイツ人はスロヴァキア人を凌駕したが、戦後大部分がドイツに送還され、現在では九万弱にすぎない。言語は、チェコ語とスロヴァキア語の双方がこの国の公用語となっているが、ドイツ人以外の少数民族には、各民族語による教育と文化の発展が保障されている。宗教はローマ＝カトリックが最有力で、約七七%を占めるが、各分野で指導的地位を占める人物は、むしろ少数派の新教徒に多い。

ハンガリーは、住民の九七%以上がマジャール語を使うマジャール人（これにはユダヤ人と約三万五〇〇〇のジプシーが含まれる）で、残りがスロヴァキア人（二万一〇〇〇）、ルーマニア人（一万二〇〇〇）、ドイツ人（三万五〇〇〇）、クロアティア人（一万七〇〇〇）、セルビア人など諸種スラヴ系（一万六〇〇〇）、その他（一万七〇〇〇）である。第二次大戦前は、古くからの有力な少数民族としてドイツ人（約五〇万）とユダヤ人（約四五万）がいたが、前者は戦後の住民交換によって激減し、後者も、ナチスによる迫害や戦後のイスラエル移住などのために著しく減り、現在では約一五万と推定されている。なおハンガリーは、第一次大戦後旧領土の七割以上を失ったために、近隣諸国に少数民族として残されたマジャール人も少なくない。ハンガリー系の在外居住者は、ルーマニア（おもにトランシルヴァニア）に一六〇万、ユーゴスラヴィア（おもにバーチカ・バナート）

に五〇万、チェコスロヴァキア（おもにスロヴァキア）に四〇万、ソ連に一五万、西欧に二五万といわれている。一九世紀後半以後北米への移民も相当数にのぼり、第二次大戦後は南米諸国への亡命・移住者もふえ、米大陸で総計一〇〇万と推定される。

宗教は人口の七〇％近くがローマ＝カトリック教徒で、ギリシア正教徒は〇・四％と少なく、残りはプロテスタントで、カルヴィン派が多い。ユダヤ教徒も一九四一年には四・三％あったが、戦後は大幅に減少している。

自然と風土――チェコスロヴァキア

つぎに自然と風土をみよう。チェコスロヴァキアはズデーテン山脈およびカルパティア山脈の南側斜面に位置し、西から順にボヘミア・モラヴィア・スロヴァキアの三地方からなり、ボヘミアとモラヴィアがチェコ人の地域である。

この国は全体として起伏に富み、平地に乏しいが、森林が繁茂し、概して地味が豊かで、気候も比較的温和である。そのうちボヘミアは、三方をズデーテン山脈・エルツ山脈・ボヘミア森に囲まれた大きな盆地で、東はボヘミア＝モラヴィア高地が、モラヴィアとの境をなしている。盆地はなだらかな丘のつづく典型的な農村地帯で、中央部をエルベ川とヴルタヴァ（ドイツ名モルダウ）川が南から北に流れ、そのほとりには早くから人々が住んで多くの町ができ、ボヘミア国の母体となった。ボヘミアは、ズデーテンの炭鉱をはじめ多くの鉱物資源に恵まれ、モラヴィアの北東部とともに工業化の高度にすすんだ地域で、機械・ガラス・繊維・皮革・ビール・兵器などの工業は有名である。ボヘミアはチェコの政治・経済の中心地であるばかりでなく、豊かな歴史と高い文化をもち、美しい自然のなかに、古城・邸宅・教会などみるべきものが多く残っている。ボヘミアの首都プラハは全国の首都でもあり、一千年以上もつづいた古都である。北西部にはカルロヴィ＝ヴァリなど温泉が多く、プルゼン（ドイツ名ピルゼン）は、シュコダ機械工場とビールの産地として有名である。

モラヴィアもチェコ人の居住地域で、風俗習慣もボヘミアに近い。西部はボヘミア＝モラヴィア高地の斜面となり、東部にはカルパティア山脈の支脈が走り、中央部をドナウ川の支流モラヴァ川が流れている。一つの盆地にまとまっているボヘミアと違って、モラヴィアは南北二部に分かれ、北部はシュレジエンをも含む有名な工業地帯で、オストラヴァの町を中心に、石炭・鉄鉱業が盛んである。南部はドナウ川とモラヴァ川の合流点に肥沃な平野、モラヴィア盆地が開け、農業や牧畜が行なわれ、気候のおだやかな所では、葡萄・杏・野菜の栽培も行なわれている。南の中心は、モラヴィアの首都でもあるブルノで、毎年秋に国際機械見本市が開かれる。

東のスロヴァキアは第一次大戦末までハンガリー領だったところで、人口約四四〇万のうちスロヴァキア人が三七〇万を占め、残りはハンガリー人とチェコ人である。スロヴァキア人はチェコ人以上にスラヴ的で、スロヴァキア地方は、全体的に都市化されたチェコ地域に比べて、素朴で野趣に富み、古い民族の風俗がそのまま残っている。この地方の北半はカルパティア山脈の西部にあたり、有名なタトラ山をはじめ、二〇〇〇メートル級の山々の連なる山地で、資源も少なく、小規模な農業が行なわれているほかは、ほとんど森林におおわれている。南部は、ハンガリーとの境界をなすドナウ川の流域に平野が広がり、小麦その他の穀物が大量に生産されるほか、野菜・果物・ジャガイモ・トウモロコシなども栽培され、牧畜も行なわれている。第二次大戦後は集約的な農業経営が行なわれるとともに、製鉄・食料品・繊維・製材などの工業化もすすめられ、首都ブラティスラヴァをはじめ、近代的な産業都市がいくつか生まれた。東部の中心都市コシツェもその一つである。しかし全体としてみれば、チェコが工業国であるのに対して、スロヴァキアは西カルパティア山系に包まれる数多くの盆地をもつ、風光に恵まれた農業地域といえよう。チェコスロヴァキア全体としての主要農産物は、世界第六位のライ麦のほか、小麦・大麦・ジャガイモ・てんさい、トウモロコシ・ホップ・果実などで、集団化はほぼ完成している。

自然と風土――ハンガリー

ハンガリーは第一次大戦後広大な地域を失い、現在の領土は明確な自然的境界をもたないが、大まかにいえば、北辺と東方はカルパティア山脈、西辺はアルプス、南方は国境をへだててクロアティア、さらにジナル＝アルプスなどに囲まれている。地形は、西がやや高く東に向けて次第に低くなる盆地状で、国土の約五分の四は平地である。国土の中央を、ドナウ川とその支流のティサ川がほぼ並行して北から南に流れ、その流域に、地味の肥えたハンガリー平原が広がる。北部・西部の山地や丘陵も大したものではなく、ハンガリー全国で海抜四〇〇メートルをこえるところは、二〇％にすぎない。気候は概して温和であるが、ソ連などの大陸性気候の影響も強く、冬は寒さがきびしい。中央部ではしばしば旱魃《かんばつ》に見舞われるため、セゲドその他の地域に大規模な灌漑水路が設けられている。

ハンガリーは、地理的にみると、西部のドナウ川以西地方（ドゥナントゥール）、中央部から東部にかけての大平原（アルフェルト）、北部高地の三つの地域に分かれている。ドゥナントゥールは、北と東をドナウ川で区切られ、西をアルプスの東端、南をムラ川とドラヴァ川に囲まれた、ほぼ正方形の地域で、大部分が丘陵地帯である。地形は変化に富み、ヨーロッパ最大のバラトン湖をはさんで、北西方にバコニュ森、南東方にメチェク山地などが横たわり、美しい自然に恵まれ、歴史的な遺跡や町が多い。

大平原アルフェルトは、ドナウ川とティサ川の流域に国境をこえて大きく広がっており、第一次大戦前まではその全部がハンガリー領で、ハンガリーはこれらの地方を中心とする大農業国であったが、南半分、すなわち肥沃な黒土地帯であるバナート・バーチカ両地方は、第一次大戦後トリアノン条約（一九二〇年）でユーゴスラヴィアとルーマニアに譲られ、現在ハンガリーに含まれている北半分は、主として褐土地帯であるが、ティサ川以東の一部を除いて、農耕のほか葡萄の栽培、果樹園、アカシア林などとしても開発されている。東部は広々とした大平原地帯で、一

典型的なハンガリー村落

七世紀にトルコ軍が駐屯したため開発が遅れ、人口が少ない。ホルトバージ川の流れる大牧草地プスタは有名で、広大な草原に馬・牛・羊の群れが草をはみ、壮大で静かな自然風景をみせている。

ハンガリーの北部は、エステルゴムの町から北東にかけて、チェコスロヴァキアとの国境沿いにカルパティア山系がのびて、標高一〇〇〇メートル程度の高地をなし、深い森林におおわれている。ジェンジェシュ川・タルナ川その他の渓谷で細分されているが、気候がおだやかで肥沃な土壌と好天に恵まれ、山地の斜面や裾野は果樹栽培に適し、とくに葡萄の産地として知られ、ワインの醸造所も多く、トカイ産のワインは最高級である。森林におおわれた山岳部は、鉱物資源にも恵まれている。

地勢の関係から、この国の主要産業は農業で、耕地面積は国土の五八・一％、農民は総人口の四三・四％を占めており、主要農産物は小麦・大麦・トウモロコシ・ジャガイモ・てんさいなどで、葡萄も産する。工業と農業の比率は一九三八年には四四対五六であったが、第二次大戦後政府の意図的な政策によって工業生産が著しく増大し、五一年には、その比率は七六対二四に逆転した。主要な工業としては、冶金・機械・車輛・紡績・製粉・精糖・醸造などがあげられる。技術水準その他からみて、なお中位の工業国というべきであるが、次第に発展の途をたどりつつある。

プラハとブダペスト

最後に、両国の首都について一言しておきたい。チェコスロヴァキアの首都プラハは人口一一五万（一九七五年）の大都会で、工業・商業・交通・文化の中心であるが、中部ヨーロッパ最古の都市の一つで、典雅で格調高い町のたたずまいから、世界でも屈指の美しい都に数えられている。なだらかな丘の起伏のうえに、ゴシック・バロック・ルネサンスなどさまざまな様式の尖塔や建物、歴史のしみこんだ家々が、昔のままの姿を残し、一四世紀以来の城壁や彫像はいずれも過去を物語っており、町全体が一つの芸術品のようなまとまりをみせている。とりわけ、市街を二分しつつ流れるヴルタヴァ川のカレル橋は、神聖ローマ皇帝カール四世の時代につくられた、長さ五〇〇メートルの石橋で、古塔と石のアーチがあり、橋のうえの両側には聖者の群像が並び、この橋を通して川向うの丘のフラッチャーニ城を仰ぐ眺めはすばらしい。プラハが〝百塔のそそり立つ黄金の都〟とよばれるのには十分な理由があり、この町の品格ある美しさは、まさに、長い歴史とそこに繰りひろげられた香り高い西欧文化を象徴しているといってよい。

ハンガリーの首都ブダペストは、中央をドナウ川が貫流し、右岸山の手のブダ、左岸平野のペストからなり、はじめは分かれていたのが、一八七三年に合併したものである。ブダ地区は丘陵地帯で、王宮や歴代の王が戴冠式を行なったマーチャーシュ教会などのある住宅地で、五世紀に中欧を支配したフン族の王アッティラが兄ブダをおいて北ハンガリーの統治にあたらせた所といわれ、九世紀にマジャール人が占領し今日のハンガリーの基礎を築いてから、引きつづき政治の中心地となっている。川向うのペストは〝かまど〟を意味し、昔から商業の町として発達し、現在も繁華街はこちら側にある。ブダペストは第二次大戦末期に独ソ両軍の戦場となって、市街の大半が徹底的に破壊され、一九五六年のハンガリー動乱のさいにも各所で市街戦が行なわれたが、今では市街の復興もほぼ完成して、〝ドナウの女王〟とよばれた戦前の面目を回復しつつある。人口二〇三万(一九七五年)、明るい雰囲気の町で、夜ゲレールトの丘から眺めると、ガス燈の光が真珠をちりばめたように川面にはえて、見事な美しさである。

I

ハプスブルク帝国の崩壊まで

1　一八世紀以前の概観

チェコ人とスロヴァキア人

現在チェコスロヴァキア国を構成している主要な民族は、西スラヴ族に属するチェコ人とスロヴァキア人で、前者はボヘミアとモラヴィア地方に住み、後者はスロヴァキア地方に住んでいる。この両民族は、五世紀から六世紀のはじめにかけてカルパティア山脈をこえて現在の居住地にはいってくるまえには、共通スラヴ語のなかの同一方言を話すまとまったグループをなしていたと思われるが、チェコ語とスロヴァキア語は次第に分化して、似てはいるが別の国語になり、それらを語る民族も、次第に異なる歴史的経過をたどりはじめた。

とりわけスロヴァキアは、一〇三七年にハンガリーの領土になって以後、第一次世界大戦の結果ふたたび合体するまで、ボヘミア・モラヴィアの歴史とはほとんど深い交渉がなかった。その間、ヨーロッパ史の舞台でのチェコ人の活動は、スロヴァキア人に比べてはるかに顕著であった。ボヘミアのチェコ人は、すでに一三、四世紀ころすぐれた文学作品を生みだし、一五世紀には、有名なフスの運動で宗教改革の先駆をなしたが、スロヴァキア人はハンガリーの支配下に、文化程度の低い農民としてとどまり、歴史の舞台に登場することはほとんどなかった。それゆえ一九一八年以前の歴史の概観が、チェコ人の地域であるボヘミアとモラヴィアを主とするものになることは、やむをえない。

チェコ人の定住とボヘミア国の発展

チェコ人の起源については、今日ほとんど伝説的な記事しか伝わっていない。しかし、考古学その他によって、スラヴ人の原住地がカルパティア山脈の北方および東方に不正長方形をなして広がっていたことは、ほぼ学界の定説となっている。このスラヴ人が紀元前二世紀から紀元後六世紀にわたって急速に発展膨張し、東と南と西に向かって拡大運動をおこし、こうした移動と拡散の過程で、東スラヴ族・南スラヴ族・西スラヴ族の三大グループに分かれ、それぞれ独自の歩みをはじめたと考えられる。この拡散はいわゆる民族大移動期に行なわれたが、とりわけ西方への拡散の直接の契機になったのは、紀元四世紀ころまでにゲルマン人がヴィスワ川からエルベ川までの広大な地域を空にしたことであった。この広大な地域に広がったことによって、西スラヴ族内の言語および民族上の差異が促進され、ポーランド人・チェコ人・スロヴァキア人その他が形成されたのである。そこで、つぎにボヘミアに目を移そう。

ボヘミアには、紀元前一世紀ころまではケルト系のボイイ族が——ボヘミアの名はこれに由来する——、それ以後民族大移動の時期まではゲルマン系のマルコマンニ族のいたことが知られている。チェコ人がボヘミア・モラヴィアの平原にはいって定住しはじめたのは、ほぼ五―六世紀のことで、六世紀の中ごろ、彼らは東方から侵入したモンゴル系の遊牧民族アヴァールに一時征服されたが、その後フランクの商人サモの指導下に六二三年アヴァールと戦ってこれを破り、モラヴィアを中心にサモを王とする最初の西スラヴ王国がつくられ、サモの死（六五八年ころ）まで短期間つづいた。その後約一世紀のあいだは、パンノニアを保持するアヴァールと西から来たフランクの勢力均衡のもとに、空白の時代がやってきたが、フランク王国のカール大帝とその子ピピンの征討によって、アヴァールの支配がくずれ、パンノニアのスラヴ人はカールの主権を認めることになった。

やがてモラヴィア地方では、八三〇年ころ大モラヴィア国がおこり、九世紀末までにボヘミア・スロヴァキア・南ポーランドを含む大国に発展したが、一〇世紀のはじめ、東方からきた新しい遊牧民マジャール族の侵入をうけて滅びた。こののちボヘミアには、チェコ人のプシェミスル家によるボヘミア国がおこり、一一世紀はじめにはモラヴィアの併合を完成したが、東部のスロヴァキアは、一〇三七年ハンガリーの支配下にはいった。ボヘミア国の始祖とされている聖ヴァーツラフ一世（位九二一―九二九）は、この地方最初のキリスト教君主でもあった。

ボヘミア国は、カトリックのキリスト教をうけいれたが、最初から、東方進出をめざすドイツ人の圧迫をうけ、これと戦わねばならなかった。すでに一〇世紀前半、プシェミスル家はドイツのオットー大帝（位九三六―九七三）に対して封建的従属関係に立ち、その宗主権を認めさせられ、神聖ローマ帝国が成立すると、なかば自動的にその一部に組み込まれてしまったが、ボヘミア国を併合しようとするドイツ皇帝の野望は達成されなかった。

一一世紀前半のブジェティスラフ一世（位一〇三四―五五）は内政に心を用い、その後数世紀つづく経済的繁栄の基礎をおいた。しかし、その間に大土地所有の発達にともなって、聖・俗の貴族が力をたくわえ、政治的にも国政を左右する有力な存在となった。一一世紀後半のヴラティスラフ二世（位一〇六一―九二）ののち、プシェミスル家内部には王位の継承をめぐる争いが絶えず、これが神聖ローマ皇帝の干渉を誘い、ボヘミアにおけるドイツ人の勢力は次第に増大していったが、貴族たちはこうして即位した王を軽視し、ボヘミアにおける貴族の身分的特権拡大のもとをつくった。しかしその反面、ボヘミアは一一世紀にはじまった経済的発展のために、神聖ローマ帝国内でもっと

大モラヴィア国時代のものと思われるデヴィーン城（スロヴァキアのブラティスラヴァ付近）

も富裕になり、ボヘミアの君主はこれを背景に、皇帝に協力して帝国内での自国の地位を高めることができた。皇帝フリードリヒ＝バルバロッサのイタリア遠征に協力したヴラディスラフ二世（位一一四〇―七二）は、一一五八年王冠を授けられ、またオタカル一世（位一一九七―一二三〇）は外交的手腕に富み、フリードリヒ二世の帝位獲得を支持して、一二一二年この皇帝から、世襲の王号とボヘミア王国の事実上の独立を認める金印勅書を手にいれた。

経済的発展は、国内に銀鉱が発見されたこともあっていっそうすすみ、新しい政治的統一と対外的発展の基盤となり、一三世紀後半オタカル二世（位一二五三―七八）は、王権を強化するとともに、バルト海沿岸地方とハンガリーに遠征し、シュタイエルマルクとケルンテンを併合したほか一時はオーストリアをも支配し、ボヘミアをドイツ諸侯国と並ぶ一大強国とし、すすんで当時あいていたドイツ帝位を狙った。彼はハプスブルク家のルドルフと戦って戦死したが、つづくヴァーツラフ二世（位一二七八―一三〇五）は一三〇〇年ポーランド王、翌年ハンガリー王を兼ね、ボヘミア王国は一四世紀初頭まで、中・東欧民族の大合同国家となったのである。しかし一三〇六年、建国以来の民族王朝プシェミスル家が絶え、王位はドイツ系のルクセンブルク家に移り、ボヘミアはふたたびドイツの一部とみなされるにいたった。

この王家の三代目のカレル一世（位一三四六―七八）のもとで、ボヘミアは最高の繁栄期をむかえた。彼の時代、国内の行政が整えられ、モラヴィアとシュレジエンがボヘミアの世襲領となった。のちに聖ヴァーツラフの諸地方とよばれるものは、かつてボヘミア王国を形成したボヘミア・モラヴィア・シュレジエンを併せた地域をさす。王は財政や司法制度を改革し、商工業を奨励し、パリのルーヴルにならってフラッチャーニ宮を造営し、ゴシック式の聖ヴィート寺院を建て、聖人像に飾られたカレル橋をつくった。彼はまた一三四八年中欧で最古のカレル大学を創設し(ウィーンやハイデルベルク大学よりも約四〇年古い)、プラハは中欧文化の中心となった。このように、彼の施策はあらゆる方面にわたり、ボヘミアの国際的地位を高めるうえで大きく貢献した。

カレル王は一三四六年神聖ローマ皇帝に選ばれ(皇帝としてはカール四世)、その子ヴァーツラフも一四〇〇年まで帝位にあった。この点からみても、一四世紀のボヘミアの繁栄がドイツ化の増大と並行していたことは明らかであるが、しかしこの時期にも、ボヘミアにおける貴族の特権拡大がつづいたことは、注目に値する。外国出のルクセンブルク家は、みずからの基礎を固めるために聖・俗貴族の支持をえる必要があり、彼らに多くの特権を認めねばならず、身分制議会も、新王朝のもとでいっそうしばしば開かれるようになった。有力君主カレル一世でさえ、この議会の反対にあって、全国いっせいに法律を施行することをあきらめねばならぬほどであった。

フス戦争

しかしこのボヘミア王国も、カレル一世の時代を最盛期として次第に衰退の途をたどるが、そのきっかけになったのは、フスの宗教改革運動であった。

ローマ＝カトリック教は、一四世紀にいたってアヴィニョンとローマの二派に分かれて争う一方、教会の腐敗が著しくなってきたが、ボヘミアでも教会の富の増大とともに、聖職者は次第に堕落して、民衆の反感を買うようになった。こうした状態に対して真先に改革ののろしをあげたのが、神学者のフスであった。彼はプラハ大学の総長で、一五世紀のはじめ、同志とともに、教会の腐敗とその世俗的権力、とくに教皇による免罪符の販売を攻撃した。この点ではのちのルターと本質的に同一であったが、フス派の運動には、ボヘミアで大所領や鉱山を所有し、宮廷や教会や大学の実権をもにぎっていたドイツ人に対する民族運動という一面があり、フスもチェコ語を文章語として成立させるうえで、大きく貢献した。教会改革運動が反ドイツ的感情とむすびつき、一大国民運動として展開された点に、フス派の運動の重要な特徴があったのである。

カレル一世の次男ジギスムントは、ハンガリー王となり、一四一一年には神聖ローマ皇帝に選ばれ、一四一九年にはボヘミア王を兼ねたが、反フス主義者であったためボヘミア国民の支持がなく、その支配を徹底させることができなかった。フス派の教えはボヘミアのみならず近隣諸国にも広まったため、教皇は一四一四年コンスタンツの宗教会議にフスを召喚したが、フスは持説の取消しに応ぜず、ついに捕えられて翌年七月焚刑に処せられた。

こののち教会はボヘミアのフス派の弾圧にのりだしたが、フスの火刑は国民を憤激させ、一四一九年七月、プラハの市民がカトリック系の市長を市役所の窓からほうりだすという事件がおこった。これがフス戦争の発端で、チェコ人はフスの説いた福音の信仰と民族の独立のために、国内で教会とドイツ人を攻撃するとともに、ドイツ皇帝の軍に戦いを挑み、彼らに向けられた前後五回の十字軍をもつぎつぎに撃破し、ドイツ各地やオーストリア・ハンガリーなど国外にも出撃した。

このためカトリック側には交渉による解決の空気が生まれ、一方フス派の内部にも分裂がおこり、教会領没収とボヘミア教会の独立で満足する商人・貴族などの温和派＝ウトラキストは、より徹底した宗教改革と社会改革を要求する農民・職人などの急進派＝ターボル派の動きを恐れ、妥協に傾いた。結局ウトラキストが主導権をにぎり、一四三六年フス派は教義の問題その他で若干の譲歩を獲得してカトリック側とのあいだに妥協を成立させ、ジギスムントをボヘミア国王としてうけいれることを承認し、フス戦争は終わった。

コンスタンツ会議前のフス

その後ローマ教皇は、フス派に対

して行なった譲歩を取り消そうとしたが、ウトラキストはチェコ人貴族であるボディエブラディ家のイジーの指導下によく結束して対抗し、イジー(位一四五八―七一)を国王に選んだ。一五世紀のフス戦争でボヘミア王国は疲弊し、戦後のボヘミアからはもはやカレル一世時代の栄光は失われたが、イジーは相反目する諸党派を巧みに操縦しながら、内政の立て直しに努め、外交にもすぐれた手腕を発揮して、民衆の信望をあつめた。彼の時代に、ドイツ人は政界から排除され、国会や官庁・裁判所では、チェコ語がラテン語にかわっていった。こうしてドイツ人の勢力が著しく後退する反面、チェコ人貴族の勢力が大いに伸張した。イジー王ののち、カトリック教会がいくらか力を盛り返したが、フス派主流のウトラキストが多数を占め、これに対して、急進的で民主的な要素を代表するフス派の連中は、ウトラキストからも時々迫害をうけながら、チェコ同胞団に拠ってその信仰を守っていった。チェコ同胞団は、聖書の教えを忠実に守ろうとする俗人信徒の組織として一五世紀後半に生まれたもので、フス主義急進派の伝統をうけついで、階級の存在や農奴制を批判して、当時ボヘミアの文化活動の中心になっていた。

ボヘミアにおけるフス主義の勝利は、貴族が国会=身分制議会を中心に国政を掌握しようとしたことと関係していた。ウトラキストの中心をなしたのは彼らで、フス戦争の闘争を通じて強固に結集し、一四九八年には王の特許をえて、彼らの身分制議会を中核とする選挙王制国家を確立したが、その後もターボル派に迫害を加え、たび重なる王朝の交替を利用して、着実にその特権を拡大していった。外国出身の王朝による王位継承は、究極的にはつねに貴族の同意を必要としたし、貴族の側では、独自の利益を追求しがちな外国出の王朝を牽制して、ボヘミア自体の利益を守ろうとする意識が強まったのである。

イジーが一四七一年に死んだのち、ポーランド＝ヤゲロ王朝のヴワディスワフ王（位一四七一—一五一六）が選ばれてボヘミア王ヴラディスラフ二世となり、さらに彼の死（一五一六年）後、その子ルードヴィク一世が王位についたが（位一五一六—二六）、このポーランド王家の治世中、貴族の権力は極度に増大した。彼らは、国会が王国の事実上の主権者であることをヴラディスラフ二世に認めさせ、一六世紀のはじめ（一五〇〇年）には、貴族に完全な立法権を与えることを定めた領邦条令（憲法）を成立させ、やがて王室の財政をも管理するようになった。ただ、フス戦争以来政治力をまし、経済的にもドナウ流域やドイツとの交易で富裕になっていたボヘミアの諸都市は、貴族の寡頭政治に反発したが、限度があった。

東欧で貴族が国政を掌握した時期は、同時に再版農奴制が成立した時期でもあった。中世末から近世にかけて、西欧とは逆に、それまで比較的自由であった農民が移動の自由を奪われ、領主に対する人格的隷属や賦役などの負担を強められたが、この新しい農奴制は、販売用の農産物生産を目的とする領主経営の発展にともなっておこったもので、ボヘミアでは一四七二年から一五〇〇年までの諸立法で、農民の移動は法的に不可能となった。

つぎにハンガリー西部は、古代ローマ帝国のパンノニア州であったが、五世紀、中央アジアの遊牧騎馬民族のフンが、アッティラに率いられてこの地に移住し、フン帝国を築いた。この国はアッティラの死後まもなく崩壊し、フン族は東方に引きあげたが、六世紀の後半、ふたたびモンゴル系の遊牧民アヴァール族が侵入して、パンノニアに根拠をおき、西はエルベ川中流から東はアゾフ海までの広大な地域を支配し、ビザンティン帝国はもとより新興のフランク王国にも脅威を与えたが、これまたゲルマン軍との戦いに敗れ、東方に引きあげていった。九世紀になると、またしても中央アジアから新しい遊牧民族のマジャール族が、カルパティア山脈をこえて侵入し、土着のスラヴ系弱小住民を平定して、八九六年、アールパードを統領とするハンガリー国を建設した。これが、今日のハンガリーの起源である。

マジャール人の起源と中世ハンガリー王国

マジャール人の祖先は、最初ウラル山脈とヴォルガ川のあいだの地域に住んでいたが、五世紀には南方に移動し、コーカサス山脈の北の平原にトルコ系のオノグル族——ハンガリーの名はここからでている——とともに定住した。九世紀になるとドン川とドニエプル川のあいだの地域に移ったが、他の遊牧民族の圧迫からのがれて西方に移動し、ドナウ流域に自己の国家を建設したのである。

アールパードに率いられてパンノニアに本拠をおいたマジャール人は、はじめ各方面に遠征を試み、しばしばフランク王国やビザンティン帝国領内に侵入し、一〇世紀はじめには大モラヴィア国を征服したが、周囲の農耕文化の影響とカトリック教会の布教をうけ、九五五年にドイツ軍に大敗したのち、平和な定住生活を営むようになった。マジャール人はその間にパンノニアのスラヴ人その他の先住民を同化ないし排除してゆき、一一世紀初頭のイシュトヴァーン（位九九七—一〇三八）の治世には、ハンガリーの国家的統一がほぼ完成された。彼はみずからキリスト教に改宗して一〇〇一年ローマ教皇から王冠をうけ、ハンガリー初代の王位についたが、教区の形成、僧院の建設など宗教上の功績があったばかりでなく、フランク王国にならって行政組織の確立に努め、真の意味でハンガリー国家の建設者となった。しかし彼ののち、国内には旧来のシャーマニズムに従うものもあって、長く宗教的抗争がつづいたうえに、貴族の勢力争いなどの内紛もあり、次第に弱っていった。

その後ラースロー一世（位一〇七七—九五）、カールマーン（位一〇九五—一一一六）らのすぐれた王がでて、ハンガリー国家の基礎はふたたびかたくなり、対外的にも発展して、一一世紀末までに北のスロヴァキア、東のトラ

マジャール人騎士（10世紀）

ンシルヴァニアを領土とし、一二世紀はじめには南西のクロアティアにも宗主権を認めさせ、東欧の大国となった。しかし、一三世紀前半モンゴル軍の侵入をうけて、国土は一時まったく荒廃し、その結果、政治的に神聖ローマ帝国の干渉の手が伸び、また人口の減少を救い国土の復興をはかるために、多数のドイツ系移民をむかえいれなければならなかった。こうして、被害の大きかったハンガリーも一三世紀末までには経済的に立ち直り、一四世紀には大きな発展をとげた。

ところで、ハンガリーでも一二世紀から一三世紀にかけて貴族の大所領が形成され、聖・俗の大領主の権力が強くなり、ハンガリーの貴族は一二二二年国王のエンドレ二世（位一二〇五—三五）から、イギリスのマグナ＝カルタに比せられる「金印勅書」を獲得した。これは、下層の自由戦士をも含むこの国の全貴族に、大幅な特権を認めたものである。ベーラ四世（位一二三五—七〇）はモンゴルの征服で荒廃した国土の再建に努め、秩序の回復に成功したが、大領主の勢力増大と土地集積をおさえることはできず、やがて一四世紀のはじめに建国以来のアールパード朝が絶えたあとは、選挙王制となり、ハンガリーの大領主と多くの外国王朝が関係してはげしい争いが展開されたのち、アールパード王家につながるナポリのアンジュー家が王位を継承した。アンジュー家のラヨシュ一世（位一三四二—八二）の治世は、国力のもっとも充実した時代で、内政改革と国外遠征に成功し、ダルマティアとバルカンを征服し、一三七〇年にはポーランド王をも兼ね、北海・黒海・アドリア海に接する大帝国をつくり、ハンガリーは中欧随一の強国として隆盛を誇った。彼は都市と鉱山を有力な財源にして強力な統一的支配を実現したのであるが、しかしその強力な支配も、大領主の権力を打ちくずすことはできなかった。

彼の死後は、貴族の擁立する外国系(ルクセンブルク・ハプスブルク・ヤゲロ)の国王があいついで立ったが、王位の変転は国内の対立をともない、政情はつねに不安定であった。こうした情勢に乗じてオスマン＝トルコがバルカンを北進してハンガリーの南部国境に迫り、引きつづくトルコとの戦乱のために、ハンガリーの国力は次第に衰えた。しかし、対トルコ戦争に功労のあった英雄フニャディ＝ヤーノシュの子マーチャーシュ王(位一四五八―九〇)の時代に、ハンガリーはふたたび繁栄を回復した。彼はオスマン＝トルコと一時和議をむすんでボヘミアを攻略するなど、軍事・外交にもすぐれた手腕をみせたが、とくに顕著な功績は、ナポリの王女を妃にしたこともあって、学芸を保護して外国から多くの学者や芸術家を宮廷に招き、有名なコルヴィヌス文庫を設立して、ハンガリーをルネサンスの一中心にしたことである。こうして一四―一五世紀のあいだは、ハンガリーはなお東欧随一の大国であり、マーチャーシュ王の治世は、中世ハンガリー王国の最後の黄金時代であったといえる。しかしマーチャーシュの死後、ハンガリー国内はふたたび混乱と動揺をきたした。そこには大貴族間の対立があり、またハンガリーでも、貴族による国政掌握の時期は、同時に再版農奴制の成立期であって、マジャール人領主によるきわめて苛酷な圧制が行なわれたために、これに対する不満から、一五一四年ハンガリー史上空前の農民反乱がおこったのである。これがオスマン＝トルコの遠征を誘い、当時ハンガリー王とボヘミア王を兼ねていたヤゲロ朝最後の君主ラヨシュ二世（ボヘミア王としてはルードヴィク一世）は、急ぎ南下して一五二六年ドナウ河畔のモハーチでこれと戦ったが大敗し、逃亡の途中溺死した。

ハプスブルク家支配の確立

国王ラヨシュが敗死したあとをうけて、オーストリア大公であるハプスブルク家のフェルディナント一世が、ボヘミア・ハンガリー両国の王位についた。フェルディナントの即位は、一〇年前に行なわれたマクシミリアン一世の二人の孫の結婚に由来するもので、ラヨシュに嗣子《しし》がなく、フェルディナントがその義兄にあたるところから、二つの王位を引き継ぐことになったのである。一部のマジャール系貴族はフェルディナントを国王にむかえ、一二世紀以来ハンガリー王の主権下に自治を守ってきたクロアティアの貴族も、ハプスブルク家の支配を認めた。これと相前後して、ボヘミアの議会もフェルディナントに王冠を与え、ここに、ハプスブルク家による東・中欧支配のもとが開かれたのである。

かねてからボヘミアとハンガリーの支配権確保を待望していたハプスブルク家は、ここにその目的を達成することができた。しかし、それには重要な背景があり、まずそれをおさえておく必要がある。ボヘミア・ハンガリーは、一一世紀以来ドイツ人の東方植民が行なわれた地方で、これらの地域は相互間に、また植民運動の一つの中心であったオーストリアとのあいだに、密接な経済関係をもっていたので、オーストリアがこれらの地方を一括して支配しようとしたのは、自然の成行きであった。植民運動はドイツ人農民に土地を与えたばかりでなく、開発にともなって多くのドイツ系の貴族・聖職者・市民が進出した。すなわち、ドイツ人農民や教会がスラヴ系民族やマジャール人のあいだに定着し、移住のさいの指導者が小貴族となり、上級聖職者とともにドイツ系支配階級となって、ドイツとの強い政治的・文化的連帯性をつくりあげていったし、東方の都市に移住したドイツ系市民も、各地域をドイツ的商業の一環としていたのである。ドイツ人の移住がもっとも多かったのは、ドイツに隣接したシュレジエンとボヘミア北境のズデーテン地方で、この両地方はやがてドイツ人の居住地となる。

一四世紀初頭にハンガリー・ボヘミアで民族王朝が断絶したあと、オーストリアは、両国におけるこのようなドイツ的要素を足場にして、急激な政治的進出を行なった。ルクセンブルク家やハプスブルク家のようなドイツ系君主の出現を可能にしたのは、まさにこれらの地域のドイツ化現象にほかならなかったのであり、一五二六年におけるハプスブルク家のボヘミアとハンガリーの支配権確保は、そのしめくくりともいうべきものであった。

しかしドイツ的要素を足場にしたオーストリアの急激な政治的進出は、両国の民族的反動をよびおこし、王権に対する土着貴族の対抗という形勢を生みだした。ボヘミアの事態はすでにみたが、ハンガリーでも、民族王朝が断絶したあと国王選挙が繰り返されるあいだに、土着貴族マグナートが権力をにぎるようになり、一六世紀には彼らを中心とする身分制的選挙王制が生まれた。

両国貴族がハプスブルク家から国王をむかえたのは、トルコの脅威に対してオーストリアを含む三国の協力が望ましいと考えたからであって、貴族はフェルディナントを、相続権によってではなく、選出されたものとして国王にむかえたのであった。そのため、フェルディナントが王位についたのちも、ボヘミア・ハンガリーには強い反ドイツ感情があり、それが土着貴族の反ハプスブルク運動の底流になっていたのである。

ボヘミア貴族はただちにフェルディナントを国王として承認したが、ハンガリーでは、多くの土着貴族がトランシルヴァニア出身のハンガリー系大領主サーポヤイ＝ヤーノシュを国民王として擁立し、ハプスブルク家の君臨に反対し、トルコ軍に援助をもとめたために、トルコ軍はこの機会をとらえて一五二九年ウィーンを囲んだ。オーストリアはドイツ諸侯の援助をえてようやくウィーンの囲みをとき、トルコの占領地領有を承認する条件でこれと和した。フェルディナントとサーポヤイ＝ヤーノシュのハンガリー王位をめぐる戦乱は、一五三八年の講和で終わり、ヤーノシュの死後全領土をフェルディナントが支配することになったが、ハンガリーの統一を喜ばぬトルコが再度侵入し、東部ハンガリーとトランシルヴァニアを、みずからの宗主権下にトランシルヴァニア侯国とした。従来ハンガリー王国は、狭義のハンガリーのほか、北のスロヴァキア、南西のクロアティア、東のトランシルヴァニア、南のバナートなどを支配する一大国家であったが、ここに結局ハンガリーは、最北部スロヴァキアと狭義のハンガリーの西辺に限られるハプス

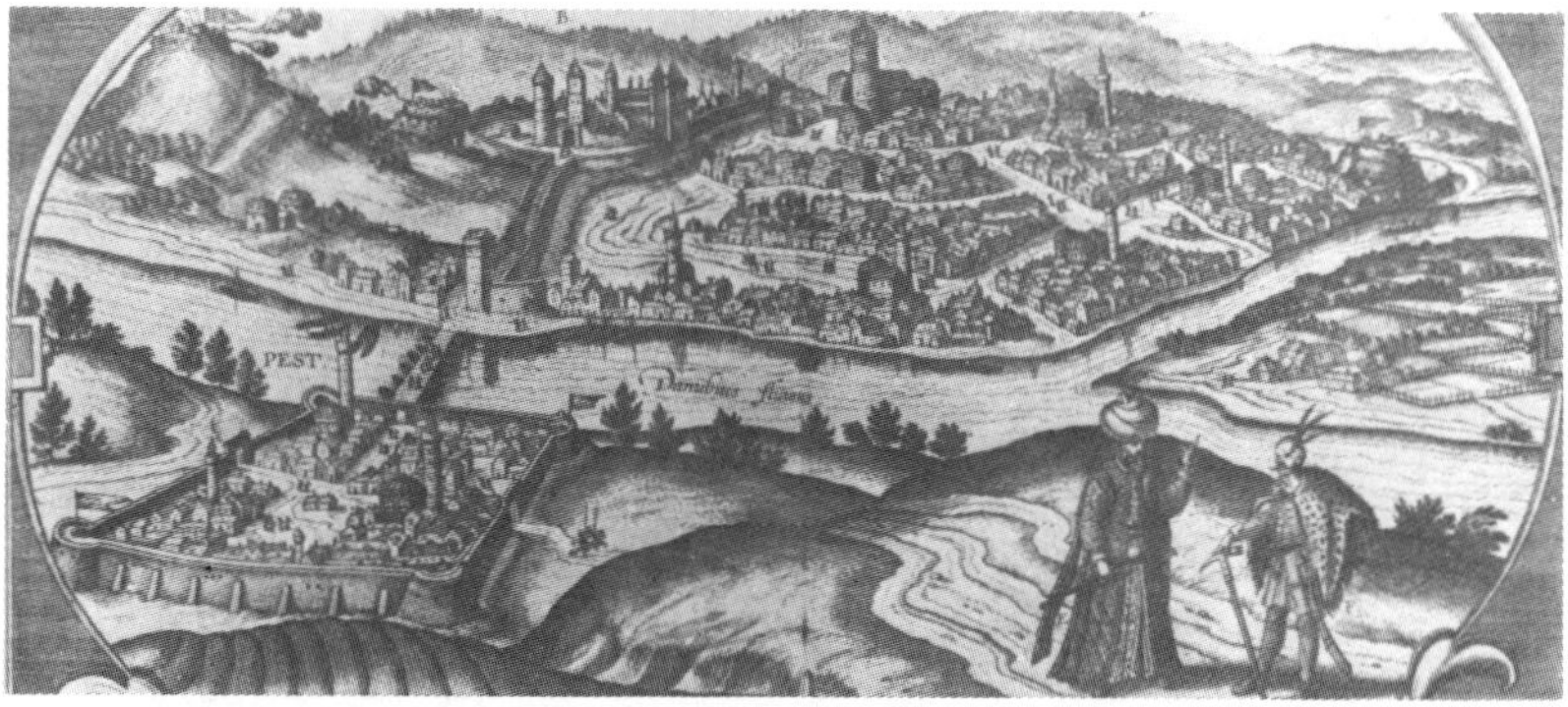

トルコ支配下のブダペストの眺望(1617年)

ブルク家の勢力圏、クロアティア東部からドナウ川沿いのハンガリー中央部にかけての首都ブダを含む広大なトルコの占領地、それにスルタンに臣属する半独立のトランシルヴァニア侯国の三つに分裂し、この状態は一六九九年まで約一五〇年間つづくことになる。

ボヘミアの宗教改革と白山の戦い

一六世紀から一七世紀にかけて、中欧は二つの重要な問題に直面した。その一つは、トルコ人に対する自己防衛であり、いま一つは宗教改革である。後者は、ハプスブルク家の支配する各地に、新教とむすんだ貴族勢力を台頭させ、ハプスブルク家の支配体制を弱体化させる結果になったが、ハプスブルク家は反動宗教改革と協力して巻き返しをはかり、宗教紛争を利用して絶対主義確立の第一歩を踏みだした。以下この経過を、ボヘミア・ハンガリーの順にみよう。

宗教改革運動のうち、最初に東欧にはいったのはルター主義で、各国のドイツ系市民のあいだに帰依者をみいだした。しかしボヘミアでは、事情が違っていた。一五二六年にフェルディナントが即位した当時、そこではすでに領主層がフス主義による改革をすませていたために、ルター主義はいくらかは伸びたが、彼らのあいだにはほとんど浸透せず、貴族・市民・農民を問わず、ウトラキストがなお多数を占め、チェコ同胞団の勢力も伸びつつあった。これに対してフェルディナントは、イエズス会の導入、プラハ大司教座の再建などによって、ボヘミアの反動宗教改革の基礎をおき、ウトラキストに対しては、これとの和解をはかり、そのカトリック教会への復帰を企図する一方、チェコ同胞団をルター派とともに抑圧する政策をとった。しかしボヘミアのフス主義は、民衆のあいだに根強い組織をもっており、王権とむすんだカトリック側の巻き返しにも、はじめのうちはよく耐えた。フェルディナントの政策は結局失敗し、彼およびそのあとを継いだマクシミリアン二世（位一五六四―七六）の時代、ボヘミアは政治上・宗教上の自由をかなりの程度保持した。ボヘミアの新教諸派は、一五七五年「チェコ人の信仰告白」を発表し、翌年マクシミリアンのあとを継いだルドルフ二世（位一五七六―一六一二）も、一六〇九年の勅許状でこれを確認し、完全な信教の自由を認めざるをえなかった。

このように、ハプスブルク家によるカトリック再建の努力は容易に成功しないようにみえたが、しかしこの時期に、イエズス会の積極的な教会活動が名門の青年貴族の大部分をカトリック側に引き入れていたし、また地理上の発見とトルコの東南ヨーロッパ支配に影響されてボヘミア経済の衰退がはじまったために、チェコ貴族は経済的にも弱体化していった。これへの対応策として、彼らは再版農奴制を強化したり、都市の経済活動を制限したりしたが、これは、ハプスブルク家とカトリック教会に対して戦うさいに必要な国民的団結を、みずから破るものであった。

一七世紀のはじめになって、チェコ人と王権ならびにカトリック勢力との戦いには重大な破局が訪れた。ルドルフに代わったマティアス王（位一六一二―一九）の時代、カトリック側の攻勢がすすみ、イエズス会士でドイツにおける新教徒の弾圧者として知られた甥のフェルディナントがマティアスの後継者に指名されると、ボヘミア新教派貴族のあいだに危機感が高まり、一六一八年五月、国王の二人の代官がプラハの王宮の窓から投げだされるという事件がおこった。その後ボヘミアの新教派貴族は国内からイエズス会士とカトリックの高僧を追いだし、一六一九年にはフェルディナントを否認して、新教派の指導者であるファルツ侯フリードリヒ五世を国王に選んだ。しかし、フス戦争の時と違って、こんどは農民の支持と都市の協力が期待できず、チェコ同胞団はむしろ平和を望んでいた。また、ドイツの新教徒諸侯やフランスからの援助もえられなかった。その結果、フェルディナント二世（位一六一九―三七）は、旧教徒連盟とスペインの援助をうけて、一六二〇年プラハ郊外のビーラー＝ホラ（白山）の戦いで、フリードリヒ王と貴族の傭兵部隊を徹底的にうち破ることができた。

この敗戦の結果は重大で、ボヘミアの貴族勢力はその新教主義とともに完全に排除された。反乱参加者は一部は処刑、他は追放され、所有地の三分の二は持ち主がかわり、新しい国王派のドイツ系貴族がつくりだされた。ボヘミア王位はハプスブルク家の世襲となり、また一六二七年の

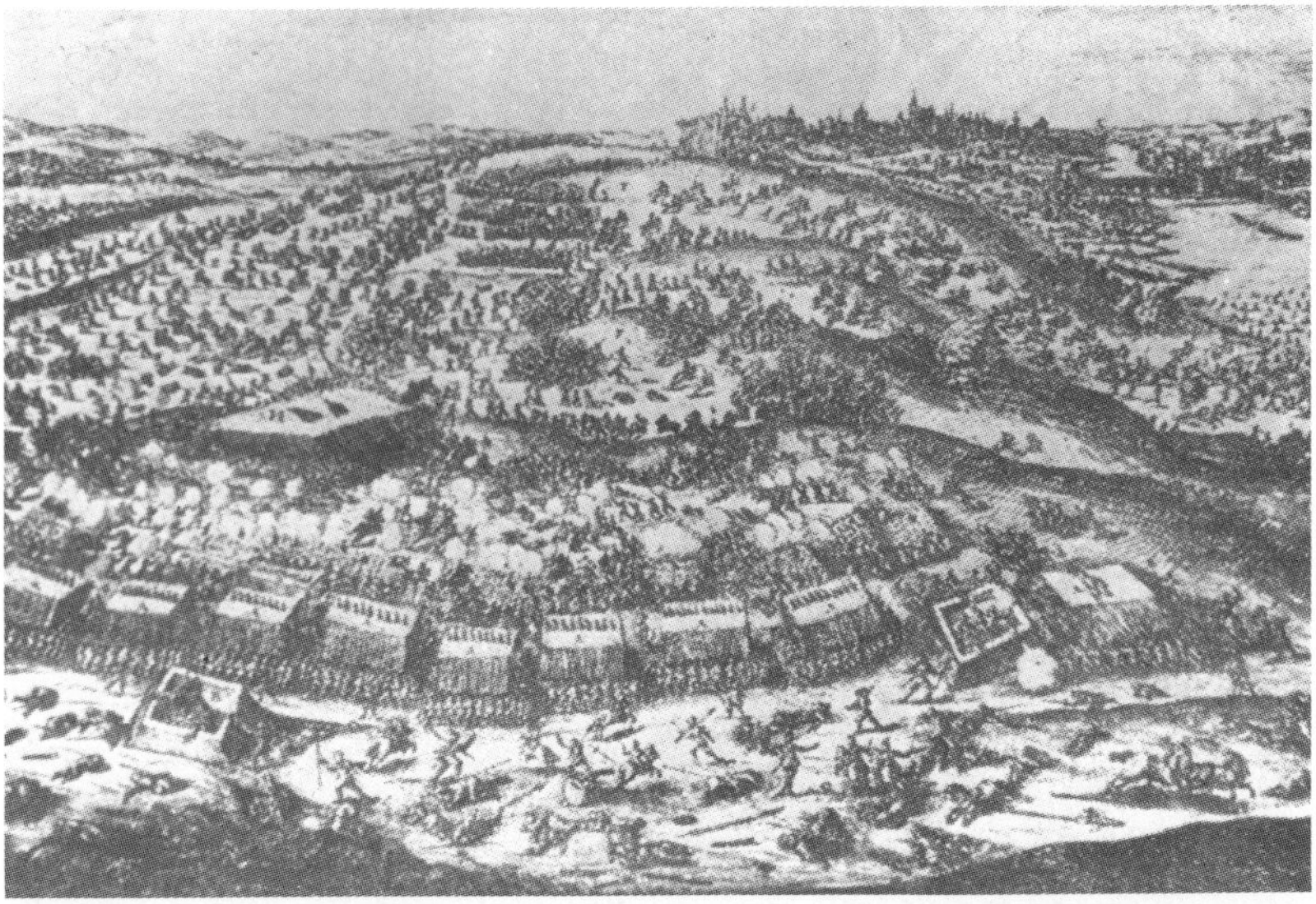

1620年の白山の戦い(プラハ付近)(上)と対ハプスブルク反乱を指導したチェコ貴族たちの処刑(1621年，プラハ)

「新領邦条令」で、ボヘミア国会は立法権や官吏任命権その他の諸権利を奪われ、残されたのは課税協賛権だけになった。カトリックが唯一の宗教とされ、ドイツ語が公用語となり、チェコ語は農民の言葉としていやしめられることになったから、チェコ民族文化の発展にも大きな打撃が加えられた。それまでボヘミアとハンガリーは類似した半独立王国であったが、いまやボヘミアはハプスブルク家の世襲領となり、ハプスブルク帝国の一つの行政単位として存在するにすぎなくなった。こうしてフェルディナント二世は、ボヘミアの宗教紛争を利用して絶対主義確立の第一歩を踏みだしたのである。白山の戦いののちも、つづく三十年戦争を通じて幾度か戦場になったために、ボヘミアは国土の荒廃が著しく、人口は激減し、かつてない暗黒時代をむかえることになった。以後チェコ人を待っていた運命は、ハプスブルク家によるドイツ化であり、彼らは長い屈辱の日々を耐えなければならなくなる。

ハンガリーの宗教改革とその反動

一六二〇年の白山の戦勝は、ハプスブルク家にとって絶対主義確立への第一歩であったが、しかしすべての領地について同様のことが認められたわけではなかった。むしろ宗教問題の処理その他をめぐる事態の発展のうちに、ボヘミアとハンガリーのあいだの差異がはっきりしてきたことが注目される。

宗教改革運動の開始とともに、ハンガリーでもルター主義はマジャール系大領主のあいだに信奉者を見いだしていったが、しかし、領主＝貴族のルター派への改宗は部分的現象で、とくに中小の領主は、ルター主義のドイツ的性格とルター運動の君主権とのむすびつきにむしろ反発を示した。これに対してカルヴィン主義は、権威を否定し、教会の組織としても俗人の長老制を唱えたので、中小貴族層はこれに親近感をもち、一五四〇年代以降積極的にカルヴィン主義をうけいれ、ハンガリー・トランシルヴァニアの貴族はほとんどカルヴィン派になり、とくにトランシルヴァニアには急進的なユニテリアンの組織も生まれ、一五六七年には国会があらゆる宗派の活動の自由を宣言し、この国は一時新教諸派の楽土となった。カルヴィン派のこのような優勢は、いうまでもなく、貴族が身分制議会を中心に国政を掌握しようとしていたことと関係があった。フェルディナント一世は、ハンガリーでも王権の強化をはかろうとしたが、ハンガリーはハプスブルク家にとってトルコとの戦いの前線であり、トルコとの戦いにはハンガリーの既成勢力の協力が不可欠であったから、貴族の反発を考慮して、とくに慎重な態度をとらざるをえなかった。

やがてルドルフ二世以後、カトリックの勢力挽回がはかられ、一七世紀にはいってからは、イエズス会の活動が再カトリック化成功の途を開いた。とりわけ、エステルゴムの大司教は、ハプスブルク支配地のマグナートの多くをカトリックに復帰させることに成功した。

しかし、ハンガリーの反ドイツ的感情は強く、それが土着貴族の反ハプスブルク運動の底を流れていた。貴族たちはトルコとの戦いでハプスブルク家の力に期待をかけたが、王家はその帝国政策の観点からしかトルコとの戦争を考えず、逆にしばしばハンガリー貴族の特権と自由な信仰を脅かし、再カトリック化を強行したため、新教派を中心とする住民の不満がうっせきした。もっとも、ハプスブルク支配地で絶対主義化と反動宗教改革がはじまり、次第に効を奏していったのは、理由のないことではなかった。ハンガリーにおけるカルヴィン派の一時的優勢は多分に表面的なもので、国民的基盤がなく、新教諸派はほとんど貴族と市民をとらえたにすぎず、農民は貴族たちの改革運動に概して冷淡であった。これは再版農奴制に対する無言の抗議ともいうべきもので、一六世紀末からのカトリック教会の巻き返しのまえに新教勢力が敗退してゆく一因となったのである。クロアティア人のあいだにも、一時オーストリアのルター主義を中心とする改革運動の影響が及んだが、一七世紀のはじめまでに反動宗教改革の波にのまれてしまった。ただトランシルヴァニアは、ガーボル＝ベトレンを中心に、ハプスブルク家に対抗して政治・宗教の自由を保持したが、ここでも一七世紀中葉には、国内の党争がトルコの干渉を容易にし、結局その属領と化した。

トルコの追放とハンガリーの民族解放戦争

ハプスブルク家は、旧ハンガリー領全部を手にいれようと幾度かトルコと戦ったが、一七世紀中葉までは宗教紛争のために十分力を注ぎえず、三十年戦争の終結後ようやく全力をかたむけることができるようになった。オーストリア軍は一六六四年ハンガリー西部ゴットハルトの決戦で大勝したが、戦後むすばれたヴァシュヴァールの講和は予想外にトルコに有利であったため、これを不満とするマジャール系貴族が反乱をおこした。トルコ軍はこれに乗じて一挙にオーストリアを粉砕しようとし、一六八三年ウィーンを再度包囲したが、九月の決戦で敗れた。これを転回点として、ハプスブルク軍はハンガリーを再征服し、トルコ軍をバルカンに追い返した。そして一六九九年のカルロヴィッツの和約で、ハプスブルク家はトランシルヴァニアと東クロアティアを含む旧ハンガリー王国領のほとんどすべてをその手に収めた。

旧ハンガリー王国の大半をトルコの支配から取り戻したのち、ハプスブルク家はハンガリーにも絶対主義を確立し、その隷属化をはかろうとした。一六八七年、皇帝レオポルト一世（位一六五八―一七〇五）はプレスブルクのハンガリー議会にハプスブルク家のハンガリー王位世襲権を認めさせ、トランシルヴァニアには別の行政組織を設け、南部ハンガリーをウィーン直轄の「軍事国境地域」にした。その他の地域は皇帝の家臣に与えられ、あるいは皇帝の領地として維持され、土着貴族にも重税が課され、新教徒に対する宗教上の圧迫も激化した。要するにレオポルト一世は、トルコの西欧侵入にとどめをさすとともに、ハンガリーの貴族勢力を破って絶対主義を樹立し、オーストリアの東・中欧支配の基盤を一段と強化しようとしたのである。

そこでハンガリーの土着貴族はボヘミアと同じ運命におちいることを恐れ、トルコ人から解放されると、今度はハプスブルク家に対して、一七〇三年自由と独立を求める民族的反乱をおこした。ラーコーツィ＝フェレンツ二世に指導されたこの蜂起は、国民の熱狂的支持をえて、たちまちトランシルヴァニアを含むハンガリーのほとんど全域を解放し、ラーコーツィはトランシルヴァニア侯とハンガリー王に選ばれ、ハンガリー議会は一七〇七年ハプスブルク家の廃位を決定した。しかしハプスブルク家は当時スペイン継承戦争に忙殺されて、ハンガリー貴族の抑圧に全力を注ぎえなかったために、白山の戦いの繰り返しはなく、他方ハンガリーの独立運動も外国から有効な支援が得られず、孤立したために、国内の結束がみだれて妥協的な気分を生みだし、和平を願う貴族たちはオーストリアに降伏して、一七一一年サトマールの和約が実現し、ラーコーツィは国外に亡命した。その結果、ハンガリーはふたたびハプスブルク家の手に帰したが、そのかわりに新皇帝カール六世(位一七一一―四〇)は、ハンガリーの伝統的憲法と貴族の免税その他の特権を認め、信教の自由を承認した。こうしてハンガリーは封建的な独立した国会の存在を維持し、地主貴族の権利を保存することになったが、なかでもユニークな地方自治制度コミタート(県)は、中小地主ジェントリーの特権を守るのに役立った。ハプスブルク家はハンガリーの自由を尊重する限りで王としてうけいれられ

ラーコーツィ＝フェレンツ２世

るという将来のパターンがここに決定されたが、これはボヘミアとは著しい対照をなしていた。

もちろんハンガリーでも、長年の戦争や数次の反乱で断絶したり没落したりした貴族は数多く、カール六世はドイツ系をはじめイタリア系・スペイン系など多くの外国人貴族に所領を与えたが、彼らはやがてその土地をハンガリー人に売却したケースが多く、またハンガリーがドイツ本国から遠いせいもあって、ボヘミアにみられたような支配層のドイツ化現象はおこらなかった。ハンガリー貴族は依然その中世的国制と身分的自由を固守して、オーストリア絶対主義の貫徹を妨げたのである。しかし彼らは、特権に執着して広い政治的視野を欠いたために、経済の停滞を招く結果になり、この国は次第に半植民地的農業国の色彩を強めてゆくのである。

啓蒙的改革の影響

ハプスブルク家は幾多の政治単位を取得・吸収することによって自己の勢力を拡大していったが、ハプスブルク帝国に属するさまざまな土地は王家の所領であるという事実によって結合を保ったにすぎなかった。このハプスブルク家の家領を統合するうえで重要な意味をもったのは、皇帝カール六世が一七一三年に制定した「国事詔《プラグマティシェ＝ザンクチ》書《オン》」である。これは、ハプスブルク家の諸領地の一体不可分を宣言し、長子相続の原則をうたうとともに、女子相続権をも認めたもので、これによってハプスブルク帝国は、たまたま同一の君主に支配される諸領地の集合体ではなくなり、はじめて明確な法的一体性を獲得したのである。カール六世は諸領地の身分制議会との交渉を通じて「国事詔書」の承認を確保しようとし、ドイツ系諸領地とボヘミアでは容易に成功したが、ハンガリー議会はその承認と引きかえに、自国の権利・自由・免税などの再確認をもとめた。こうして「国事詔書」は、ハンガリー人にとっては、彼らの諸特権、すなわちハンガリーの自立性の法的基礎を意味することになった。

カール六世の死後、マリア＝テレジア（位一七四〇―八〇）の相続をめぐってオーストリア継承戦争が勃発し、ハプスブルク帝国を重大な危機におとしいれたとき、彼女はハンガリーへの依存を強めざるをえず、一七四一年ハンガリー国会にあらわれて支援をもとめると、ハンガリー貴族はただちにその要請をうけいれて参戦し、戦局を有利にした。

この戦争終了後、ハプスブルク帝国は新時代に適応した新しい国家に変貌するための努力を払わねばならなくなった。これがマリア＝テレジアとヨーゼフ二世の「啓蒙主義的改革」であり、それは、絶対主義確立への歩みであるとともに、中央支配強化のための努力であった。マリア＝テレジアの主要な業績は、異質的な土地と民族を含むオーストリアに、必要な官僚制度を導入して統一的な行政組織を確立しようとした点にあり、そのために中央政庁の改革とその地方政治への直結がはかられたが、この過程でボヘミアは、行政面ではほとんど完全にオーストリアと一体化され、名実ともに独立を失った。ただそこで注目されるのは、三十年戦争後約一世紀つづいた平和のあいだに徐々に経済の復興がすすみ、一八世紀前半にはとくに繊維工業とガラス工業の発展が著しく、ボヘミアが次第に荒廃から立ち直ってきたことである。

しかしマリア＝テレジアは、ハンガリーについてはその政治的伝統をよく理解し、即位当初にハンガリー貴族からうけた恩義を忘れなかったので、オーストリアとボヘミアで実施したような改革をハンガリーにもちこむのには慎重で、旧来の封建的諸制度をそのまま残した。もっとも彼女も、ハンガリーとのあいだの紐帯を強化する意図をもってはいたが、ハンガリーの特権的地位を漸次弱める方針をとり、七年戦争後はハンガリー国会を召集せず、ハンガリーの大貴族はウィーンの宮廷に引きよせられてコスモポリタンな性格を身につけることになった。またハンガリーは、経済的にはオーストリアの重商主義的植民地として扱われた。しかしそれにしても、ハンガリーがマリア＝テレジアの諸改革をまぬかれ、独立の政庁と自主的な行政を保持したことは重要である。マリア＝テレジアは近代的なオーストリア国家の創設者ではあったが、彼女の諸改革をハンガリーの国境で停止させたことによって、のちの二重主義の創設者でもあったのである。これはハンガリー人の感情をなだめはしたが、他の地域に嫉妬をよびおこし、政治的自覚をもった貴族たちを領土的な線にそって分裂させる結果になった。

ヨーゼフ二世の啓蒙的改革とその後

つぎにヨーゼフ二世（位一七六五―九〇）の改革をみよう。彼は啓蒙主義の熱烈な信奉者で、彼の改革の特徴は、諸地域の歴史的伝統を無視して、ウィーン政府によるドイツ的な一元的支配を実現しようとした点にあり、マリア＝テレジアの改革が除外したハンガリーも、ヨーゼフの改革には当然含まれた。彼はハンガリー王冠を戴くことを拒否し、ハンガリーの諸特権をこばみ、ハンガリー議会の召集を拒絶した。コミタートは廃止され、ハンガリーはドイツ人官僚の支配下におかれ、行政一元化のための公用語としてドイツ語の流通が強制された。マリア＝テレジアの時代に著しく改善されたハプスブルク家とハンガリー貴族との関係は、現実感覚を欠いたヨーゼフ二世の統治によってふたたび悪化した。

もとより彼の改革は、ハンガリーにとってマイナスの面だけではなく、プラスの面も存在した。ヨーゼフは一七八一年に農奴制の廃止を宣言し、貴族の隷属下にあった農民までも一挙に解放し、租税や地代は金納で、農民の収入の三〇%におさえるという画期的な改革を行なった。この政策は、ハンガリー農民にも人格的自由を保証し、非貴族出身のミドルクラスの台頭を可能にした。また彼の宗教政策は、

ヨーゼフ２世(右)と弟のフェルディナント大公

ハンガリーの新教徒やユダヤ人・ギリシア正教徒にも信仰の自由を認め、官職への道も開いた。しかしこうした政策は、当然貴族と聖職者の反発を買い、地方自治の廃止、中央から派遣される官吏による一元的行政、とりわけ官庁や学校でのドイツ語の強制は、ハンガリー人を強く刺激し、一七八八年ウィーンに対する反乱がおこった。ヨーゼフの改革に対する貴族の抵抗はナショナリズムとむすびつき、伝統的権利の防衛は自由主義の外観をとりさえした。ヨーゼフが一七九〇年に亡くなったとき、あとを継いだレオポルト二世（位一七九〇―九二）は、国内の大きな不満に驚き、寛容令と体僕制（＝人身的隷属関係）の廃止以外、兄ヨーゼフの改革の多くをとりやめた。ハンガリーでは国会の召集が約束され、ハンガリーの自立的特権が新しく正式に認められ、コミタートの自治的行政も完全に回復し、貴族主義的なハンガリーをふたたび存続させることになった。

ヨーゼフの改革は、ボヘミアではさらに徹底して行なわれた。ここでは、ハプスブルク家によって移入された貴族が多かったが、彼らもヨーゼフの改革には敵意をもち、この敵意をボヘミア的愛国心の形で表現し、長いあいだ農民の言葉にすぎなかったチェコ語にも関心を示すようになった。しかし他方、農奴制の廃止は、新教派やユダヤ教徒の商工業者の活動を可能にした寛容令とあいまって、ボヘミア経済の発展をさらに促進した。その結果ボヘミアは、ハプスブルク帝国内で経済的にもっともすすんだ地域となり、依然ドイツ人の支配が強かったとはいえ、一八世紀末にはチェコ人のミドルクラスも形成されてきた。

つづくフランス革命とナポレオン戦争の進展のなかで、オーストリアの啓蒙的君主政治は破産し、フランツ二世(位一七九二―一八〇六、一八〇四―三五はオーストリア皇帝フランツ一世)はナポレオンの圧力のもとに、一八〇六年には神聖ローマ帝国の消滅を宣言しなければならなくなった。彼のもとで「オーストリア帝国」に編成がえされたハプスブルク帝国は、国内的には貴族を基盤として上からの道を推しすすめ、国際的には古いヨーロッパを革命から防衛する任務を担当する、反動的な国家権力に転化してしまった。

2 一八世紀末から第一次世界大戦まで

つぎに、一八世紀末から第一次世界大戦までの近代ナショナリズムの発展期における、チェコとハンガリーの歴史をみよう。

チェコ人の文化的覚醒

ハプスブルク帝国はナポレオン戦争中に多くの領土を失い、国勢が著しく減退したが、ウィーン会議で強国としての地位を回復することに成功し、所領も強化された。しかしハプスブルク家は、一八世紀の中央集権化の試みが失敗したのち、ふたたび旧来の工朝政策にたよることになり、もはや、領内の諸民族を一つの全体国家に統合しうる共通の理想や感情はみられなかった。ナポレオン戦争終了後、オーストリア皇帝フランツ一世は、王朝の光栄をそのまま保存することを、平和の時代における最高の課題と考え、変化をきらい、人民の主導権を好まず、政治のなかに新生命が発動することをいやがった。こうしてナポレオン没落後の数十年間は、ハプスブルク帝国の中心オーストリアでは停滞の時代であったが、しかし領内諸民族にとってはそうではなく、自己の生活を発展させ、新しい希望と野心をもちはじめた時期であった。こうした事態をもたらした要因としては、つぎの三つが考えられる。

第一は、立憲主義とナショナリズムの復活である。ウィーン体制の当初一時影をひそめたこれらの思想は、一八二〇年代にはいってスペインとイタリアでふたたび表面にあらわれ、一八三〇年のフランス七月革命後大きな高まりをみせたが、それらはハプスブルク帝国にも徐々に浸透しはじめた。第二に、啓蒙君主ヨーゼフ二世の教育政策が、農民の読み書きの能力を高め、各地の地方語を発達させる結果を生んだ。第三は、民俗的伝統や民謡を強調するドイツ＝ロマン主義やヘルダーの仕事の影響が、後進諸民族のあいだに強く及び、これが、知識階級に民族意識の覚醒を促したことである。しかし、メッテルニヒ時代およびその後におけるナショナリズムの発展は、諸民族の歴史的事情や社会構造に応じて、さまざまな経過をたどった。

チェコ人は一六二〇年の白山の戦い以後、長いあいだ屈辱の生活を強いられてきたが、一八世紀後半、ボヘミアにもようやく民族的自覚の兆候があらわれはじめた。それを促したのは、オーストリアの啓蒙的君主政治であった。とりわけヨーゼフ二世が諸地方の伝統を無視してウィーン政府による中央集権的支配を実現しようとすると、ボヘミアの貴族——三十年戦争以来ドイツ人ないしドイツ化したチェコ人であったが——はこれに反対してボヘミアの歴史的特殊性を主張し、長いあいだ農民と都市下層民の言葉になっていたチェコ語にも関心を示すようになった。ヨーゼフ二世が教会財産を没収し、修道院を兵営などに転用しようとしたことも、ボヘミアの聖職者のなかから、ボヘミアの文化と言語の擁護者を生みだす契機になった。他方、ヨーゼフの農民解放は農民の生活に安定を与え、彼が信仰の自由を宣言し農民に学校を与えたこととあいまって、チェコ人の精神に新しい生気がきざしはじめた。さらにボヘミアでは、一八世紀の初期から各地で重要な工業が発展しはじめたために、ミドルクラスが台頭して、農業社会から産業社会への移行がはじまり、彼らのあいだには、フスの運動や宗教改革の遠い記憶がよみがえった。

こうして、貴族の愛国的運動とミドルクラスの進歩的な民族運動とが並行するなかで、評論家・歴史家・詩人たちによって文化的覚醒の仕事がすすめられていった。スラヴ言語学の開拓者であるとともに、農民の言葉であったチェコ語を文章語に高めたドブロフスキー、そのあとを継いで、はじめて立派なチェコ語の辞典をつくり、西欧ロマン主義の文学作品を翻訳したユングマン、古代スラヴ文化の研究者シャファジークらは有名であるが、さらに重要なのは歴史家のパラツキーで、彼は『チェコ民族史』を書いて、中世末期のフス運動がチェコ民族のあいだにデモクラシーの基礎をおいたという新解釈を示し、チェコ人を西欧自由主義思想の先駆者として描いた。なおドブロフスキーは、言語のみならず風俗・習慣にもスラヴ諸民族に共通のものを発見しているが、これはのちの文化的汎スラヴ主義の出発点となったもので、一九世紀初期には、民族的個性の自覚とスラヴ人としての自覚が重なり合っていたことが知られる。なお、チェコ人の文化的覚醒について語る場合には、ボヘミアがスラヴ人居住地の最西端にあり、ドイツ人が多数住んでいたこともあって、西欧の文化や新思想が比較的容易に浸透し、チェコ人は帝国内の他のいかなる非ドイツ民族よりも西欧的であった事情を、忘れてはならない。

このようにまず文化的覚醒として出発したチェコ人の民族意識は、まもなく政治的意識に発展し、ドイツ語にかえてチェコ語を公用語にする運動がおこり、民族の自治が叫ばれ、ウィーン政府への反抗も次第に高まってきた。また、ボヘミアは帝国内でもっとも工業化がすすみ、産業革命とともにチェコ人のブルジョアジーが出現したとはいえ、大工場は依然ドイツ人の手中にあり、小企業だけがチェコ人の経営に委ねられていたから、彼らはドイツ人の企業家や地主にはげしい民族的対抗意識を抱くようになった。しかし一八四八年以前には、チェコ人でもドイツ人でもなくボヘミア人であるという「ボヘミア主義」が、なおかなりの力をもっていた。

スロヴァキア人も、隣接するチェコ人の影響をうけて、農民の方言から文語を発展させはじめた。スロヴァキア人は経済的発展が遅れたうえに、長いあいだマジャール人の圧迫をうけていたので、進歩の程度はチェコ人よりもはるかに低かったが、新教徒によってチェコ人との協力の必要が強調されるようになり、一八世紀後半には、チェコ語からとった筆記体のアルファベットが普及した。一九世紀にはいると、新教徒のスロヴァキア詩人コラールが、詩集のなかで、スラヴ語を話すすべての民族の一体性について語り、スラヴ民族の人間性および将来の偉大さを賛美した。

マジャール人の民族意識

マジャール人は誇るべき過去をもつ、ハプスブルク帝国内の代表的な〝歴史的民族〟であったが、彼らのつくるハンガリー国は一六九九年以来ハプスブルク家の支配下にはいり、オーストリアの総督に治められる従属国となった。領土内には、支配民族であるマジャール人のほかに、クロアティア人・セルビア人・スロヴァキア人・ルーマニア人などが住み、人口の圧倒的多数を占める農民は、封建貴族の圧迫のもとに悲惨な生活を送っていた。この国は、他の非ドイツ人地域にくらべればかなり特殊な地位を認められ、独自の憲法と身分制議会をもって一応の自治を行なってきたが、議会は貴族から構成されて独立心が強く、自己の伝統をしっかり守ってきた。一九世紀初頭までのハンガリーは、超民族的な貴族社会であり、議会は特権貴族の利益代表機関にすぎなかった。

ヨーゼフ二世の啓蒙的統治は、ハンガリーにも若干の社会経済的改革を行なって国民の生活水準を高める反面、指導層に対するドイツ化政策によってハンガリーの民族文化を沈滞させたが、

マルティノヴィッチらの処刑

一八世紀末になると、フランス革命とナポレオンの影響で、マジャール人のあいだにも次第に民族的自覚が高まってきた。フランス革命後マルティノヴィッチらの知識人は、ジャコバン党にならって秘密結社をつくり、ハンガリーに民主的共和制をもたらすことを夢見たが、当局に探知されて一七九五年弾圧された。この事件のあと、自由・平等・民族独立の思想は文学者の活動にうけつがれ、カジンツィは民衆の啓蒙運動をつづけ、キシュファルディ(弟)やヴェレシュマルティは愛国的な史劇や叙事詩を書いて、人心を鼓舞した。後者は、アラニュ・ペテーフィとともに当時の三大詩人といわれた。

　こうしておこった民族主義の気運は、メッテルニヒ時代の反動体制下にも、中・小地主貴族ジェントリーを中心とするミドルクラスを基盤にして、次第に高まっていった。彼らは、従来のラテン語にかえてマジャール語を行政と立法の公用語にすることを手はじめに、ハンガリー内でマジャール的要素を支配的なものにしようと考え、それとともに、スロヴァキア人・セルビア人・ルテニア人（ハプスブルク帝国内のウクライナ人）・ルーマニア人などに対する抑圧も強くなっていった。同時にウィーン政府の反動的政策に対する不満も強くなり、若干の社会的改革を導入することによって国家組織を近代化し、新しい民族国家の基盤を拡大しようとする動きもおこった。一九世紀はじめまでむしろ超民族的な貴族社会であったハンガリーは、こうして、一九世紀初頭の言語的ナショナリズムの影響下に、次第にマジャール民族国家に変形されてゆく一方、その過程で大貴族マグナートとジェントリーのあいだにある種の対立がおこり、後者のナショナリズムは一時自由主義的な姿をとったのである。

当時ハンガリーの民族運動の先頭に立った政治家は、セーチェニーとコッシュート＝ラヨシュで、前者は自由主義的貴族を代表し、漸進的改革の立場をとっていたが、後者は小地主層を代表する急進的民主主義者で、オーストリアからの政治的独立を主張した。両者のあいだにはげしい争いがあったのち、一八四〇年代にはいると指導権は後者の手に移り、とりわけ一八四七年にコッシュートが下院議員に当選して以来、彼の指導する下院の自由主義勢力が上院を圧倒するようになり、政治闘争の目標も、貴族の特権廃止、課税の平等、刑法の改正、言論・出版の自由など、革命的な性格をおびはじめた。ハンガリーの民族運動は、早くからはっきりした政治的要求を掲げている点が、特徴的である。

ハンガリー内の諸民族のうち、クロアティア人について一言しよう。クロアティア人も過去の政治生活の記憶をもつ民族で、クロアティア王国は一〇世紀から一一世紀にかけて短期間独立したのち、ハンガリー王国の一部になったが、自己の議会を保持して自治権をもち、公用語としてラテン語を使用した。クロアティアはナポレオン時代、一時スロヴェニア・ダルマティアとともにイリュリア州をつくり、フランス革命に由来する近代的諸制度が導入された。ナポレオンの没落後はふたたびハンガリーに含められたが、イリュリア州の設置は、南スラヴ人の統一をめざす「イリュリア」文化運動の発展を刺激し、リュードヴィト＝ガイがその指導者として活躍した。この運動は、マジャール人の抑圧に対抗して自治・独立を要求しようとするクロアティア人の意欲を力づけた。

一八四八年の革命　一八四八年のフランス二月革命はハプスブルク帝国に深刻な影響を及ぼし、首都ウィーンのほか、領内各地でも、長く専制的抑圧に苦しんだ諸民族が、自由と解放をもとめて、あいついで蜂起した。

ハンガリーでは、三月三日、コッシュートがプレスブルク(ブラティスラヴァ)に開催中のハンガリー議会で演説し、メッテルニヒ体制を鋭く批判して、ハンガリーの完全な自治を要求した。つづいて、三月一三日のウィーンの暴動とメッテルニヒ失脚の報をうけて、ブダペストの町は革命

ハンガリー最初の独立内閣(1848年)　上部中央がバッチャーニュ首相。

的な緊張に包まれ、一五日に国民詩人ペテーフィを中心とする青年たちのデモが行なわれた。これと呼応して、議会は一部貴族の妨害をおしきって、ハンガリーを近代的民族国家にするための一連の改革法を成立させた。この「三月法」は、独立した責任内閣、言論・出版の自由、教育の民主化、陪審裁判制の採用などの政治的改革とともに、国家の補償による賦役その他封建的諸権利の廃止など社会的変革をも含むもので、これらの要求はただちに皇帝に提出された。

皇帝フェルディナント一世(位一八三五―四八)は周囲の情勢におされて、三月三一日やむなくハンガリーに独立の責任内閣を認めたので、バッチャーニュを首班とする内閣がつくられ、四月一一日には「三月法」も公認され、ここにハンガリーは、オーストリアと対等の議会制の立憲君主国となった。新内閣はコッシュート・セーチェニー・デアークなど各派の有力な民族主義者を網羅し、蔵相コッシュートが実権をにぎったとはいえ、温和派と急進派の連合内閣といった性格のもので、その政策も妥協的色彩が強く、ハプスブルク家との絶縁や王政の廃止は問題にならず、新しい選挙法も依然財産資格による制限選挙を定めていた。

しかしこの新内閣は、国内の異民族対策のうえで大きな矛盾を示した。ハンガリーの民族主義はマジャール人中心のもので、「三月法」を貫く民族自治の原則はあくまでもマジャール民族だけに適用されるものであり、国内各地に住む南スラヴ人・スロヴァキア人・ルーマニア人などの隷属的地位は少しも改善されなかった。そこでこれらの諸民族は憤慨し、ハンガリー政府の命令に従うことをきらい、おのおの自治を要求して反抗をはじめたが、ハンガリー政府はこれに耳を傾けず、むしろ抑圧を強化したので、両者の関係は次第に険悪化し、これが革命の帰趨に微妙な影響を及ぼすことになる。

フランス二月革命の報道はボヘミアにも大きな刺激を与え、三月一一日には自由主義的な市民がプラハの聖ヴァーツラフ広場に集まって、封建的負担の廃止、市民的自由、ボヘミア・モラヴィア・シュレジエン三州のボヘミア王国への統合、学校と行政官庁におけるチェコ語とドイツ語の平等などを要求し、皇帝あての請願書を提出した。この集会にはチェコ人もドイツ人も含まれていたが、やがてウィーン政府の権威が失われた三月二八日、チェコ民族主義者はふたたび皇帝への請願を行ない、三州のボヘミアへの統一をあらためて宣言するとともに、単一の議会とそれに責任をもつ独立の中央政府をおいて、共通の行政を行なうことを要求した。皇帝は四月八日、やむなくこれらの要求の大部分を認め、ついで五月二九日には、プラハにチェコ人とドイツ人の穏健派から成る仮政府がつくられ、ボヘミアは自治権獲得に成功した。

なお、ボヘミアは当時ドイツ連邦の一部をなしていたので、チェコの民族的指導者パラツキーはドイツ統一をめざすフランクフルトの五十人委員会に出席をもとめられたが、彼はチェコ人としての民族的見解を述べてこれを断わり、つづいてフランクフルト国民議会の選挙がボヘミアで告知されると、チェコの民族主義者はこれを妨げるために全力をつくし、ドイツ人とチェコ人の対立が激化した。そして六月にはパラツキーの司会のもとに、プラハでスラヴ民族会議が開かれたが、これは、フランクフルトのドイツ国民議会とマジャール人のハンガリー議会に対抗して、オーストリア領内のスラヴ系諸民族を糾合しようとするもので、オーストリア帝国を認めながら、これを平等な権利をもつ諸民族の連邦に改造するのが目標であった。このような立場は、オーストリア＝スラヴ主義とよばれる。しかしズデーテン地方のドイツ人は、フランクフルト国民議会の大ドイツ主義を支持し、ボヘミアをドイツ統一国家に含めるべきであると主張して、チェコ人の民族主義運動と鋭く対立した。他方、チェコ人のあいだには、このような穏健派の改革に不満な分子もあった。

ともあれ一八四八年の前半には、ハプスブルク帝国は領内諸民族、とくにチェコとハンガリー

1848年のプラハの革命　オーストリア軍と市民の戦い。

の反抗にあって、大きくゆさぶられたのである。

しかしこの年の夏から、形勢は革命側に不利になった。

革命の挫折と反動の勝利

革命の挫折はまずボヘミアからはじまった。スラヴ民族会議開催中の六月一二日、青年学生を中心とし労働者および市民の一部を含む急進派が、温和派の動きにあきたらずに、プラハで暴動をおこし、兵士とのあいだに衝突をおこした。プラハ軍司令官ヴィンディシュグレーツ将軍はこの機会をとらえてボヘミアを鎮圧しようとし、六月一七日プラハを砲撃してボヘミア政府とスラヴ民族会議を強制的に解散させ、ボヘミアを軍事独裁のもとにおき、オーストリアの統治権を回復した。このとき、チェコ人の多数穏健派は、プラハの急進派が敗北して秩序が樹立されたことをむしろ歓迎し、またドイツ人は、民族的反感から、チェコ人の革命的動乱が鎮定されたことを喜んだ。

ウィーンでは七月二二日、普通選挙による憲法制定議会が召集され、農奴制の廃止を決定したのち、憲法制定の作業に着手した。チェコ人の指導者たちはこれに希望をかけ、パラツキーはこの議会の中心人物として活躍した。この議会は、ウィーンで反革命が勝利をえた一一月以後クロミェジージュ（クレムジール）に移されたが、翌年三月まで審議をつづけて、各民族の自治権を大幅に認めた自由主義的・連邦主義的な憲法草案をつくりあげた。しかしこれは、すでに勢力を回復していたオーストリア政府の認めるところではなく、シュヴァルツェンベルク首相は三月七日武力で議会を解散させたうえ、中央集権的・保守的な欽定憲法を発布し、オーストリアが単一不可分の君主国であることを宣言し、オーストリア＝スラヴ主義は完全に息の根をとめられた。

つぎにハンガリーに目を移そう。マジャール人に反感を抱いた諸民族のうち、とくにクロアティア人は、ハンガリーからの分離と南スラヴ人国家の形成をオーストリア皇帝に訴え、皇帝はその首領イェラチッチをクロアティア総督に任命した。彼は皇帝に忠誠を誓い、ハンガリー政府に対抗してクロアティア人・スロヴェニア人の武装をはじめた。やがてコッシュートが温和派を排斥して独裁権をにぎると、南スラヴ諸族はコッシュートの勢力打倒を企て、一八四八年九月、イェラチッチを総帥としてハンガリー本土に進撃を開始した。

ハンガリーでは、バッチャーニュ内閣が皇帝に抗議して辞職したあと、コッシュートを議長とする国防委員会が設けられ、イェラチッチの前進を阻止することに成功した。オーストリア皇帝は一〇月六日ハンガリーに宣戦を布告し、ウィーンの革命を鎮定して権威を回復したあと、ハンガリーの制圧に全力をあげ、一八四九年一月ヴィンディシュグレーツ将軍のオーストリア軍がブダペストを占領した。しかしハンガリー議会は東部のデブレツェンに退いて、自国の完全独立とハプスブルク家の失権を宣言し、コッシュートを首席とする臨時革命政府を中心に、なお抵抗をつづけ、五月二一日にはブダペストを奪還した。そこでオーストリア軍はついにロシア軍の援助をもとめて、八月一三日ハンガリーを降伏させ、全土は反革命の手におち、コッシュートはトルコに亡命した。

独立戦争失敗後のハンガリーはオーストリアのたんなる一属領となり、オーストリアの軍政下におかれ、民族的自由はまったく奪われ、その国土はクロアティア・セルビア・トランシルヴァニアなどに五分され、それぞれ帝国の一州としてウィーン中央政府の派遣するドイツ人知事の統治をうけ、州議会の権限は極度に縮小され、官庁や学校ではふたたびドイツ語が採用された。一八五一年末には、四九年三月に発布された欽定憲法さえ廃止されて、オーストリアは完全に中央集権化された絶対主義体制に復帰したが、ただ革命中に廃止された農奴制だけは、復活しなかった。

アウスグライヒへの道

一八五〇年代のオーストリアは、内相バッハを中心に、近代的で能率的な絶対主義をめざし、ドイツ人官僚の手でよく管理された中央集権国家をつくろうとしたが、専制的なバッハ体制は、四八年の革命をへた諸民族の目には、政治的権利を否定するものと思われ、大きな敵意が生まれた。

オーストリアの新絶対主義体制は、クリミア戦争（一八五四―五六年）をめぐる外交の失敗とイタリア独立戦争（一八五九年）からうけた打撃によって、大きく傷つけられた。他方イタリア人の統一運動は、オーストリア領内の諸民族、とくにハンガリーのマジャール人を刺激し、彼らのあいだから民族の自治を望む声が高くあがった。一八四九年の独立戦争はハンガリーの完全な敗北に終わったとはいえ、それはハンガリーの国民的結束をいっそうかためる結果になり、依然抵抗がつづいていたのである。そこで皇帝はやむなく一八六〇年一〇月二〇日「十月勅書」とよばれる憲法を発布し、集権制と連邦制の折衷によって、従来の絶対主義的な政治に若干の修正を加えようとした。その結果、州議会は地方的な問題についてかなり広範な権限を与えられ、とくにハンガリー議会は他の州議会よりも高い権限をもち、マジャール語の公務使用も許されたが、マジャール人はなおこれに満足しなかった。

十月勅書はその連邦的性格のためにドイツ人自由派からも拒否されたので、一八六一年二月、皇帝は「二月憲法」を発布して十月勅書を修正したが、これはふたたび全帝国の統一を強化し、

デアーク

オーストリア＝ドイツ人の中央集権的立場を擁護したもので、州議会の権限は縮小され、全国を代表する帝国議会に主力が移されたので、ドイツ人以外の諸民族ははげしく反対した。一八六一年五月に開かれた帝国議会には、ハンガリーをはじめクロアティア・トランシルヴァニアなどは代表を送らず、チェコ人とポーランド人は退場し、民族問題はますます深刻化した。ただそのさい、ハンガリー人とスラヴ人とは折り合わず、チェコ人の方はハンガリーの運動に呼応しようとしたが、ハンガリーの指導者はチェコ人を相手にしなかった。

ウィーンの宮廷が二月憲法発布後の混乱を収拾するためには、領内諸民族の民族主義と妥協するほかなかったが、スラヴ人との握手には困難が多く、結局ハンガリーといかにして妥協するかが問題であった。ハンガリーのマジャール人は民族的自立を強く望んでいたとはいえ、当時の指導者デアークやアンドラーシは、一八四八年革命のさいのコッシュートとは違って、ハンガリーはハプスブルク帝国と結合してのみ繁栄しうると考え、共通のゆるい枠組のなかでハンガリーの歴史的個性を保持すべきであると確信していた。他方オーストリアでも、一八六六年の普墺戦争の結果、オーストリアがドイツから追放されたことによって、大ドイツ主義とむすびついたオーストリア＝ドイツ人の中央集権論が後退したので、ここに帝室とマジャール人との妥協の道が開かれ、交渉を重ねたすえ、翌六七年アウスグライヒ（和協）が成立した。

この協定によって、ハンガリーはその歴史的国境の内部で独自の憲法・議会・政府をもつ独立の王国となり、内政については完全な自治権をもつことになって、マジャール人の多年の宿望は達成された。ただし、ハンガリー国王はオーストリア皇帝が兼ね、また軍事・外交・財政の面では両国はなお実質的な結合をもち、これらの政務は共通の閣僚によって処理されることになり、さらに通商・租税・通貨・鉄道に関する問題は、両国が相互間に協定をむすび、一〇年ごとに更新されることになった。ハプスブルク帝国は、ここにオーストリア＝ハンガリー二重帝国に姿を変えたのである。

二重帝国時代のハンガリー

アウスグライヒの目標は、オーストリアのドイツ人とハンガリーのマジャール人が帝国の各半分でそれぞれ支配的地位に立ちながら協力し、スラヴ系その他の諸民族を抑圧するにあったから、両国の関係は以後親密の度を増し、この方向は、その後アンドラーシが帝国外相として締結した一八七九年の独墺同盟に発展した。しかしその反面、依然被支配者の地位にとどめられた他の諸民族の不満は大きく、折しも高まったナショナリズムの気運に刺激されて、民族の自治と連邦的政体への改造を強く望んだ。ただそのさい、オーストリアとハンガリーでは若干事情が違っていた。

まずハンガリーをみよう。ハンガリーはアウスグライヒの結果ふたたびクロアティアとトランシルヴァニアをえたので、国内には、マジャール人のほかルーマニア人・クロアティア人・セルビア人・スロヴァキア人・ルテニア人などが含まれることになり、困難な民族問題を抱えていた。この国の中心はマジャール人で、特権的地位をえた彼らは、一三五〇万のうちの六〇〇万を占めたにすぎなかったけれども、自己の絶対的優位を保持するために、他の諸民族にきびしい抑圧的態度で臨み、マジャール化を強力に推しすすめた。一八六八年に制定された「民族法」は、マジャール語を唯一の国定語としながらも、なお小・中学校における諸民族語の権利を許し、低いレヴェルの行政面で民族語の使用を認めていたが、その実施にあたっては、制定のさいの比較的自由な精神は見失われてしまった。ハンガリーのもっとも有力な政党は、マジャール人貴族と大企業を基盤とする自由党で、偏狭な民族的・階級的利害を代表して、非マジャール系諸民族にきびしい圧迫を加えたが、従属民族に対する態度では、オーストリアに対していっそう急進的な独立党も、自由党と一致していた。

ただクロアティア人だけは、一八六八年にハンガリーと一種の和協をむすんで、彼らの住むクロアティア・スラヴォニア州には内政上の自治を与えられ、独自の議会と政府をもち、クロアティア語を公用語としたが、対外的にはハンガリーと一体をなし、また地方政府の首長にはハンガリーの好ましいと考える人物が任命され、議会と衝突してもこの地位を維持できるようになっていたので、クロアティア人の不満はつづいた。

ところで、マジャール人のきびしいマジャール化運動の結果は、その意図するところとは反対になった。彼らはドイツ人とユダヤ人を同化することにはかなり成功し、都市にマジャール的性格を賦与することはできたが、他のすべての少数民族――ルーマニア人・セルビア人・スロヴァキア人――はマジャール人の圧迫に抵抗し、一九一四年までに、ハンガリー国家と非常な不和におちいっていた。

ハンガリーの政治の特色は、およそ非民主的な、マジャール人上流階級の寡頭専制支配だったことである。一八四八年の革命前、大貴族マグナートとジェントリーのあいだにある種の対立がおこり、後者のナショナリズムが一時自由主義的な姿をとったことはすでにみたが、革命後ジェントリーは時代の流れに即応できず、経済的に重大な打撃をうけて貧困化するとともに反動化し、貴族の一体性を回復した。彼らは行政勤務に殺到して、この国の官僚制に保守的な社会観を賦与し、貴族的支配体制の存続に貢献した。

ハンガリーの議会は、有力な大貴族から成る上院と、複雑・特殊な選挙法による下院とに分かれ、下院の選挙権は財産・教育・職業によって非常に制限され、――一九一四年にも有権者は八%にすぎなかった――非マジャール系諸民族のみならず、マジャール人の下層階級、とくに全農民を除外していた。下院議員約四〇〇名のうち非マジャール系議員はわずか一〇名内外にとどまり、スロヴァキア人とルーマニア人は事実上選挙および官吏の地位から除外されていた。要するにハンガリーの政治権力の担い手は、マジャール人の大地主貴族とわずかな大ブルジョアジーだったのである。

この国では、ミドルクラスは極端に少数であったうえに、主として非マジャール人――ドイツ人とユダヤ人――であり、彼ら自身指導的地位をえることはできなかったから、強力な貴族グループに協力せざるをえず、明白なミドルクラスのマジャール化現象がおこった。あらたに出現したユダヤ人資本家も、マジャール化されてハンガリー社会に参加することに魅力を感じた。第一次大戦前には、ハンガリーの寡頭支配はユダヤ人の同化を奨励しており、ユダヤ人のかなりの数は熱狂的なマジャール人になっていた。たとえば、一九〇七年に最高上告裁判所の一三人のメンバーのうち、七人はユダヤ人であったし、ユダヤ人は実業と金融の世界でもまた自由職業の分野でも、顕著な役割をはたしたのである。

工業の発展のまえにマグナートの経済力が相対的に低下しはじめた時期には、「封建化」されたユダヤ人資本家がこれにてこいれして、貴族的支配体制の存続を可能にした。貴族は上層ブルジョアジーという同盟者に助けられて、マジャール人の民族的政策を推しすすめたのである。マジャール民族国家に変形されたハンガリーを支配したのは、結局相変わらずマジャール人貴族であり、彼らの封建的ナショナリズムの精神は一九一八年まで、さらにそれをこえて一九四四年まで生き残ることになる。

ハンガリーの少数寡頭政治のなかでは、オーストリアとの関係については、後述のような意見の相違があったが、他のほとんどすべての重要な問題では、意見の相違はなかった。彼らは、政治権力がいつまでも彼らの手中にとどまるべきこと、小農や農業労働者や増大しつつある工業労働者の政治的・社会的諸要求は阻止さるべきこと、少数諸民族にはなんら重大な譲歩をなすべきではないこと、などの点で完全に一致していたのである。これらの政策が結局は不幸をつくりだすことを予言していたカーロイ＝ミハーイなど一握りの人々は、一九一四年前にはまったく無視された。

つぎにハンガリーとオーストリアの関係に目を移そう。両国は、領内の異民族を抑制し、スラヴ民族を後援するロシアに対抗するうえで、利害が一致したために、またハンガリーの穀物とオーストリアの工業製品が有無相通じて、密接な経済関係がつづいたために、両国間の政治的・軍事的一体性は維持され、アウスグライヒは一九一八年までほぼ円滑に運用された。しかしそれは完全に満足すべき状態にあったわけではなく、両国間にはしばしば衝突がおこり、時がたつにつれて深刻化していった。この国の最有力政党である自由党は、ティサ＝カールマンの指導のもとに、オーストリアとの和協を維持しながらハンガリーの自主性を確保しようとしたが、これに対してコッシュート＝フェレンツやアポニらによって結成された独立党は、オーストリアとの共通事項をなくして君主による人的結合だけを認めようとし、この民族主義的な主張に影響されて、自由党も、一〇年ごとの協定の更新をハンガリーに有利に修正して、全帝国におけるハンガリーの発言権を強めようとした。一八九〇年にティサが首相を退いたあと、代わって前面に登場した新世代は、過大な民族的自信に満ちて、ハンガリーには独立する力があると考えるようになり、議会における独立党の活動も盛んになった。

このような民族的自信は、アウスグライヒ以後の国内の大きな進歩にはぐくまれたものであった。ブダとペストは一八七三年に統合されて以後代表的な近代都市に変貌し、工業や鉄道も次第に発達しつつあり、文学や音楽の発展もめざましかった。とりわけバルトークやコダーイの民俗音楽にもとづいた仕事は、注目に値する。また、一八九〇年代から二〇世紀初頭にかけてあいついだ国民的祝典――マジャール人のハンガリー征服一〇〇〇年祭、一八四八年革命の五〇周年、コッシュート生誕一〇〇年祭など――も、マジャール人の民族主義的感情を刺激した。

こうした背景のなかで高まったハンガリーの要求は、二点に集中した。第一は、オーストリアとの関税同盟や貨幣連合をやめて、経済上の自主性を確保することであった。共通関税はハンガリーの工業化に不利なところから、二〇世紀初頭になると、産業資本家を中心に、関税自主権をもとめる勢力が支配階級の内部に台頭したのである。第二は、マジャール語を指揮語とする独立

コダーイ(左)とバルトーク

ハンガリー軍の創設であった。帝国軍隊は共通で、その命令用語はドイツ語に統一されていたが、二〇世紀早々、独立党はこれに反対して、マジャール語によるハンガリー軍の指揮を要求したのである。しかしフランツ＝ヨーゼフ帝は、ハプスブルク帝国が大国であることを損なうおそれがあるとして、これに強く反対した。

一九〇五年の選挙で独立党を中心とする連合が勝利をえ、軍隊の分離や関税自主権を要求すると、皇帝は議会によらない内閣を任命し、議会の反対を排除して、勅令による普通選挙権の導入をにおわせた。選挙権の民主化はマジャール人貴族の優位を終わらせることは明白であったから、議会の反対派は軟化して、軍隊をマジャール化する要求を放棄し、オーストリアとの経済協力をうけいれる態度に転じた。皇帝はそれ以上ハンガリー貴族に挑戦するつもりはなかったから、選挙法の改正はにぎりつぶされた。結局ハンガリーの支配階級にとっては、オーストリアと提携して従属諸民族の抑圧をつづけ、二重帝国の内部でマジャール人の特権を守る方が、むしろ得策だったのである。一九一三年にはオーストリアに好意をもつ保守的政治家ティサ＝イシュトヴァーンがふたたび政権をにぎって、帝国の軍備拡張案を成立させた。

二重帝国下のボヘミア

つぎにチェコ人の地域に目を向けよう。オーストリアは、一八六七年アウスグライヒの直後に発布された十二月憲法によって、近代的立憲国家への第一歩を踏みだした。それはなお多くの不徹底な点を残し、また政治の支配権はドイツ系住民の手にあったが、ハンガリーに比べればはるかに自由な国家であり、従属諸民族にも若干の政治的発言権が与えられた。しかし政府と従属諸民族のあいだには依然紛争が絶えず、アウスグライヒに不満をもつ諸民族のはげしい運動がおこったが、その先頭に立ったのがチェコ人であった。

ドイツ・チェコ両民族の激突の場は、ボヘミアとモラヴィア、とくに前者であった。チェコ人の民族運動の原動力は、彼らのめざましい経済的発展にあり、一八四八年以来ボヘミア・モラヴィア・北部シュレジエン地方には、土地資源を活用した新工業（食品工業・機械工業など）がおこり、チェコ人の有力なミドルクラスが台頭して、従来この地方の政治・経済・文化を支配してきたドイツ人資本家に挑戦したのである。民族闘争の主役がミドルクラスであった点が、貴族が主体であったハンガリーとは大きく違っていた。

一八六七年のアウスグライヒののち、チェコ人はドイツ人自由派の中央集権的支配に憤激して、帝国議会をボイコットし、民族の平等な権利をもとめ、聖ヴァーツラフ王冠の土地――ボヘミア・モラヴィア・シュレジエン――を合わせた独立王国の再建を主張した。一八七〇年の普仏戦争後、ビスマルクによるドイツ帝国が成立して、ハプスブルク家のドイツに復帰する希望が完全に失われると、フランツ＝ヨーゼフ帝は指導的なスラヴ民族であるチェコ人とも妥協をはかろうとし、七一年九月には、ボヘミア王国の自治権を認め、プラハで戴冠式をあげると言明した。これは画期的な計画であったが、ドイツ人とマジャール人がはげしく反対したため、チェコ人との和協計画は挫折してしまった。

一八七三年四月に、帝国議会は地方議会からではなく直接選挙で選ばれることになったが、財産資格と階級的な四部門別――大土地所有者・商工業会議所・都市・町村落――選挙がなお維持され、ドイツ人に有利であったので、チェコ人は依然不満をもち、帝国議会のボイコットをつづけた。しかし、一八七九年にドイツ人自由派が勢力を失ったあと首相になったボヘミア貴族出身のターフェは、スラヴ民族に好意を示し、一八八〇年にはチェコ人の要求をいれて、ボヘミア・モラヴィア両州に言語令を発布し、教育のうえで、また政府と市民の行政的接触のうえで、ドイツ語とチェコ語に同じ権利を認め、チェコ人は帝国議会に復帰した。さらに一八八二年には選挙資格が引き下げられ、選挙区画も改正されて、チェコ人に有利になった。

アウスグライヒ以後、とくにターフェ内閣の時代に、チェコ人は経済的にも文化的にも著しい進歩をとげた。一八六八年には重要なシュコダ兵器工場がプルゼン（ピルゼン）につくられ、またチェコ最初の大銀行が設けられて、商工業の発展を促した。文化面では音楽の発達がめざましく、スメタナの交響詩『わが祖国』やドヴォジャークの『新世界』交響曲のような傑作が生まれた。また一八七九年にはチェコ最初の国民劇場が開設され、それが焼失すると、私的な寄付金が集められて、一八八三年見事に再建された。一八八二年にはプラハ大学がドイツ部とチェコ部に二分されて、チェコ人の知的生活に刺激を与え、また一八六二年には「ソコル」という名のチェコ人の青年スポーツ団体が創設された。こうしてボヘミアは、二重帝国内でもっともすすんだ州になり、高等教育をうけたチェコ人のミドルクラスが急速に成長し、経済生活・政治生活のうえで指導的地位を占めるけはいをみせはじめた。

他方、チェコ人の進出に脅かされたドイツ人のあいだには、オーストリア国家をさしおいてドイツ人の利益をさきにしようとするドイツ民族至上主義が発展しはじめ、ビスマルクの新ドイツ帝国に魅せられて、これとの合体を望むものもあらわれた。このような汎ゲルマン主義の指導者はシェーネラーで、彼はスラヴ人とカトリック教に反対したばかりでなく、ユダヤ人にもはげしい敵意をもやした。ドイツ人のあいだからは、ボヘミアをドイツ人地域とチェコ人地域に分割し

チェコの国民劇場の定礎式(1868年5月16日)

ようとする要望もあらわれた。その反動として、チェコ人の側にも急進主義が発達し、ボヘミアでは、一八四八年の革命以後民族運動を指導してきた貴族中心の老年チェコ党が、知識階級とミドルクラスを基礎にした青年チェコ党のために背後に押しやられ、後者はチェコ社会の民主化を主張するとともに、チェコ地域にハンガリー同様の政権を立て、ハプスブルク帝国を民主的な諸民族の連邦に改造しようとした。ターフェは民族問題を解決するためにいろいろと努力したが、十分成功せず、一八九三年辞職した。その後議会は、チェコ人とドイツ人のあいだのはげしい衝突のために、正常な運営を妨げられた。

一八九五年首相になったバデニーは、翌年選挙法の改正を行ない、旧来の四選挙部門のほかに新たに普通選挙による第五部門を設けたが、新選挙法による選挙で、ボヘミアでは青年チェコ党が圧勝した。そこでバデニーは、チェコ人の協力をもとめるために、一八九七年四月、ターフェの言語令を上まわる新言語令を発布した。これは、行政事務のうえでドイツ語とチェコ語の完全な平等を実現しようとしたもので、ボヘミアとモラヴィアのすべての官吏は二つの言葉の知識をもたねばならぬことを定めていた。しかしこの言語令は、実際にはチェコ人に有利であり、チェコ人が官公吏を独占する可能性を含んでいたので、ドイツ人は激昂して猛烈な反対運動をおこし、ドイツ人議員ははげしい議事進行妨害を行ない、オーストリア全土に騒ぎが広がり、ドイツ民族主義派のほか、社会民主党(社会民主労働者党の略称)やキリスト教社会党もこれに合流した。こうした混乱に直面して、皇帝はこの年一一月バデニーを解任せざるをえず、一八九九年秋にはこの言語令も撤回された。そこでドイツ人の興奮は静まったが、チェコ人の不満は大きく、こんどは彼らが議事進行を妨害した。

バデニーの言語令事件はオーストリア帝国の危機的様相を暴露した。一九〇七年、皇帝はこの危機を打開するために完全な普通選挙制の導入をはかったが、これはチェコ人大衆の力を増大させ、皇帝の期待に反して、民族闘争を日常生活の面まで拡大する結果になってしまった。諸民族間の対立は、本来国際的であるはずのオーストリア社会民主党のなかにも浸透し、この党は一八九〇年代の後半から民族的な分派の連合体に変わり、一九一〇年には、チェコ人の社会民主党および労働組合はオーストリアの組織から完全に分離した。

以上みたように、ハプスブルク帝国内のチェコ民族の自主化運動ははなはだ盛んであったが、しかし当時の民族闘争はなお感情的対立といった面が強く、ハプスブルク帝国の枠内で自民族の地位の向上をはかろうとする傾向が大勢を占め、はげしい闘争を行なったチェコ民族主義者も、その目標は、自治的で民主的な諸民族による連邦の実現であった。その点で、一九〇五年にチェコ人とドイツ人がともに住んだモラヴィア州で、合意による諸民族の和解が成立し、地方議会の正常な運営が可能になったことは、注目に値する。この状況が変わったのは、一九〇八年のボスニア＝ヘルツェゴヴィナの併合による国際的危機の発生以後のことである。

第一次大戦下のチェコの民族運動

一九一四年六月のサライェヴォ事件を契機にして、第一次世界大戦がはじまった。戦争の勃発は各国で愛国心を燃え立たせたが、ハプスブルク帝国領内のスラヴ人の立場と気持は複雑であった。チェコ人のあいだには、かねてからスラヴ主義的な全体感情があったために、オーストリア軍のチェコ兵で戦争に疑問をもつものは少なくなく、開戦当初のガリツィア戦以来、ロシア側への投降者が続出した。しかもロシア皇帝は、一九一四年九月ガリツィア進撃のさいに、ボヘミア王国を復興させるという声明を発したために、クラマーシュはじめ親露的なチェコ人たちは、一九一四年から翌年にかけてロシア軍の到着を待望したが、ロシア軍の敗退とともにこの話は終わり、チェコ人の夢は破れた。チェコの急進的な民族主義者も、最初のうちはある種の受動的抵抗で満足していた。

しかしながら、戦争の進行は少しずつ事情を変えていった。一九一五年から一六年にかけて一見有利な戦況のうちに、マジャール人とオーストリア＝ドイツ人はドイツ帝国の勝利を信じて、自分たちをハプスブルク帝国の支配民族であると確信するようになり、しかもその間にハプスブルク帝国はドイツ帝国への依存を次第に強めていったので、スラヴ人は自己の将来について深い不安を抱きはじめたが、とくに顕著な動きをみせたのはチェコ人で、彼らはいまや帝国の独立性が失われはじめたのをみて、ハプスブルク家に挑戦し、権利のための自己主張をはじめた。一九一六年の秋には、チェコ人の主要な諸政党が「国民同盟」をつくって、議会での協力を申し合わせ、またプラハには「チェコ国民委員会」が形成された。さらにチェコ民族の抵抗運動は秘密集会や陰謀の形をとるようになり、一九一六年六月には、数人のチェコ人指導者が、ウィーンの軍事裁判所で、反逆罪のかどで死刑の宣告をうけるという事件がおこった。

一九一六年一一月二一日にフランツ＝ヨーゼフ帝が逝去したあと即位した若年のカール一世(位一九一六―一八、ハンガリー王としてはカール四世)は、超民族帝国思想の持ち主であったから、ハンガリーのマジャール人貴族の独善をおさえようとする一方、オーストリア内部でも民族的不満をなだめるためにいくつかの試みを行なった。彼はまず、反逆罪で死刑を宣告されたチェコの指導者たちに大赦を与え、つぎに、長く停止されていた国会を一九一七年五月三〇日再開した。

その間、国外では、一九一七年春、ロシア三月革命がおこって、ハプスブルク帝国領内住民の民族的・社会的な不満をあおり、つづくアメリカ合衆国の参戦は、デモクラシーと民族権拡大の要求をいっそう高めた。再開されたオーストリア国会で、チェコ人その他のスラヴ系諸民族の代表は、ハプスブルク帝国を自由で同権の諸民族から成る連邦に改造することを要求し、従来の二重主義国家体制をはげしく攻撃し、とりわけチェコ人の議員は、ボヘミア・モラヴィアとハンガリー領のスロヴァキアとを併合して、一つの民主的政治単位をつくることを要求した。しかしこれはドイツ人やマジャール人の利害に反するものであったから、彼らのはげしい反対をうけ、カール帝の幾多の努力はいずれも失敗に終わり、事態はますます悪化していった。

つぎにチェコの海外亡命者による独立運動をみなければならない。その代表者はマサリクである。彼はプラハのチェコ大学教授であり、「現実派《レアリスト》」とよばれる小さいながらも有力な政治家グループの指導的人物であるとともに、オーストリア国会議員でもあって、最初はチェコ人の過度のショーヴィニズムに反対し、ハプスブルク帝国の連邦化を望んでいたが、開戦早々この国の自立性が失われたのをみて、帝国の破壊とチェコ民族国家の独立を考えるようになった。そのさい彼は、ロシアの関心がセルビアを主とする正教徒スラヴ族に限られていることを看破して、従来の親露主義や汎スラヴ主義の清算を唱え、西方の連合諸国にたよる決意を固めた。

マサリクは一九一四年一二月オーストリアを脱出し、ローマからスイス・フランス・イギリスに渡って連合諸国の後援をもとめ、一六年二月には独立運動の中央組織としてパリに「チェコスロヴァキア国民会議」を創設し、ベネシュがその書記長となった。マサリクは戦略と経済の見地から、約三〇〇万のドイツ人が含まれるボヘミア全土を新独立国のために必要であると考え、また、チェコ人とスロヴァキア人を両親とする恵まれた地位を利用して、両民族の緊密な協力のために努力し、チェコスロヴァキア民族の創出を提唱した。

しかし当時スロヴァキア人の指導者たちは、なおハンガリー領内での文化的自治しか考えていなかった。チェコの亡命指導者たちが本国の運動に及ぼした影響も、一九一八年前にはとるにたらぬもので、本国の政治家の多くは、なお王朝に忠誠であるか、少なくとも時期尚早の反対運動には警戒的であった。亡命指導者たちの功績は、むしろその民族的な言い分を西方連合諸国のあいだに知らせ、同情を喚起した点にあった。

最初連合諸国はドイツの軍事的敗北に主要な関心をもち、ハプスブルク帝国の存在を勢力均衡の観点からむしろ必要と考え、これとの単独講和に意を用いた。しかしこの可能性は次第に減退し、また一九一八年三月、ブレスト＝リトフスクの講和でロシアが戦列を離れ、連合諸国が西部戦線で敵の大兵力と対決しなければならなくなったために、連合国側はドイツを倒すための必要な手段として、ハプスブルク帝国の解体を考えるにいたったのである。その背後には、チェコや南スラヴの亡命政治家たちの努力が実って、連合諸国が彼らの独立運動に理解と同情を深めたという事情もあった。

一九一七年五月ロシアを訪れたマサリクは、十一月革命に遭遇し、シベリア・アメリカ経由で

社会主義国家をもとめる労働者のデモ(1918年5月1日，プラハ)

ヨーロッパに帰らねばならなくなったが、この機会に彼はチェコスロヴァキア民族国家論を主張して、ウィルソン大統領の心をとらえたばかりでなく、アメリカにいるスロヴァキア人とルテニア人移住者の好意をえることができた。また、ロシアに投降したチェコ兵がマサリクらの尽力で「ドルジーナ（従者の意）軍団」にまとめられたことは、連合諸国の注目をひいていたが、ロシアのチェコスロヴァキア軍団がボリシェヴィキ革命後もその影響をうけず、かえってこれと戦うにいたったとき、連合諸国はここに反ボリシェヴィキ的要素をみいだして、大きな感銘をうけた。こうして一九一八年六月四日、連合諸国はついにチェコスロヴァキア人の軍団を交戦力かつ同盟国と認め、六月三〇日にはフランスが、ついで八月一四日にはイギリスが、パリの「チェコスロヴァキア国民会議」を承認すると宣言し、九月三日にはアメリカ合衆国も、マサリクと国民会議を事実上のチェコスロヴァキア政府として承認した。

一九一八年にはいってハプスブルク帝国の軍事力・経済力の消耗は極度に達し、住民の大部分は飢餓に瀕していたが、こうした状況下で、ロシア十一月革命直後に布告された「諸民族の権利の宣言」は、ハプスブルク帝国領内の民族運動に重大な影響を及ぼした。チェコ人のあいだでも、一九一八年の最初の三カ月間に、帝国内での改革をめざす人々に代わって、帝国の解体を主張する人々が指導権をにぎりはじめ、彼らの発言は日を追うて大胆になり、チェコ人とスロヴァキア人のあいだに友好的接近がすすめられ、海外亡命者の組織とも接触が強められていった。

一九一八年三月から七月にかけての西部戦線におけるドイツ軍最後の大攻撃は、結局失敗に終わり、九月にはブルガリア戦線も連合国の反撃をうけて崩壊し、その間にハプスブルク帝国領内諸民族の分離運動は急速にすすみ、プラハの「チェコ国民委員会」はすでに独立政府のような行動をとっていた。一〇月一六日、皇帝カールは「朕の忠良な国民に与える」という宣言を発布し、領内諸民族にそれぞれ自己の居住地域で自治国家をつくらせ、連邦制によって全王国の統一を保持しようとしたが、時すでに遅く、一〇月一九日、パリの「チェコスロヴァキア国民会議」は正式にチェコスロヴァキア国の独立を宣言し、同日、プラハの「チェコ国民委員会」はウィーンとの交渉をいっさい拒否し、一〇月二八日にはチェコスロヴァキア共和国の独立を宣言して、オーストリアの当局から施政権を接収した。三〇日にはスロヴァキア人もスロヴァキア国民会議を開き、ハンガリーから分離し、チェコ人と結合して単一国家を形成すると宣言した。

こうした状況のもとで、一〇月末までにハプスブルク帝国の全住民はそれぞれの民族国家を樹立し、二重王国の政治組織は破壊された。カール帝は一一月一二日、「国事への一切の関与」を放棄してシェーンブルン宮を去り、ハプスブルク帝国は終わりを告げた。やがて一九一九年九月一〇日オーストリアと連合諸国とのあいだに調印されたサン＝ジェルマン条約の結果、旧帝国はオーストリア・ハンガリー・チェコスロヴァキアの三国に分解し、チェコスロヴァキアの独立は最終的に確認されたのである。

第一次大戦下のハンガリー

第一次大戦が勃発すると、ハンガリーは独墺同盟側の一員として参戦した。マジャール人は祖国のために勇敢に戦う意志を示し、一九一五年から翌年にかけての一見有利な戦況のうちに、ハプスブルク帝国の支配民族としての自信を次第に強めていったが、このことは戦争遂行の大きな障害になってきた。彼らは戦争によって偏狭なナショナリズムをかき立てられ、全帝国の共通の運営のために十分な協力を払わなかったのである。食糧生産地であるハンガリーは、みずからの豊かな生活を主張して、オーストリアにわずかの穀物しか供給せず、しかもそれと抱き合わせに、しばしば政治的譲歩を要求したが、これはオーストリアの住民に極端な食糧不足をもたらし、両者の関係を悪化させた。

一方、ハンガリー内少数諸民族の不満は、一九一四年までは容易に制御できたが、ハンガリーが独墺同盟側に立って参戦したとき、諸民族の不満を処理することはいっそう困難になった。セルビアは連合国側の味方であり、ルーマニアも一九一六年八月からは敵側に加わり、チェコスロヴァキア人の民族的熱望も、一九一八年一月には協商国側の戦争目的として承認され、セルビア人の目標も、一九一七年七月からは、帝国領内のセルビア人だけでなく、クロアティア人・スロヴェニア人をも組み込む南スラヴ国の建設を意味するようになったからである。

一九一六年一一月に即位した新帝カールはハンガリーの特権的地位に変更を加える必要を認め、ブダペストでのハンガリー国王戴冠式を延期しようとしたが、ティサ＝イシュトヴァーン首相の食糧供給を止めるという威嚇にあって、屈した。カールはまた、ハンガリーに普通選挙権を導入する計画を打ちだして、マジャール人貴族の独善をおさえようとした。首相ティサはカール帝の強要にあって辞任したが、マジャール人貴族は連合して王家の試みに反対し、国制改革の問題は結局あいまいにされてしまった。ウィーンおよびオーストリア工業地帯の食糧不足のために、王朝はマジャール人の好意にすがるほかなく、カールの意図はついに実らなかった。ハンガリーは、帝国連邦化の計画にも、自国の領土保全を侵すものとして、強く反対した。

一九一八年にはいってハプスブルク帝国に革命的雰囲気が高まると、ハンガリーでも反戦気運がおこり、一月一八日にはブダペストでストライキが行なわれた。この年の夏以後、領内諸民族の分離運動が急速にすすんでいった状況のなかでも、ハンガリーの指導的政治家たちは、なお旧来の国家理念を固守したばかりか、帝国全般の崩壊のなかから、彼らが長くもとめてきた経済的独立や自国軍隊に対する指揮権を獲得しようと考えていた。しかしこのハンガリーでも、一〇月二五日には、進歩的貴族のカーロイ＝ミハーイが、完全な主権をもつ左翼系のハンガリー国民会議を組織した。そして一〇月三〇日には、社会民主党や左翼的市民を中心とする民衆の蜂起がおこり、翌日、カーロイが首相に任命されて民主的な政府を組織する一方、一一月一日には前首相のティサが暗殺された。これは、戦局の悪化とともに国民のあいだに広まってきた反戦気運が、戦争指導者に対する敵意から、従来の体制に対する批判にまで成長したことを示していた。

一一月一日、ハンガリーはオーストリアとの連繫を断って独立を宣言したが、この時点でもなおマジャール人は、スロヴァキア人とルーマニア人に対する支配権の保持を望んでいた。カール帝は、一一月一三日にはハンガリーに対する支配権をも放棄し、一六日にはハンガリー共和国の宣言が行なわれて、カーロイを首班とする臨時政府が連合軍との休戦処理にあたることになった。

しかしハンガリーは国内が混乱し、一九一九年三月から短期間クン＝ベーラのソヴェト政権が成立したが、翌二〇年二月ホルティを摂政とするハンガリー王国が樹立され、六月四日、この政権と連合諸国とのあいだにようやくトリアノン条約がむすばれた。その結果、ハンガリーはトランシルヴァニアとバナートの一部をルーマニアに、バナートの西部・クロアティアなどを「セルビア人・クロアティア人・スロヴェニア人王国」に譲り、チェコスロヴァキアにもカルパティア山脈南方を割くことになり、旧領土の約七二%、人口の約六四%を失い、多数のハンガリー人が少数民族として国境外に残されることになった。これが戦後のハンガリーにはげしい失地回復運動を生み、のちにこの国が独・伊枢軸に接近する原因となる次第については、章を改めて詳しく考察することにしよう。

II　両大戦間期のハンガリー

1 転落のハンガリー

カーロイ政権の成立

第一次世界大戦におけるオーストリア＝ハンガリー帝国の敗戦は、従属諸民族の独立運動を促進してこの国の解体を決定的なものにすると同時に、ハンガリー内部でも社会的緊張を高め、貴族を中心とする旧支配勢力の政策を破産させた。ハンガリーの遅れた政治・社会制度の改革のための時機は、いまや熟しているようにみえた。

一九一八年一〇月二五日、進歩的貴族カーロイ＝ミハーイがブルジョア反対派および社会民主党とともにハンガリー国民会議を結成して、その議長となったが、三〇日にはブダペストに民衆の暴動がおこり、こうした状況のなかで、翌三一日カーロイは首相に任命され、一一月一日オーストリアとの連帯を絶った。この日、前首相ティサが暗殺されたが、これは、国民のあいだの反戦気運が、戦争指導者に対する敵意から、体制批判にまで発展したことを示していた。一三日、ハプスブルク家の最後の王カールがハンガリーに対する支配権を放棄したあと、旧ハンガリー議会はその機能を国民会議に譲って解散し、国民会議はハンガリー共和国の独立を宣言するとともに、カーロイを臨時大統領兼首相に選んだ。

カーロイは自由主義的・共和主義的な政治家で、戦前から、ハンガリーがオーストリアおよびドイツとの絆を断ち、国内の少数民族に対していっそう公正な政策をとることをもとめており、少数独裁の政治が結局は不幸をつくりだすことを予言していたが、いまや主要な政治勢力として浮かびあがったのである。カーロイ政権の課題は、新独立国ハンガリーの国際的地位を安定させる一方、国内では思いきった社会改革を断行して、ブルジョア民主主義の現実的基盤をつくりだすことであったが、しかしこの政権は、協商国の支持をえることもできなければ、国内の改革にも成功しなかった。つぎにその経過をみよう。

カーロイ政権は、封建的遺制を脱して近代資本主義を確立するとともに、自由主義の政治を実現しようとする政策をとった。すなわち、八時間労働制が実施され、新選挙法によって秘密投票の実施が約束され、六年間ハンガリー市民権をもった二一歳以上のすべての男子と、大部分の女性に選挙権が与えられた。一九一九年一月カーロイが大統領に選出されたあと、ベリンケイ内閣が登場し、同年二月には「人民法」を発布して土地改革に着手したが、これは、大土地所有者から五〇〇ホルド（約二八五ヘクタール）をこえる部分――教会領地は二〇〇ホルドをこえる部分――を没収して、没収地の大部分を五―二〇ホルドの小土地所有者に、一部を二〇〇ホルドまでの中土地所有者に分配しようとするものであった。没収地は、戦前価格で買い上げ、長期の国債で補償されることになっていた。この改革は、ハンガリーの民主化と農民の発展を久しく阻んできた大土地所有を廃止しようとする画期的なものであったにもかかわらず、実施の手続が複雑なうえ、改革法の発布が春の播種期とぶつかったために、土地の即時分配を不可能にしていた。そこで、農民たちは実力で農地の再配分をはじめ、一方都市では、労働者が工場の実力占拠をはじめていた。政府はこのような混乱と無政府状態を制御することができなかった。

他方カーロイは、領土の保全をもとめる立場から、政権をえるやただちに少数民族と交渉をはじめたが、彼の提案は無視され、また、連合国にかけあって有利な講和条件をえようとする希望も裏切られ、ベオグラードに赴いて連合国軍司令官とのあいだに行なった交渉は失敗し、ハンガリー南部とトランシルヴァニアの大部分の地域からハンガリー軍を撤退させることに同意しなければならなかった。カーロイは、戦前および戦中の自己の政治的経歴から、連合国側がハンガリーを寛大に扱ってくれるものと信じていたが、それは大きな誤算であった。連合諸国は、ハンガリーをもっとも狭い人種的国境まで縮小することを決めていたのである。

こうして新政府は、当初から国民の十分な支持をえることが困難な状態にあり、その間に、ロシアから帰ったクン＝ベーラやサムエイの指導下に、共産主義の宣伝が次第に効果を収めていった。当時ハンガリーでは、戦争による一般的な悪化のほかに、従属諸民族の離脱、数百万のマジャール人の意に反した切断などが、協商国によるきびしい取扱いとむすびついて、人々を絶望的な気持にしていた。そうしたなかで、国内政治の重心は急速に左傾し、ロシア十一月革命の実例

共産党の指導者クン＝ベーラ(左)とサムエイ

と、ロシアで訓練をうけた共産主義者の宣伝活動とが、動揺したハンガリー人に大きな影響を及ぼした。すでに一九一八年三月二四日、ロシアで、ハンガリー人捕虜たちによるハンガリー共産主義者グループが組織されていたが、その大部分はカーロイ政権下に帰国し、国内の左翼諸派を結集して、一一月二四日ハンガリー共産党を設立し、武装蜂起による政権の奪取、プロレタリア独裁の樹立をスローガンにして、宣伝と扇動を行なっていたのである。

当時社会民主党は決して革命的ではなく、共産党の活動は社会民主党指導部の方針と対立するものであったから、彼らは労働組合とブダペスト労働者評議会《ソヴェト》から共産党員を排除するよう指令し、一九一九年二月二〇日、失業者の大規模なデモ隊と警官隊との衝突事件がおこった直後に、カーロイは社会民主党の要請にもとづいて、クンをはじめ共産党指導者の大部分を逮捕・投獄した。しかし、これはかえって労働者の同情をよんで労働運動を急進化させ、社会民主党と共産党の同盟による労働者階級の団結が、労働者評議会によって要求され、カーロイ政府の孤立を深める結果になった。

さらに連合国の強圧がこれに追討ちをかけた。三月二〇日、連合国軍事代表ヴィクス大佐は、トランシルヴァニア全域へのルーマニア軍進駐を認めるようベリンケイ内閣に通告したが、これは、ハンガリーにとって、全トランシルヴァニアの喪失を意味するものであったから、親連合国的感情の持ち主であったカーロイも、この最後通牒に接してはもはや協商国側から何物も期待できないという結論に達し、ベリンケイ内閣はこの要求を拒否して総辞職した。カーロイはあらたに労働組合に支持される社会民主党の単独内閣を提案したが、社会民主党の大勢は、この時までにすでに共産党との合同、社会主義政権の樹立に傾いていた。そして翌二一日、社会民主党執行委員会はカーロイに無断で共産党との統一を決定し、獄中のクンら共産党指導者と交渉して、彼らの意向にそった合同協定を作成し、ここに革命統治委員会(人民委員政府)が成立して、ハンガリー＝ソヴェト共和国の宣言を行なった。

ハンガリー＝ソヴェト共和国

新革命政府は、三〇名の構成員中社会主義者一八名、共産主義者一〇名、無党派専門家二名であったが、まもなく改組されて、穏健派は脱退し、三四名中共産主義者が一三名を占めた。新政府の議長は社会民主党のガルバイであったが、外務人民委員のクン＝ベーラが中心的地位を占めた。こうしてハンガリーでは、ブルジョア中道政権の破産と社会民主党の共産党への接近によって、一挙にソヴェト共和国が出現したが、このような権力の平和的移行を促進した主要な原因が、協商国側の高圧的態度とソヴェト＝ロシアへの期待であったことは、注目に値する。いいかえれば、連合国の最後通牒のもとで、残された唯一の道は、ハンガリーの運命をロシア革命のそれとむすびつけることであると考えられ、社会民主党も、ソヴェト＝ロシアに顔を向けるほかにとるべき道がなかったのである。ガルバイの「われわれは新しい方向をとり、西によってわれわれに拒否されてきたものを、東からえなければならない」という言葉は、こうした事情をよく示している。

新革命政府は、まず警察や憲兵隊を解散し、工場の労働者群による新軍隊の編成にとりかかった。また二〇名以上の労働者をもつ全企業の国有化を宣言して、工場に経営委員を配置する一方、徹底した土地改革を行なおうとし、一〇〇ホルドをこえる所有地は、付属物とともに無償で没収された。しかしこの改革は、没収した土地の経営形式は従来のままにし、収益の分配についてだけ農民の共同管理を行なおうとするものであったから、大農場経営はそのまま残り、以前の経営者は相変わらず責任者の地位に留まった。ただ、国立経営中央局の統制下におかれ、農業生産協同組合に管理されることになった点が、新しいだけであった。

この政策は、一部の農業労働者の社会主義的意識を過大評価して、農業の急速な組織化を意図したものであったが、収用された農場の生産委員に任命された旧所有者が相変わらず農村の支配者であって、旧制度の社会的基礎が偽装された形で温存されることになったため、農民のあいだには政府への不満が蓄積されていった。ソヴェト政府が農民への土地分配を拒み、自作農増設方式をとらなかったことは、決定的な誤りだったのである。なお、政府が反教会キャンペーンを行なったことも、まもなく支持者の多くを遠ざける結果になった。

革命政府は工場の占拠や土地の没収によって特権階級から反感を買い、著名な政治家や軍人の暗殺・投獄についても国民の憎悪を招いたうえに、列強の圧迫と封鎖による精神的不安と食糧の欠乏が加わったために、人心は次第に政府を離れていった。唯一の希望はロシアの援助にかかっていたが、ソ連は内戦の重大な段階で窮地におちいっていたので、有効な援助を提供することはできなかった。その間にブルジョアジーの多くは国外に逃れ、四月一三日にはウィーンで、ベトレンの指導下に反革命委員会が結成され、五月二日にはフランス軍占領下の南部ハンガリーのセゲドに反革命政府が組織され、旧オーストリア＝ハンガリーの海軍提督ホルティが「国民軍」を組織して、ブダペスト入りを準備していた。

その間に、国境の危機が切迫してきた。ハンガリーの新ソヴェト共和国は、当初から近隣の新興諸国に脅かされねばならなかった。彼らは民族革命の敵であるようにみえたボリシェヴィズムをきらい、またこれに恐怖を感じ、ソヴェト＝ハンガリーに対する軍事行動を準備しはじめ、四月からルーマニア軍とチェコスロヴァキア軍の攻撃がはじまった。一方、連合諸国はいうまでもなく新ソヴェト共和国の打倒を望み、旧ハンガリーの領土を新興諸国の前に好餌としてちらつかせつつ、ソヴェト＝ハンガリー包囲網の完成を最大の目標にした。ハンガリーは赤軍を再編成してルーマニア軍の前進を阻止し、またチェコ軍に対する反撃にいくらか成功して、六月にはスロヴァキアにソヴェト共和国が成立したが、連合国によって撤退を余儀なくされ、七月にはじまったルーマニア軍に対する反撃も失敗し、八月には首都ブダペストがルーマニア軍に占領された。

いまや革命政府には時局収拾能力のないことが暴露され、八月一日クンはついに失脚し、ペイドルの「労働組合政府」が登場した。この政府は、すべてをソヴェト共和国成立前に戻すことによって、せめてカーロイ政権時代の遺産を守ろうとしたが、反革命クーデターによって打倒され、フリードリヒが首相になって国民政府を組織したが、協商国側の承認をえられず、首都に駐屯したルーマニア軍が略奪をほしいままにした。

やがて一一月中旬ルーマニア軍が撤退に応じたあと、ホルティが国民軍を率いてブダペストにはいった。彼は猛烈な白色テロを展開し、わずかの期間に五〇〇〇人が処刑され、四万人が投獄され、七万人以上が国外に亡命した。権力はホルティの手に集中され、彼の権威は一九二〇年春にはハンガリー全土に及ぶにいたった。

ホルティのブダペスト入城(1919年11月16日)

反革命と右翼急進派

一三三日間のソヴェト共和国は、戦間期を通じて、ハンガリーの政治に大きな影響を及ぼした。それは、すべての政治関係者のあいだに、共産主義や社会主義に対してのみならず、自由主義的デモクラシーに対しても、広範囲にわたる持続的嫌悪感をよびおこした。戦間期のハンガリー諸政府は、一九一四年前に機能していた政治制度――強固な貴族的寡頭政治――への復帰とその維持をめざした点で、いずれも反革命的だったのである。革命にさいしてユダヤ人がはたした大きな役割のために――ソヴェト人民委員の大多数はユダヤ人であった――、反ユダヤ主義も以前に増して広がりはじめた。戦前のハンガリー寡頭政治はむしろユダヤ人の同化を奨励し、反ユダヤ主義を政治的に利用しようとする試みは容赦なく鎮圧されたが、いまや反ユダヤ主義は尊重さるべきものとなり、やがて大恐慌の衝撃のもとで、新しい力をえるのである。

革命がつぶれたのは、主としてそれ自身の弱さと、ルーマニア軍の干渉の結果であったが、しかしまた、そのよびおこしたハンガリー反革命軍の手で打倒された面も、否定できない。反革命家のなかには、以前ハンガリーを支配した寡頭政治の代表者も多数含まれてはいたが、ハンガリーの政治生活に右翼急進主義という新しい特徴があらわれたことも、注目される。

右翼急進派は戦前の制度に大きな敵意をもち、これを拒否したが、その理由は、戦前の体制が、よりすすんだ民族的要求――たとえば、ハンガリー語を指揮語とする独立軍隊をもとうとする要求――を挫折させただけでなく、下層社会の人々の要求を抑圧したためでもあった。しかし、右翼急進主義の支持者は主としてミドルクラスであったから、マルクス主義にも強く反対し、マルクス主義を反民族的・ユダヤ的陰謀とみなし、強い反ユダヤ主義を抱いた。セゲドの反革命軍その他の武装組織のもっとも強力な構成分子は、こうしたタイプの右翼急進派であり、戦後にチェコスロヴァキア・ルーマニア・ユーゴスラヴィアからハンガリーに逃げ帰って、新生活の樹立に非常な困難を感じていた三〇万以上の避難民が、それらのうちのかなりを占めていた。彼らの本拠は、戦後ハンガリーに増殖した多数の秘密ないし半秘密の愛国団体であって、そのもっとも重要なものは、旧士官ゲンベシュ大尉のつくった「ハンガリー国防協会」およびその下部組織である「ハンガリー科学的人種保護団」と「複十字団」であった。

右翼急進主義支持者のいま一つの源泉は、ハンガリー軍隊であった。すでにふれたように、旧オーストリア＝ハンガリー帝国の軍隊はこの国に共通な制度の一つで、一九一八年まで引きつづきドイツ語が指揮語であったから、ハンガリーの愛国者からは疑わしい反民族的軍隊とみなされ、帝国軍隊の士官たちは疑惑と軽蔑のいりまじった目で眺められた。しかし軍隊は、ハンガリー中央部のドイツ人（シュヴァーベン人）農民の子弟には非常に魅力的な職業であったから、トリアノン条約で認められた三万五〇〇〇のハンガリー軍隊の士官のうち、大多数はシュヴァーベン人という結果になり、しかも彼らの祖先がドイツ人であったことは、二つの仕方で彼らに影響を及ぼした。第一に、彼らは他のハンガリー人より以上に、やがてナチス＝ドイツの無敵の力を信ずる心の準備ができていた。同時に彼らは、伝統的な寡頭政治の外側の存在であったから、右翼急進派的見解の影響をうけやすかったし、また、オーストリア的な軍事訓練をうけた関係で、国益の体現者である軍隊に特別の責任があることをかたく信じていた。それゆえ彼らは、穏健な保守的政治家たちからは、疑いの目でみられたのである。

しかし右翼急進派は、なおしばらくのあいだは力をもちえなかった。その一つの理由は、協商国側が自由主義的デモクラシーに対する信念を明示して、反革命が手に負えなくならぬようそれに圧力を加えたことであるが、さらに重要な理由は、戦前の寡頭政治がふたたびその力をもつのに成功したことであった。つぎにその経過をみよう。

ホルティ体制の出現と寡頭政治の復活

ホルティが首都にはいったあと、連合国側は露骨な〝反革命〟政権の出現を恐れ、幅の広い民主的連合政府を成立させようとし、フサール＝カーロイを首相兼大統領として承認し、この内閣のもとで、連合国の圧力下に、一九二〇年一月二五日、ひとまず無記名投票による自由選挙が行なわれた。その結果、国民議会では、新しく出現した中農階級に基礎をおく小地主党と王朝復興をめざすキリスト教国民統一党（正統派ともよばれる）が一、二位を占め、社会民主党は反革命勢力の妨害にあって選挙参加をあきらめ、棄権した。第一・第二党はほとんど同じ社会的基盤の二派であり、ここに保守勢力の大同団結が成立して、議会を指導するにいたった。この議会は、カーロイ＝ミハーイの共和政府、クンのソヴェト政府の発布したすべての法令を無効と宣言する一方、君主制の存続を決め、国名をハンガリー王国と定めた。そして三月一日には、憲法問題の解決を後日に残したまま、国家元首の役割をはたすべき摂政として、ホルティを選出した。

ハンガリーの寡頭政治は、ホルティを摂政に選んだことによって、最初の勝利をかちとった。摂政の権力は絶大で、彼は軍隊の長として兵士に忠誠を誓わせ、議会を解散し首相を任免する権限をもち、立法についても一時的拒否権をもち、かつ終身官であった。ホルティは右翼急進派ともいくらかのつながりをもち、その代表者ゲンベシュとは緊密な関係を保ちつづけたが、右翼急進派の見解の大部分には敵意をもち、時がたつにつれますます敵意を強めていった。貴族・大地主を支持層とする旧式の保守主義者ホルティは、右翼急進派の民衆扇動や悪意にみちた反ユダヤ主義をきらい、彼らのもとめる土地改革を許しがたいものと考え、また彼らが軍隊に干渉しようとするのを好まなかった。彼はまた、右翼急進派の多くが卑しい下層階級の出であることをきらい、イギリス賛美者であった関係で、西欧のデモクラシーが衰退に向かいつつあるという右翼急進派の信念にもついてゆけなかった。彼はさらにフランツ＝ヨーゼフ帝に仕えた時期の記憶をもちつづけ、老帝の行動基準に拠り所をもとめようとしたが、しかしハプスブルク家の復興はハンガリーに危機をもたらすと考え、これには好意的でなかった。

こうした状況のもとで、国民議会では、クンの行なった過激な土地の社会化を修正するために、新しい土地改革法が審議されたが、すでに大地主階級の勢力に左右されるようになっていた議会は、土地の無償没収はもとより、有償の強制徴収さえも認めようとはせず、一九二〇年一一月にできあがった土地法は、他の東・中欧諸国のそれよりもはるかに微温的なもので、土地売買のさいの政府の先買権、財産税としての土地の徴収などを認めたにすぎなかった。しかもこれを農民に分ける場合、特別の購入資金を貸すこともなく、年賦償還も許さなかったから、土地をえたのは若干の資産ある農民にとどまり、無理をして新地主になった農民は借金に苦しめられ、高利貸的地主に縛られるものが増加した。

結局この改革の結果は、わずか五％の土地が分配され、三〇万弱の農民が平均一・六ホルドをうけとるにとどまった。それにしても、自作農の増加がはかられたことは事実であり、また小作組合の組織によって約一五万の小作農が設定された。元来ハンガリーは、大農経営の発達によって豊かな農業生産を誇ってきた国で、しかも大平原（アルフェルト）では、大農場が異色ある集約的輪作農法によってすぐれた成果を収めていたから、このように、改革法によって零細な農地を増設し小農を発達させることは、国全体の農業生産力を減退させるおそれがあったけれども、他面、以前土地をもたなかった農業労働者を小農化することは、彼らの定着を促し、大経営者にとって彼らを雇役することが容易になったから、それはまた半封建的な雇役制を復活させる結果にもなった。こうしてマジャール人の地主貴族は、新ハンガリーにおいても社会の中心勢力としての伝統的地位を傷つけられずにすみ、それはまた、政府の基礎をかためるのに役立ったのである。

トリアノン条約

つぎに、ハンガリーに残酷な打撃を与えたトリアノン条約に目を向けよう。

クン＝ベーラの政府は、戦勝連合国やスラヴ人の新興国家にどこまでも反抗して、断じて妥協しようとはしなかった。ソヴェト共和国の成立は、国際的には、連合国側に対するハンガリー人の示威運動ともみることができる。しかしそれは完全な失敗に終わったから、新国民政府は妥協の道をとり、悪化した対外関係を整理することによって人心の動揺を鎮めるほかはなく、ここに一九二〇年六月四日、トリアノン条約が締結されたのである。もっとも、新興諸国のハンガリー領土に対する広大な要求は、ハプスブルク帝国の敗戦後すでに十分充たされており、一九二〇年の中ごろまでにハンガリーは戦前の地域の六七％(クロアティアを除けば七一・五％)と、人口の五八・三％(クロアティアを除外すれば六三・五％)を失っていたから、トリアノン条約はそれを合法化したにすぎなかったともいえる。

結局ハンガリーは、北部のスロヴァキアをチェコスロヴァキアに、南部のヴォイヴォディナ(旧バナートの三分の一とバーチカ・バラニア)・クロアティア・スラヴォニア・ボスニアをユーゴスラヴィアに、東部のトランシルヴァニアとバナートの三分の二をルーマニアに割譲し、二八万三〇〇〇平方キロの領土のうち一九万二〇〇〇平方キロ、一八二六万四五五三人の人口のうち一〇六四万九四一六人という巨大な部分を失うことになり、致命的な打撃をこうむったのである。

戦前、ハンガリーの領土構成は一つのまとまった経済単位をなしていた。大平原の農業生産を中心に、原料を産出する山地が平地の工業を補い、交通系統はすべてブダペストに集中していた。それだけに、トリアノン条約によって確定された損失は、ハンガリーにとって大きな苦痛と感じられた。まず、ハンガリーが中世以来領有してきたドナウ中流域の大平原は、まれにみる豊かな沃野で、長いあいだハプスブルク帝国の基本的経済地域としての地位を占め、マジャール人大地主の商業的穀物経済が著しい発達をみせていた。とくに一八九〇年以後は農業労働者の比率が次第にふえ、資本制的大農経営の発展によって一段と生産力が高まり、ここから産出される穀物は、ドイツ・オーストリアのみならず、フィウメ港から遠くイギリスにも輸出されていた。しかるにトリアノン条約は、この豊饒な平原を三方から削り取り、とりわけユーゴに割譲されたヴォイヴォディナ地方は、もっとも豊かな小麦の産地だったのである。

失われた資源の最大のものは森林地帯で、とくにトランシルヴァニアの損失は重大であった。その他石油・金・銀・亜鉛・アンチモニーもほとんどすべて奪われ、鉄・塩も多くが失われた。

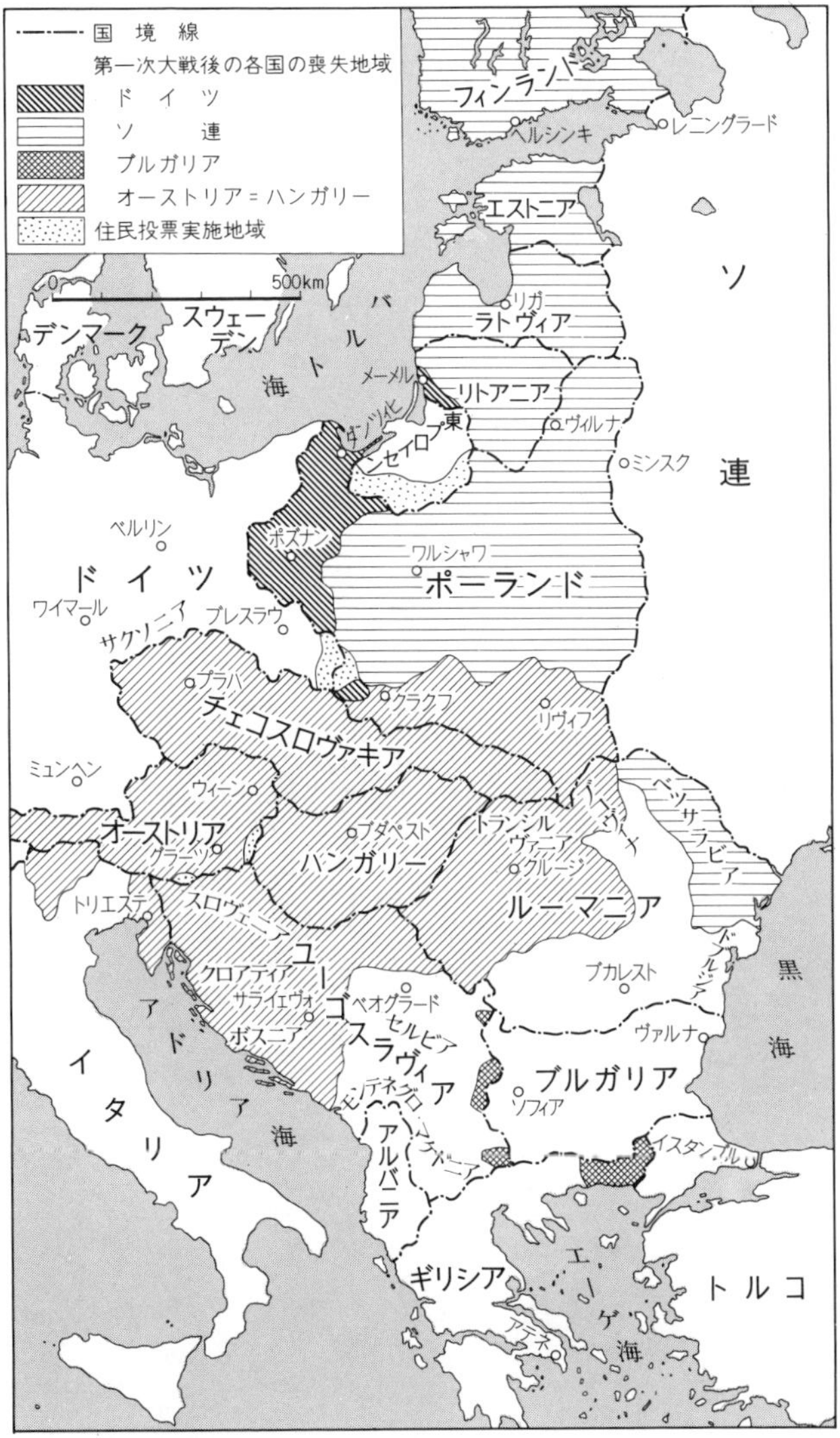

戦間期の東欧

石炭の産地は約七割残ったが、激流に富む河川を失ったために、水力源が減り、資本主義産業の発達に不可欠の資源も、価値が乏しくなってしまった。

ハンガリーの外国貿易は、戦前はつねに輸出超過であったが、資源の割譲を強いられた戦後は、輸入超過に逆転した。すなわち、一九一二年には輸出三六億クローネ、輸入二八億クローネであったのが、一九二三年には輸出約三億クローネ、輸入四億クローネと、大きな変化をみせている。のみならず、トリアノン条約はハンガリーの唯一の海港フィウメを取りあげたために、この国は海上貿易から閉めだされ、マジャール人の海外発展の夢は、水泡に帰したのである。

民族問題と修正主義

トリアノン条約はハンガリーの国民経済に重大な打撃を与えたばかりでなく、困難な民族問題を生みだす結果になり、国防上も大きな不安を残した。旧国境線を形づくっていたカルパティア山脈とトランシルヴァニア山脈は、ハンガリーにとって自然の防壁であったが、これらはチェコスロヴァキアとルーマニアに奪われ、ユーゴスラヴィアに帰属した地方も山地が多かった。それゆえ、これら三国の軍隊が大平原の中心部に攻めいることは、はなはだ容易になったのに、トリアノン条約で、ハンガリーの軍備はわずか三万五〇〇〇人の陸軍に限られ、憲兵や警官がほぼ同数あるだけになってしまった。

しかも、民族的区分と一致する境界線を引くことは事実上不可能であったから、三五〇万近いマジャール人がハンガリーの外部——主として上記の周辺三国——に残され、少数民族として迫害をうけることになった。したがって、ハンガリー人がトリアノン条約で異常に不当な取り扱いをうけたと感じ、これに不平を抱いたのは、無理からぬことであった。詳しくいえば、まずトランシルヴァニアは、ルーマニア人の居住地帯によってハンガリー本土から分けられていたとはいえ、そこにはマジャール人の孤立した大居住地がいくつか含まれていた。トランシルヴァニアは軍事的要衝でもあり、中世ドイツ人がマジャール人とともに城砦都市を建設して以来、マジャール人地主が「ザクセン人」とよばれるドイツ人植民の子孫とともに占拠し根をはってきたところであったから、この地域のマジャール人地主の存在は、トリアノン条約後ルーマニアにとってもはなはだ困難な問題になったのである。さらにユーゴに割譲されたヴォイヴォディナ地方にも、マジャール人の地主や農業資本家がオーストリア＝ドイツ系のそれらとともに残り、チェコに割譲されたスロヴァキアにも、ほぼ同じことが認められた。

これら周辺三国は、戦後それぞれ土地改革の名目のもに、マジャール系地主の勢力を縮小しようとしたが、これは当然不満をよび、とくにトランシルヴァニアのマジャール人貴族は、勇敢な反抗運動をおこした。従来従属的地位にあったスラヴ人やルーマニア人が、旧来の支配者を犠牲にしてみずから繁栄することになったのは、一千年にわたるドナウ流域の歴史の逆転現象ともいうべきものであったが、それが深刻な民族問題を含んだのは、避けがたいことであった。

こうしてハンガリーでは、トリアノン条約に対する不満と、この条約を修正したい願望とが、ほとんど万人に共通な一般的傾向となった。戦間期を通じての——実際には一九四五年までの——ハンガリーの政治生活は、トリアノン条約によって失われた領土を再獲得しようとする希望、いわゆる「修正主義《レヴィジョニズム》」によって完全に支配された。トリアノン条約による領土の割譲は、ハンガリー国内に党派をこえたはげしい失地回復運動を生みだし、他国内に残された自民族の民族意識を高め、国民的統一をはかろうとする運動を、促進せずにはおかなかったのである。

「修正主義」と小協商体制の成立

他方、ハンガリーから領土と資源を割取したチェコスロヴァキア・ルーマニア・ユーゴスラヴィアの三国は、利害の共通にもとづいて、たがいに手をにぎる必要があった。こうした動きの中心になったのは、チェコスロヴァキア外相のベネシュであり、トリアノン条約の成立後まもない一九二〇年八月、彼はユーゴスラヴィアとのあいだに、ハンガリーに対する防御同盟条約をむすんだ。ルーマニアははじめポーランドとギリシアを加えた五国同盟を望んでいたが、ハンガリーに対する限りチェコ・ユーゴ両国と考えが一致したので、同年一〇月、ルーマニアの首相と外相はプラハを訪れて通商その他の協定をむすび、さらに翌二一年には、ハンガリーにおこった前王カールの復位問題に刺激されて、四月、チェコスロヴァキアとルーマニアのあいだに防御同盟がむすばれ、つづいて六月には、ユーゴスラヴィア・ルーマニア両国間にも防御同盟条約が調印された。ただ後者は、ハンガリーに対してのみならず、ブルガリアに対する共通の利害も背景になっていた。それでもなお不安を感じた三国は、七月にはチェコとルーマニアのあいだに、八月にはチェコ・ユーゴ両国間に軍事協定をむすんで防御同盟を補足し、ここに、ハンガリーを包囲するいわゆる小協商体制が完成した。「小協商」の名は、ブダペストのある日刊紙が、一九二〇年二月二一日、チェコ・ユーゴ・ルーマニア三国間の協調を〝ちっぽけな協商〟と嘲ったことに由来するもので、一九二〇年から二一年にかけて三国間に別々にむすばれた同盟関係の総称である。

2　ベトレン時代の安定

ハプスブルク家の復位問題

ホルティ摂政時代の当初、ハンガリーは多くの難問に直面した。経済は破綻し、賠償支払いも要求されて、インフレを招き、外国に亡命した労働運動の指導者たちによる扇動工作がはじまり、農民は土地改革を要求し、中産階級はインフレのために没落した。その間、さまざまな不満を抱く民族主義分子のあいだに急進的傾向が生まれ、封建遺制への反発があらわれる反面、大貴族のあいだにはハプスブルク家の再興をはかろうとする動きもみられた。

こうした状況のなかで、フサール内閣（一九一九年一一月―二〇年三月）、シモニ＝シェマダム内閣（一九二〇年三―七月）、テレキ内閣（一九二〇年七月―二一年四月）がいずれも短命に終わったあと、一九二一年四月ベトレン内閣が登場した。ベトレンは敗戦と反革命後のハンガリーの政情を巧みに操って、以後一〇年間引きつづき統治し、〝平和な停滞の時代〟をつくりだした。一九二〇年代のハンガリーの歴史は、ベトレンの名を除いては考えられず、国家の統一と再建に専念した彼の功績は、注目に値する。ベトレンの内政をみるにあたって、まず目を向ける必要があるのは、ハプスブルク家の復位問題である。

一九二〇年はじめ、ハンガリーの政界は、ハプスブルク家の廃王カールの復位を認めるか否かをめぐって、意見が対立していた。大貴族とカトリック教徒がハプスブルク家に好意的だったのに対して、ジェントリーとカルヴィニストは、共和主義者ではなかったが、ハプスブルク家はすでに王位を喪失したのであり、国民はみずから希望する主権者を選ぶ権利があるという見解をとった点で、この対立は社会的基礎をもっていた。

一九二一年、前王カールが突然ハンガリーに姿をあらわして、王位の再獲得をはかったとき、ハプスブルク家復興の問題は表面化して、強い興奮をよびおこした。これに対するハンガリー政府の対応が注目されたが、摂政ホルティは、国民議会の選挙によって就任した自分は、議会の許可なしに摂政の地位を去ることはできないと述べ、議会もホルティの処置を是認した。そこでカ

第一次ベトレン内閣　中央の長身者が首相。

ールはふたたびスイスに戻ったが、国民議会がこうした態度をとった背後には、つぎの事情があった。カールがブダペストにあらわれたのは、ハンガリーとチェコスロヴァキアのあいだにはじまった通商条約の商議に妥協のきざしがみえはじめたときであったが、小協商諸国の政治家はカールの出現に驚き、いまにも武力に訴えんばかりの強硬な態度をみせた。さらに、パリ・ロンドン・ローマからもハプスブルク家の復位に反対する勧告が集まり、これがハンガリー国民議会に大きな圧力をかけたのである。

一九二一年一〇月、カールはふたたびドナウの旧領地で王位回復のクーデターにとりかかった。彼はオーストリアに近いショプロンで、帝政時代の軍人や閣僚と会い、国民議会議長に新内閣の組閣を命じ、ブダペストのベトレン首相には、電話で首都の治安維持を命じた。

時代錯誤ともいうべき復位問題がかように繰り返された背後には、ハンガリー人がトリアノン条約による新体制への不満のはけ口をこの問題にみいだしたという事情があったことは、否定できない。それゆえ、チェコスロヴァキアのベネシュは、このさい武力を用いても復位問題を一掃する必要があることをイギリス・フランスに強く説き、ハンガリー政府は、大使会議から、カールの監視と王位継承権放棄の宣言を強要された。他方、チェコスロヴァキアの軍隊はすべて動員され、ユーゴ・ルーマニアも動員準備を整えた。こうした力による威嚇のまえに、ハンガリーは屈せざるをえず、カールは捕えられてバラトン湖畔の僧院に幽閉され、ハンガリー外相は、カールが以後永久にハンガリーを去って、復位問題が消滅することを保証しなければならなかった。さらにこの年の一一月、ハンガリー国民議会は、ハプスブルク家のハンガリー王位継承を規定した一七二三年の「国事詔書」は以後無効であることを宣言した。そして実際にも、一九二二年におけるカール王の死とともに、この問題はもはや現実性をもたなくなった。カールのあとを継いだ未成年のオットーは、人気のない母ツィタの深い影響下にあったために、父のような魅力をもたなかったからである。

ベネシュがハンガリーの復位問題に強硬に反対したのには、十分な理由があった。大戦前ハンガリー人は、ハプスブルク家のもとにオーストリアのドイツ人と手をにぎってスラヴ諸民族を支配していたが、そのさいハプスブルク王家は、スラヴ人支配のためのてことなり、ドイツ人とマジャール人の結合のくさびとなっていた。いまやオーストリア＝ドイツ人とハンガリー人は、サン＝ジェルマン条約とトリアノン条約によって共通の苦境におちいっていたから、復位問題は歴史的な両者の結合をよびおこし、中欧の新体制を脅かすものとなったのである。のみならずオーストリア・ハンガリー両国の結合は、汎ゲルマン主義の復活につながる可能性を含んでいた。ベネシュがカールの再来に脅えたのは、ゲルマン主義とハンガリー人とハプスブルク家の歴史的な関係を恐れたためであった。

ベトレン政権と経済復興

戦後ハンガリーの経済危機を克服し、政情を一応安定させたのは、ベトレン内閣の功績であった。ベトレンはトランシルヴァニア出身のカルヴィニストで、保守的な穏健貴族であった。彼はハプスブルク帝国の王位継承を主張する「正統派」には反対であったが、他のすべての点では一九一八年以前の状態への復帰を理想とし、〝歴史的諸階級〟の地位再建の主要な担当者となった。彼はトリアノン条約の修正にも心を傾けてはいたが、同時代の多くの人々よりもいっそう長期的な視野をもち、活発な外交政策を追求するためには、それに先立って自国がある程度の政治的・経済的安定を達成するとともに、国外に強力な味方をえる必要があることをよく理解していたので、ただちに旧状復帰を前面に押しだすことをさけた。

当時ハンガリーは、経済的にはなお混乱状態にあり、これを克服するためには、ぜひとも外国の援助が必要であったが、協商国の反対が強く、容易に実現しなかった。そこで彼は、外国資本を入手するために、譲歩的態度を示し、まずイギリス・フランス・イタリア・小協商国とのあいだに議定書をかわし、トリアノン条約とくにその軍事条項に含まれている義務を厳密かつ忠実にはたすことを約束した。そしてベトレン政府は、一九二三年一月国際連盟に加入し、一九二四年には二億五〇〇〇万金クローネの借款をえて、ハンガリーの通貨を安定させ、天井知らずのインフレーションを終わらせることができた。さらに二五年には、高率の自主関税を設け、国内産業の育成をはかった。

ベトレンの正統派的財政政策は大きな成功を収め、新しいもろもろの工場が発展し、ハンガリーの工業生産は飛躍的に増大した。それは、一九二一年を一〇〇として一九二八年には二九四に達し、工業労働者の数も、その間に一三万七〇〇〇人から二三万六〇〇〇人にふえ、農村人口の増加分は工業に吸収され、一九二八年には、ハンガリー人口の四分の一近くが工・鉱業で生計を立てるまでになっていた。領土割譲で工業生産力の四五%と資源の大半を失っていたにもかかわらず、外資導入によって軽工業とくに繊維工業が著しい発展をとげたことは、注目に値する。農村では、一九二一年の貧弱な土地改革が行なわれたにすぎなかったが、出生率の低下と農産物の高価格のために、比較的繁栄の状態にあった。外国貿易もまた急速に成長した。

しかし、ベトレンの安定がかなり不確実な基礎に立つものであったことは、記憶する必要がある。工業の発展にもかかわらず、一九二〇年代の大部分のあいだ、ハンガリーの輸出品の四分の三以上はやはり農産物、なかんずく小麦から成っており、その収益が工業原料の輸入資金の財源となっていたから、この国は、国際的な小麦価格の下落にひどく傷つきやすかった。そのうえ、一九二〇年代を通じて、ハンガリーの貿易収支はマイナスであり、そのギャップは、外国からの借金でうめられていた。一九三一―三二年までに、外債の援護は、全外国貿易の四八％に達していた。

さらに工業の発展についても、当時世界的な基幹産業となりつつあった重工業の発展や新技術の導入は遅れ、また、新しい輸送手段やエネルギー体系の導入もほとんどなされなかったから、投資効率は低く、成長率も低かった。

ベトレンの外交政策

つぎに、ベトレンの外交政策は、これまたある程度の成功を収めた。一般的にいえば、一九二〇年代のハンガリーは、この分野では比較的不活発であった。その理由は、まず第一に、トリアノン条約がハンガリーの軍隊を三万五〇〇〇人に制限したことであり、第二に、ヴェルサイユ条約の主要な反対者であるドイツとロシアが南東ヨーロッパにはほとんど関係をもたなかったために、フランスに後援された小協商三国は、ハンガリーの修正主義的目標を比較的容易に阻止することができたからである。しかしハンガリー人は、周囲の包囲網を脱するために、若干の試みを行なった。彼らはまず、ハンガリー政権の反革命的性格にほとんど敵意をもたないキリスト教社会党が支配的地位を占めるにいたったオーストリアと、かなり満足な関係を樹立することができた。さらに重要なのは、一九二七年四月に、イタリアとのあいだに友好同盟条約が調印されたことである。

元来イタリアは、一九二〇年一二月、ユーゴスラヴィアとのあいだにラッパロ条約をむすんで、サン＝ジェルマン・トリアノン両条約の維持とハプスブルク家復位の阻止を約束し、一九二四年の「ローマ盟約」で、フィウメ港はイタリアの領有に決し、さらに一九二五年のネッツ条約で、イタリアは重ねて中欧の現状維持を約束していた。しかし他方またイタリアは、バルカンにおけるいま一つの主要な修正主義国家であるブルガリアと密接な関係を樹立したので、ユーゴスラヴィア議会はムッソリーニのバルカン政策に疑念を抱いて、ネッツ条約の批准を延期し、親フランス的傾向を強めていった。こうして、従来のイタリアと小協商側との協調が破れてゆくうちに、一九二七年一一月にはフランス・ユーゴ間に軍事同盟条約が成立し、これに対してイタリアはアルバニアと二〇年間不変の防御同盟をむすび、アルバニアに対する事実上の保護関係を達成するなど、バルカンにおけるフランスとイタリアの対立は顕著になってきた。両者の帝国主義的競争はルーマニアをめぐっても展開され、ルーマニアが親イタリア政策をとってむすんだ新条約は、フランスに妨げられて成立しなかったために、イタリアはハンガリーに接近する必要に迫られたのである。

ベトレンは、小協商国の包囲政策に対抗するため、バルカンに野心を抱くムッソリーニに支援をもとめ、ハンガリーを国際的孤立状態から脱出させることに成功した。ベトレンは、イタリア・ハンガリー両国の親善が促進されつつある状況のなかで、一九二七年春ローマに赴き、ハンガリー－イタリア友好同盟条約に調印したが、これによってハンガリーはフィウメ港の利用権を与えられ、ハンガリーの国民経済ははじめて一筋の活路をみいだした。しかもこの条約は、敗戦国マジャール人が旧敵国と対等にむすんだ最初の条約という意味でも、重要である。なお一九二七年の条約成立後、ハンガリーはひそかに武器や軍需品の提供をうけるようになり、イタリアのヴェロナから積みだされた機関銃がオーストリアの税関吏に発見され、中欧にセンセーションをまきおこすという事件もおこっている。

一方ハンガリーはポーランド首相の訪問をうけて、イタリアとポーランドの接近を仲介しようとした。ハンガリーのイタリアに対する接近には、明らかに領土回復の悲願がこめられていたのである。しかしハンガリーの修正主義に対するイタリアの支持は、この時期にはなお気乗りのしないものであった。なぜなら、ムッソリーニは、ベトレン政権の〝封建的〟性格にはまったく魅力を感じていなかったからである。のみならず、イタリアのもとにある修正主義国家群は、なおあまりにも弱体であったから、〝フランスの衛星〟である競争相手の小協商国家群に、効果的な挑戦を行なうことはできなかった。

内政面では、ベトレンの目標は、一九一四年以前の状態にできる限り復帰することであり、ここでは驚くべき成功を収めた。当時ハンガリーでは、国民は政治的・社会的に左右両極に走っていたので、種々の妥協が必要であったが、ベトレンは巧みにこれを行ない、必要最小限の譲歩によって諸問題を解決し、ハンガリーを安定に導いたのである。そのさい国内に、社会主義者に対してのみならず、ソヴェト共和国の遺産である民主的思想に対してさえも強い反動的気分があったことは、ベトレンにとって好都合であり、また彼がハプスブルク家の復興に反対の態度をとったことも、幸いした。彼の保守的見解に用心深かった人々からも、そのために多くの支持が与えられたからである。

ベトレンの内政

一九二一年三月、旧王カールがスイスから帰国して権力の手交をホルティに要求したとき、ベトレンは王位継承派の加わっていたテレキ政府にかわって、みずから首相となり、王位継承派の参加しない政府を組織することに成功し、同年一〇月カールがふたたびハンガリーに帰国して権力掌握を試みた時には、彼の政府は武力でこれを阻止し、ハプスブルク王位の廃止を宣言する法律を制定した。これはすでにふれたところであり、以後王位継承問題は、カールの死もあって表面化しなかったが、ベトレンはこの問題が政治に投げかける影を利用して、つぎの三つの重要な業績をあげることに成功した。

第一は、一九二一年一二月、社会民主党の指導者とのあいだに一つの協定に達したことである。

社会民主党は一九一九年のクン政権に加わっていたが、ソヴェト共和国が瓦解して以来、指導者は亡命し、党は分裂し、警察の弾圧をうけて、打撃から立ちあがることができなかった。それでも、労働組合・新聞・党機関を維持して存続をつづけてはいたが、ベトレンはこれと秘密協定をむすび、社会民主党を合法化し、逮捕者に政治的大赦を与え、労働組合の没収資産を解除することなどを代償として、その指導者に、農業労働者のあいだで扇動を行なわないこと、農業労働者の組織化の停止、その他を約束させ、また外交政策を含む種々の分野での政府への支持・協力、「国家と国民の一般的利益」を彼ら自身の利益と同一視することなどに同意させた。

カール王とその家族

第二に、彼は、戦後に発生した二つの政党のうちより急進的な小地主党を説いて、一九二二年二月、保守的なキリスト教国民統一党と合併させることができた。これは、第一の点よりもいっそう重要である。彼はすでに一九二〇年七月、議会で最大多数を保持した小地主党の土地改革に対する要求をおさえることに成功していた。小地主党は、王位継承派の大地主に反対する立場からベトレンに同調したのであったが、一一月に微温的な土地法が成立してからは、もはや大きな反政府勢力ではなくなっていた。首相就任後ベトレンは、保守化しつつある小地主党を抱き込み、キリスト教国民統一党のなかの反正統主義者をこれに吸収して「統一党」をつくらせ、そのなかで指導的地位を保持した。統一党は、貴族・ジェントリー・富農・ブルジョアジーのゆるい連合体で、政府を維持すること以外になんら明確な原則をもたなかったが、首相は自己の任命権を行使することによってそのメンバーをよく統御することができ、統一党は以後「与党」として重要な役割をはたすことになる。

第三は、一九二二年に行なわれた選挙法の改正である。この年の春、ベトレンは緊急立法の名目で新選挙法を施行し、議会を解散して総選挙を行なった。これは、住民の約四〇%に投票権を与えかつ秘密選挙を導入していた一九二〇年の選挙法を修正したもので、新選挙法では有権者は二七・五%に引き下げられるとともに、社会民主党との約束にしたがって都市では秘密投票が認められたが、農村では公開投票が行なわれることになった。そのため、農民や出稼ぎ労働者を基盤とする反対党の成立は妨げられ、一九二二年の総選挙では与党が大勝した。こうした工夫によって、ベトレン政府はつねに与党の「統一党」に議会の多数を占めさせ、そのうえに安住することができた。

以後戦間期を通じての選挙で、「政府党」といわれたベトレンの保守勢力は、つねに安定多数を維持した。公開投票制および地方役人に対する政府の統制は、選挙での無敗を保障した。政府党内部からの反抗はあっても、普通はそれを封じ込めることができたから、政府が打倒される現実的な見込みはなかったのである。政府に対する選挙民のコントロールは、こうして終わりを告げた。おもな野党としては、統一党に合流した小地主党から分立した小地主党、都市の知識層を基盤とする自由党、社会民主党が存在したが、いずれも無力で、ベトレンはこうした形式的な議会制度のもとに、一九二一年から三一年まで首相の座を占め、保守的な安定政権を維持することができた。官僚は戦前よりも数を増し、政府・与党の支柱となっていた。

ただ、この寡頭政治体制は、若干の比較的リベラルな特徴をもっていたことも、事実である。ベトレンは右翼急進派には敵意をもち、擬似軍事グループの勢力を減少させるとともに、政府に対する批判はある限度内で許され、新聞もわずかながら自由を保持した。

しかしベトレン政府は、自己の地位が安定するとともに、諸勢力に示した譲歩的態度を次第に改めてゆき、統一党も、偏狭な復辟《ふくへき》派を疎外する一方、本来の小地主党をも排除して、保守的分子が実権をにぎった。当時の土地所有状態をみれば、一五〇〇エーカー以上の大地主の土地が全国土の三分の一を占める反面、農業人口の六割が零細農民ないし土地のない人々であったが、政府は一九二一年に微温的な土地改革を実施し、わずか五%の土地分配を行なっただけで、小地主党が政府党に合併されたとき約束された第二次土地改革は、導入されなかった。そこで、工業労働者や小作農や農業労働者のあいだには、カーロイとクンの時代によびさまされた自己利益への関心が不満となってくすぶっていたが、ベトレン政府は彼らをきびしく統御した。

ベトレン時代の右翼急進派

つぎにベトレン時代の右翼急進派に目を向けよう。彼らは政権の外にあったとはいえ、重要な勢力でありつづけた。ベトレンは、近隣諸国からハンガリーに逃げ戻ったかなりの数の避難民を文官勤務に雇用することによって、彼らの勢力を中立化することに成功した。しかし、ハンガリーの経済的回復の不確かな性格と、予算のバランスをとる必要から、ベトレンはやむなく二万五〇〇〇人の文官を解雇しなければならなくなったが、これらの人々は代わりの仕事をみつけるのに非常な困難を感じ、右翼急進派の見解の強力な支持者になった。軍隊の士官たちも、ベトレンのトリアノン条約履行政策に大きな疑問を抱きつづけた。さらに年少世代のあいだでは、ファシズムに近い考え方が次第に広がりつつあった。彼らはベトレン政権の反動的傾向に、またその社会的抑圧の姿勢に、不快を感じていたのである。

彼らは、ソヴェト共和国の経験から社会主義と共産主義の国際的性格に敵意を抱いていたので、ベトレン政府は国際的なユダヤ的資本主義の道具にすぎないという見解を気軽に採用した。さらにベトレンは、ハンガリーの喪失地が再獲得されるとき、それらの地方をマジャール化するのに必要な行政官をつくりだすために、大学生の数を拡大する政策をとったが、卒業生は適当な職業をみいだすのに大きな困難を感じ、彼らの多くは、貿易と工業におけるユダヤ人の独占に近い状態や自由職業におけるユダヤ人の強力な地位を、ひどく恨みに思うようになった。一九一四年には、ハンガリー全域での卒業生は総数一万一〇〇〇人であったが、一九二五年には、狭くなった新しい国土のなかで、一万二〇〇〇人に及んだ。

右翼急進派は政府内でもかなりの支持をうけていた。たとえば一九二九年には、右翼急進派のもっとも重要な人物であったゲンベシュが、国防相になった。彼は一九二三年のヒトラーのミュンヘン一揆と密接な関係があった人物で、イタリア・ドイツ・ハンガリー間に領土修正主義の枢軸をつくることを主唱していた。

世界恐慌とハンガリー

ベトレンの指導下で、ハンガリーは国内平和と再建をほぼ達成することができたが、これは、一九二九年に勃発した世界恐慌によって挫折した。東・中欧の農業諸国はすでに慢性的な農業恐慌に悩んでいた。第一次大戦前には、半封建的な土地制度をもつロシア・ルーマニア・ハンガリーなどが穀物商業の中心地であったが、戦後は事情が一変し、中心は海の彼方に移動した。農業の資本主義化と技術の発展が驚異的にすすんだ結果、カナダ・アメリカ合衆国の穀物輸出は戦前の二倍以上に飛躍し、オーストラリア・アルゼンチンの穀物も著しく進出し、これらの国々が世界の穀物市場で決定的な役割を演ずるにいた

経済の悪化で政府に抗議する民衆のデモ(1930年9月1日)

ったのである。もっともハンガリーは、政府の土地改革がマジャール人大地主の穀物経済を擁護したことや、オーストリアやドイツのような食料輸入国に隣接していたことなどのために、ルーマニアほど深刻な打撃をうけることはなかったが、それでも世界恐慌の圧迫を免れることはできず、土地改革によってつくられた小農＝「新地主」は採算がとれず、負債に苦しんでふたたび土地を売り払わざるをえず、旧大地主も救いがたい窮状におちいった。

まず、この恐慌をめぐる国際環境をみよう。恐慌が深刻化したとき、東・中欧に積極的に手をのばそうとしたのは、金融資本の国フランスで、この機会にオーストリア・ハンガリーをはじめバルカンをも自国の勢力下に収めようとし、いわゆるタルデュー案が登場した。これは、チェコスロヴァキア・オーストリア・ハンガリー・ルーマニア・ユーゴスラヴィアの関税協定をはかろうとしたもので、これが実現すれば、ハンガリー・オーストリアはチェコスロヴァキア工業の市場と化し、しかもそこでは、フランスのクルーゾー兵器会社が重要な地位を占め、イタリアの武器輸出をおさえるはずであった。他方イタリアは、一九三〇年にはオーストリア領内のケルンテン・シュタイエルマルクを貫いてハンガリーに向かう軍事道路の建設を計画していたが、これに対してフランスは、一〇年間ハンガリー首相であったベトレンに代わって、カーロイ＝ジュラを登場させることに成功した。ベトレンはあくまでもイタリアと親善関係を維持しながら、フランスからも財政援助を仰ぎ、しかもドイツとの対立を避けようと努力したが、いまや親フランス政策をさらに前進させるために、カーロイ内閣が出現したのである。

タルデュー案は、中欧の新進工業国チェコスロヴァキアを中心にすえた点で、一応現実に即していたが、ユーゴスラヴィアとルーマニアは自国の穀物がチェコスロヴァキア・オーストリアの市場でハンガリーの小麦に駆逐されるのを恐れて、冷淡な態度をとり、参加を躊躇した。のみならず、元来ドナウ流域からもっとも多く穀物を輸入する国はドイツであったから、ドイツを除外したドナウ経済連合のプランは、最初から存立の条件を欠いていた。

タルデュー案が欠陥を暴露した間隙にイタリアが乗じた結果、一九三二年九月のストレーザ会議で、この案はまったく挫折してしまった。そしてハンガリー首相の地位は、親フランス的なカーロイから再度親イタリア的なゲンベシュに移行し、ハンガリーとイタリアの提携が成立したが、他方フランスの小協商国側への攻勢は、いっそう強められることになった。

以上対外関係との関連でハンガリー政権の変動をみたが、いま一度国内事情に目を移さねばならない。すでにみたように、一九二〇年代のハンガリーの再建は外国からの借金に依存するものであったから、その繁栄はみせかけの不安定なものにすぎなかった。ハンガリーの輸出の大部分は農産物であり、この農産物輸出によって工業原料の大半を輸入するとともに、借金の返済をまかなわねばならなかったが、それはつねに農産物の世界価格に大きく左右されたため、国際収支はほとんど赤字で、それはまた借金で支払われ、この国の借金は、累積する利子とともに、巨大な額にのぼっていた。それゆえ、ハンガリーの経済は、世界経済のわずかな動きにも敏感に反応せざるをえず、やがて一九二九年に勃発した恐慌がこれを破産させることになった。それとともに、それまで静まっていた政治の民主化や土地改革を求める声がふたたび高まり、他方恐慌によって自己の基盤をゆるがされた中産階級は、右傾して急進化し、反ユダヤ主義の傾向をみせてきた。

ハンガリーの再建に寄与したベトレンの統治は、この国の経済が世界恐慌の嵐にゆさぶられるなかで終わった。もっともハンガリーは、世界恐慌にただちに巻き込まれたわけではなく、ベトレン政府は一九三〇年四月には賠償問題を解決し、国際連盟の財政管理を終わらせたが、一九三一年大規模な金融恐慌に襲われることになった。この年オーストリアのクレディット＝アンシュタルト銀行は支払いを停止し、それによる危機がドイツに広がったが、ハンガリーの主要な銀行はオーストリアのこの銀行と密接な関係をもっていたので、ハンガリーの金融恐慌もまた促進され、支払い停止に立ちいたった。

他方、一九二九年以降小麦の世界価格は破局的な下落をはじめ、とくに一九三〇年一二月、チェコスロヴァキアがハンガリーとの通商条約失効を通告したとき、ハンガリーは市場をみいだすことがますます困難になり、農村の状態は悲惨なほどに悪化した。これと並行して、失業もまた急速に増大した。こうして経済の実態が暴露されるとともに、はげしい国民感情が政府に対して爆発し、与党内にもベトレン反対の声が高まり、ベトレンはホルティからも次第にきらわれるようになって、ついに一九三一年八月、首相を辞任した。

ベトレンの失脚と政治の流動化——左右両派の対立

ベトレンの失脚とともに、ハンガリーの政治は流動的な状態にはいり、やがて第二次大戦末にドイツが敗北し、ソ連の赤軍に占領されるまで、この状態を抜けだすことはできなかった。

この危機には二つの要素が含まれていた。第一は、ベトレン政権の比較的リベラルな性格をどこまで維持すべきか、イタリアやドイツ的方向の全体主義制度をどの程度まで導入すべきか、という問題であり、第二は、ハンガリーが自己の修正主義的目標を達成するうえで、どの程度までファシスト＝イタリアおよびナチス＝ドイツに援助をもとめるべきか、という問題であった。ファシスト体制の導入に好意的な人々は、イタリア・ドイツ側につくことを強く支持する人々でもあった点で、これら二つの問題は密接にむすびついていたが、結局政治的活動力のあるハンガリー人は、二つの主要なグループに分かれた。

それは、いささか混乱を招く表現ながら、右派と左派とよぶことができる。左派には、摂政ホルティ自身、ベトレン型の保守的傾向の人々、カトリックおよび正統主義の大貴族、民主的・社会主義的反対党、それにユダヤ人が含まれ、右派は政府党内の一部、右翼急進派、不景気のあいだに急速に成長したファシスト＝グループ、ナチス＝ドイツの力の増大にともなって着実に過激化していった軍隊の士官たちを支持者とした。それゆえ、右派と左派はともに政府のなかにも反対党のなかにも支持者をもち、このことが、一九三一年から一九四五年にいたる時期の政治上の争いに、社会主義者が暗黙のうちにホルティを支持し、その社会主義者が、遠大な土地改革をもとめる右翼急進派に反対されるといった、奇妙な非現実的様相を与えた。表面上は〝歴史的階級〟の大部分に支持される左派が、自己の地位を維持するのに有利なようにみえたが、ナチス＝ドイツの活動力が増し、ヒトラーが容易にヴェルサイユ体制を破壊してゆくにつれて、事態は右派に有利に転じ、右派の見解がますます政策を支配するようになっていった。

3 右翼化とナチス＝ドイツとの協力

ゲンベシュの統治

ベトレンのあとを継いだカーロイも貴族的保守主義者で、緊急政策と予算改革に取り組んだが、彼もまた事態を処理することができず、借金をかかえた農民や中産階級の官吏層の反対にあい、一九三二年九月辞任した。つづいて首相になったゲンベシュは、ドイツ生まれの軍士官で、セゲドで反革命派の軍隊を組織した人物であり、心底からの右翼急進派で、ヒトラーとムッソリーニの賛美者であった。彼は一九二三年のヒトラーのミュンヘン一揆に関係し、一九二七年には「人種防衛党」を設立したが、これは短命に終わった。ゲンベシュはセゲドで緊密に協力した関係から、摂政とは仲がよく、一九二九年には国防相として入閣したが、自己の右翼急進主義的な考えを棄てなかった。

彼が首相に任命されたのは、ベトレンとカーロイがとった不況対策について、政府党内で強い不満がおこったためであったが、その背景には、政府のデフレ政策の矢面に立った下級官吏と下級軍士官のあいだに、また不況のために就職の機会をきびしく制限された大学生のあいだに、右翼急進派の扇動が浸透していったという事情があり、要するにゲンベシュは、当時ようやく高ま

ゲンベシュ内閣　前列中央が首相。

りつつあった極右的風潮を背景にして登場したのであった。

彼はファシスト的・反ユダヤ的軍国主義者であり、強烈な民族主義・反共主義・土地改革を含む社会改革の要求を打ちだしていたから、彼の首相任命はハンガリーにファシスト体制を導入する結果をもたらすであろうと、一般に信じられていた。そしてたしかに、就任後の彼の最初の行動は、このような恐怖を裏づけるかにみえた。愛国的諸団体の大行進がブダペストの市中をねり歩き、ゲンベシュはバルコニーから、これにムッソリーニ風の正式な話しかけを行なったからである。

しかしゲンベシュは、ファシスト的独裁者になりうる素質を欠いていた。彼は首相就任に先立って、摂政から課された大きな制限をすなおにうけいれ、ベトレンの影響がなお顕著に残っていた議会を解散しないこと、急進的な土地改革ないし反ユダヤ的立法の導入を企てないことに同意していた。閣僚の選択もきびしく制限され、右翼急進主義的見解を共有したのは、唯一人であった。ゲンベシュは就任前にも、幾人かの指導的工業家に、彼らの利益に反する政策を導入するつもりはないことを保証していたが、その後ユダヤ人と一つの協定をむすび、ユダヤ人問題についての自己の見解を修正し、反ユダヤ政策を遂行する意図のないことを明らかにした。さらに彼は、ハンガリーが経済的危機から回復するためには公債が必要であると考え、それを国際的な金融界からえるためには厳格なデフレ政策が必要であると信じていたので、正統派的財政理論と絶縁するつもりはなかった。そしてこの政策が、ハンガリーにおける不景気の終末を、一九三四―三五年まで遅らせることになったのである。

しかしそれにもかかわらず、彼が首相に在任した三年間は、ハンガリーがいっそう権威主義的になり、枢軸側に強く傾くようになった過程の、重要な一段階であった。とりわけ彼は、外交問題にイニシアティヴをとることによって、枢軸側への接近を大きくすすめた。そこでつぎに、ローマをまわってベルリンに向かったハンガリーのその後の外交政策の展開をみなければならない。首相就任直後に、ゲンベシュはローマにムッソリーニを訪ねて、一九二七年のハンガリー―イタリア友好同盟条約をより実質的なものにするよう説得することに成功し、ムッソリーニは以前よりもはるかに確信をもったハンガリー修正主義の支持者になって、従来のどの声明にもまして、トリアノン条約を強く非難した。その結果、ゲンベシュの後継者はいずれも、イタリア向きの態度を放棄することが事実上できなくなったのである。

当時のフランスとイタリアの対立状態のなかで、イタリアは自国とオーストリア・ハンガリー間の三国同盟案を発表し、一九三四年にはゲンベシュがローマに招かれ、三国のローマ議定書ができあがった。これは「ローマの経済協約」とよばれるもので、ハンガリーに政治的・軍事的便宜を与えはしたが、経済的には必ずしも積極的利益を与えなかった。ハンガリーの背負っていた外債三八億スイスフランのうち、イタリアの投資は問題にならぬほど少額だったからである。一方、世界恐慌以来ハンガリーの農産物の売れ行きの悪化は致命的なものになったが、この苦境から脱するためには、顧客であるドイツとの親善が望ましかったし、とくに一九三三年一月ヒトラーがドイツの政権をにぎった結果、ハンガリーは国境の改訂や軍事条項の廃止を要求するためにも、ドイツに接近する必要に迫られた。

ゲンベシュはイタリアおよびドイツとの同盟の必要を確信し、ローマのつぎにベルリンを訪ねて、ヴァイマル共和国よりも第三帝国を歓迎すると言明したが、これは、敗戦国ハンガリーが国際政局に乗りだした第二段階にほかならなかった。しかし当時イタリアとドイツはオーストリアの指導権をめぐって対立しており、またヒトラーは、ルーマニアやユーゴスラヴィアでのハンガリーの失地回復の願望に反対していたので、結局同盟は実現しなかった。そして一九三六年一〇月ゲンベシュは死亡し、摂政ホルティはより協調的なダラーニを後継首相に任命した。ホルティを含む保守的な人々は、ハンガリーと独伊枢軸との緊密な結合のなかに、なお幾多の危険をみていたのである。

国内的にも、ゲンベシュはある程度の成功を収めた。彼は保守的なベトレン派議員を統一党から追放して、政府党を再組織し、そのなかで自己の地位を強化することができた。彼はまた、この政党の背後にあってそれを一党制樹立の方向に推しすすめる意図をもった「国民統一運動」をつくりだした。軍隊・文官・地方官僚のなかでも、彼の支持者は目ぼしい地位に着実に浸透していったし、一方出版物に対する政府の統制は強化され、政府びいきの新しい新聞がいくつかつくられた。反対派の監視も、とくに郵便や電話を通じて促進された。

ゲンベシュは一九三六年の早期に、ホルティを説得してついに議会を解散させることができたが、これが彼の統治の頂点であった。彼は保守的勢力の抑制を打ち破って急進的な改革——とりわけ新しい土地改革——を導入するという約束をかかげて、政府の政策を世に問うたが、一九三六年に選ばれた新議会は、彼を支持する右翼急進派を多数含んでおり、ゲンベシュは上院でファシスト体制を導入する意向を公表した。しかし彼のこうした行動は、保守派、とりわけ元首相ベトレンや摂政ホルティ自身の強い反対をひきおこした。ホルティはゲンベシュの軍隊に対する干渉および彼の土地改革計画に困惑して、その権力削減をはかり、ついには彼を解雇することを決意

ゲンベシュの後継者ダラーニ(中央左)とムッソリーニ

した。しかしゲンベシュは当時すでに不治の病にかかっており、在職のまま一九三六年一〇月死去した。

右翼急進派の進出

ゲンベシュの死後、ホルティはより協調的なダラーニを後継首相に任命した。ダラーニは保守的貴族であり、その政権は依然旧式保守主義者の奇妙な連合であったが、しかし、ゲンベシュが乗りだした道から引き返すことは、もはや不可能であった。これ以後のハンガリー政治史は、多少ともゲンベシュの考え方と一致した政策が、それをきらいかつそれに不信をもちながらそれに代わる方法をみいだしえない人々によって遂行されるという、皮肉な様相を示すことになるのである。

　ゲンベシュの在任期間にはまた、いっそう極端な右翼急進派グループが出現したが、それは一部は、彼自身の中途半端な政策の貧しい結果に対する幻滅から生じたものであり、一部は、イタリアとドイツの活動力の増大に刺激されておこったものであった。これらのグループにはさまざまな種類があり、異常なスピードであらわれ、融合し、ふたたび分裂したが、それらすべてに共通したのは、旧来の寡頭政治とその同盟者に対して、また「国際的なユダヤ人の金融力」に対して徹底的な攻撃を加える必要があるという感情であった。彼らは急進的な土地改革、反ユダヤ的立法、さらにハンガリーの外交政策を独伊枢軸といっそう緊密に結びつけることを要求した。これらの見解のさまざまな代表的人物のうち、もっとも成功を収めたのは、軍士官のサーラシで、彼の「矢十字」運動は、多くの一般的支持をうけ、ファシスト的気質の軍士官の多数からも支持された。

下層中産階級が恐慌による財政緊縮で生活を脅かされ、ファシズムの基盤となったことは、すでにみたが、当時のハンガリーでは、下級官吏、鉄道・郵便職員とその家族、また軍人・警官・憲兵とその家族は、それぞれ約一〇〇万を数えていた。ゲンベシュの統治下で、親ナチ的諸党派が育っていったのには、十分な理由があったのである。

ゲンベシュのはじめた政策を棄て去ることができなくなった主要な理由は、枢軸二強とりわけドイツの外交政策が連続的な成功を収めたことであった。一九三六年三月のラインラント再軍備は、フランスが東欧の同盟諸国に対する軍事的公約を履行することが事実上不可能になったことを意味し、このことは政治情勢を激変させた。さらに同年には、エチオピア問題を契機にしてドイツとイタリアの接近もはじまっていた。

ハンガリーの政治家たちは、英独間の衝突においては海軍国が勝つはずであると信じていたホルティのような人物でさえ、もはやほとんど選択の余地のない状況に直面していることを知らされた。彼らは、もしドイツ・イタリアと同盟するならば、一九一八年に失った領土のいくらかを再獲得する現実的なチャンスがあると考えた。たとえドイツが最後にイギリスとの戦争を失っても、ドイツは長期にわたって中欧における支配的強国でありつづけそうにみえたから、ハンガリーの政治家は、トリアノンで失った領土のうち少なくとも若干のものに対する彼らの要求の正当さは最終的決定で認められるであろうという希望を抱いたのである。これに反して、もし小協商諸国や西欧のその同盟国と協力するならば、領土の修正について満足のいくような展望はほとんど考えられなかった。なぜなら、小協商諸国のうちもっとも融和的なチェコ人でさえ、国境線の微調整以上のことを考える気持はなかったからである。そのうえハンガリーの政治家は、ヒトラーの敵意にさらされていた。ヒトラーは彼らに対して使うことのできる強い切り札をもっていた。たとえば彼は、ハンガリー国内の六〇万ドイツ人の不満を利用することができたし、またハンガリー国内の右翼急進派の強い支持をあてにすることができた。

こうした状況のなかで、ハンガリーがもう一度ドイツと同盟して戦争への道に乗りだすことは、容易にありうることであった。ゲンベシュのあとを継いだ三人の首相――ダラーニ(一九三六年一〇月—三八年五月)、イムレーディ(一九三八年五月—三九年二月)、テレキ(一九三九年二月—四一年四月)——は、いずれも元来は比較的リベラルな貴族的保守主義者であったにもかかわらず、この道を歩むことになってしまった。ハンガリーは、自国が独伊枢軸と変更できぬ形でむすびつけられていることを知るにいたったのである。

ダラーニ・イムレーディ・テレキ内閣

しかし、一九三六年一〇月、ダラーニが首相に就任した当時は、ハンガリーの国民感情はナチスの民族政策・宗教政策への批判からむしろ反ドイツ的であり、ダラーニは当初かなりこれに同調したため、党内の右派や極右団体から攻撃をうけたが、一九三七年一一月外相とともにベルリンを訪問し、ヒトラーがやがてオーストリアを合併し、チェコスロヴァキアを攻撃する意図のあることを知った。この情報は軍国主義者の力を強め、ダラーニはその圧力に強いられて、枢軸とのつながりをいっそうかたくせざるをえなかった。そこで彼は一九三八年三月、再軍備計画とユダヤ人の職業制限法を提出する意図を発表し、極右急進派の「矢十字」運動の指導者サーラシにも譲歩したが、そのためホルティは五月ダラーニを解任し、ゲンベシュ内閣の蔵相であったイムレーディを首相に任命した。イムレーディ内閣に期待されたのは、右傾化したダラーニ内閣の姿勢をもとに返すことであり、ドイツに対する態度にも留保がつけられたが、結局はダラーニの姿勢をさらに徹底させる形になった。イムレーディは、いっそう極端な措置をさけるために、むしろ温和な反ユダヤ人立法による政治指導を行ない、またいささか気乗りのしない態度ではあったが、チェコスロヴァキアに対するドイツの政策を支持した。後者については、さらに詳しくみておく必要がある。

一九三八年三月独墺合邦《アンシュルス》が敢行され、まもなくチェコスロヴァキア問題がおこって、ドイツと小協商体制のあいだの正面衝突がはじまった。こうした状況のなかで、八月二〇日、ハンガリーのホルティ摂政は首相・外相・国防相を帯同してドイツのベルヒテスガーデンを訪問し、ヒトラーやリッベントロップと、少数民族問題、軍事同盟の締結、トリアノン条約の破棄、ハンガリー軍の再建、経済ブロックの結成などについて協議し、ドイツの協力をもとめたが、しかし、ドイツのチェコスロヴァキア攻撃にさいしての無条件協力については、確約をさけた。

九月三〇日、ハンガリーはチェコスロヴァキア政府に対して、ハンガリー人居住地域の即時無条件移譲を要求した。ミュンヘン協定への屈服によって気力を失っていたチェコスロヴァキア政府は、これに応ぜざるをえず、両国の会談は一〇月九日からスロヴァキア国境のコマールノではじまったが、ハンガリーの要求する土地面積一万二九四〇平方キロに対して、チェコ側が認めようとしたのは一八三八平方キロで、両者の主張がひどくかけ離れたため、会議は決裂を思わせ、両国国境は緊張した。しかしハンガリーはドイツの力にたよって目的を達しようとし、一一月、ほぼその要求を貫くことができたが、ハンガリーがチェコ問題でドイツに十分な協力を拒んだために、ドイツはハンガリーの領土回復要請を制限し、一一月にはドイツとイタリアの独断的決定で、ハンガリーは南スロヴァキアの一部一万二〇一二平方キロと、少数のスロヴァキア人を含む一〇四万八五〇〇人の人口を獲得するにとどまった（第一次ウィーン裁定）。

この交渉中ドイツからうけた圧迫と、西欧諸国の無関心な態度から、イムレーディ政府は親枢軸政策をとる必要を痛感するにいたり、そのリベラルな見解を放棄して、右翼急進派的傾向を強め、一九三九年一月には、日独伊防共協定への参加を宣言した。しかしイムレーディ内閣の右傾化とドイツへの過度の接近は、左派と保守派を反イムレーディ運動に結集させ、一九三九年二月、イムレーディはホルティの信任を失って辞任し、第二次テレキ内閣があとを継いだ。

比較的リベラルで西欧びいきのテレキも、前内閣の政策を本質的に変えることはできず、二月防共協定に正式に加入し、三月ナチス＝ドイツがチェコスロヴァキアを併合すると、ハンガリーは旧領土のルテニアを占領し、つづいて四月には国際連盟を脱退した。また同年五月には、いっそう急進的な第二次反ユダヤ法が実現された。しかしテレキは対ドイツ関係には慎重で、五月ベルリンを訪れたさいにも、ドイツのポーランド侵攻には加わらないという条件をだしていた。

第二次大戦とハンガリー——日和見的態度から対独協力へ

一九三九年九月ドイツ軍がポーランドに進撃して第二次世界大戦がはじまったとき、ハンガリーはドイツの要求にもかかわらずポーランド攻撃に加わらず、ドイツ軍の自国領内通過をも拒んで、非交戦国であることを宣言した。戦争の成行きがはっきりしない段階でいずれか一方に身

ムッソリーニ(右端)を訪ねたテレキ(左から2人目)

を投ずることは危険であったから、テレキの慎重な政策は最初国内で好評であった。しかし一九四〇年春ドイツがあいついで勝利を収めると、テレキは右翼からの激しい攻撃をうけて態度を変えざるをえず、六月二六日、ソ連がベッサラビアと北ブコヴィナの割譲をもとめる最後通牒をルーマニアに送ったとき、彼はトランシルヴァニアに対するハンガリーの権利を主張し、八月のウィーン会談で、独伊の調停により、トランシルヴァニアの北部約五分の二をルーマニアから入手することができた(第二次ウィーン裁定)。しかしその代償として、ハンガリーはその後枢軸側に譲歩をつづけざるをえず、一一月二〇日には日独伊三国同盟に加入し、また同年九月以後、ルーマニアを攻撃するドイツ軍の国内通過を承認した。

一九四〇年一二月一二日、ハンガリーはドイツの示唆によってユーゴスラヴィアと「恒久友好条約」をむすんだが、その直後ユーゴスラヴィアにクーデターがおこり、それまでの親独政府にかわって反独政権が出現した。そこでヒトラーはユーゴスラヴィア攻撃を決意し、「恒久友好条約」をむすんだばかりのハンガリーに協力を要求したので、テレキは重大なジレンマに直面した。それまでハンガリーの歴代内閣は、一般に反ドイツ的な国民感情を反映して、親イタリア政策によってドイツと西欧の双方を牽制しようと努めてきたが、いまやドイツの要求を拒否すれば、ユーゴ領になっている旧ハンガリー領ヴォイヴォディナを回復する機会を失うことになり、またドイツの要求をうけいれることは、連合国側と戦争状態にはいることを意味したからである。

この深刻なジレンマに悩んで、テレキは一九四一年四月はじめに自殺した。ハンガリーはヒトラーのユーゴスラヴィア攻撃に加担することは拒否したが、ドイツ軍がハンガリー領を使用することを黙認し、さらに、クロアティアの独立宣言で空白化したヴォイヴォディナ地域への攻撃を決定し、この計画がイギリスからはげしく非難されたことが、テレキの自殺の直接の原因であったといわれている。しかしこれについては、テレキが彼の政策の結果について次第にみじめな気持をつのらせ、ドイツ軍のハンガリー通過を許すという摂政の決定への抗議として自殺したとも伝えられている。テレキの後継者バールドシ（一九四一年四月—四二年三月）は、ヴォイヴォディナ占領政策を実行し、一万〇六一九平方キロの地域を再併合した。

こうしてハンガリーは、もはや日和見的態度をとることを許されず、ドイツとの協力をいっそう強めてゆくほかなかった。一九四一年六月独ソ戦がはじまると、バールドシはソ連への宣戦布告という致命的な措置をとり、ハンガリー経済は次第にドイツの戦時体制に組み込まれ、ドイツに農産物・ボーキサイト・石油などの原料、軍需品などを供給しなければならなくなり、国内にも戦時体制がしかれて、軍事裁判が恒久化し、第三次反ユダヤ法が制定された。そのため、四一年一二月六日にはイギリスがハンガリーに宣戦し、ハンガリー自身もドイツの強い圧力をうけて、一二日アメリカに宣戦し、こうしてハンガリーと西欧諸国との関係は絶たれたのである。一方ハンガリー軍隊は、ドイツびいきの傾向を強め、ますます勝手気ままな行動をとるようになった。

ハンガリーの方向転換と動揺

しかし、一九四二年初頭ドイツ軍の進撃ははじめてモスクワ郊外で阻まれ、ドイツがハンガリーに二〇万の軍隊を送るよう強要したときには、ハンガリーはこの数をできるかぎり少なくするように努めた。ドイツ軍の勝利が疑わしくなると、ハンガリーでは、ドイツからの自立をもとめる民族主義的な反政府運動がおこりはじめ、ドイツ一辺倒化したバールドシ内閣の辞任をもとめる声が高くなった。こうした状況のなかで、また軍隊の大胆な行動に対する不安から、ホルティは一九四二年三月バールドシに代えて、西欧びいきの保守的自由主義者カーライ＝ミクローシュを首相に任命した。

新内閣も最初はバールドシ内閣の政策を引き継いだが、やがて微妙な変化を示し、ドイツとの戦争協力は自国の利益のためであることを強調する一方、ハンガリーの戦いは純粋に防衛のためであることを主張し、国外への出兵は認めながらも、西欧側に敵対する言動をさけようとした。国内でもユダヤ人にある程度の保護が与えられ、左翼系の新聞や団体にもかなりの自由が認められた結果、自由と独立をめざす合同戦線が生まれた。一九四三年初頭ドイツ軍がスターリングラードで敗れてもはやドイツの勝利が信じがたくなると、形勢の不利を知ったカーライ内閣は、はっきりと方向転換をはじめ、ハンガリーを戦争から脱出させようとし、中立国を舞台に連合国と接触し、降伏の条件について秘密裡に交渉をはじめた。連合国がハンガリーに、対独協力をやめ反ファシスト政策をとることを要求すると、カーライ内閣はこれに対応して、ソ連戦線からのハンガリー軍引揚げを考慮しはじめ、あくまでも対独協力を主張する矢十字党やハンガリー復興党に対抗させる目的で、小地主党と社会民主党に自由な政治活動を認めた。

ドイツはカーライ内閣のこうした態度に次第に疑念をもつようになり、一九四四年三月、ヒトラーはホルティをザルツブルクによびよせ、ドイツに完全に協力するか、それともドイツ・スロヴァキア・クロアティア・ルーマニアの軍隊によるハンガリー占領に従うかという最後通牒をつきつけた。ホルティは前者を選んだが、その帰国前にドイツ軍はハンガリーに進入してこれを占領し、ストーヤイ将軍の親独傀儡《かいらい》政権がおしつけられた。この政府は軍隊を前線に送るとともに、国内ではドイツ占領軍に協力を約束し、極右分子が行政機構に導入され、ファシズムの体制づくりがすすめられた。同時に小地主党や社会民主党の指導者、連合国に同情的な保守派、著名な自由主義者や左翼政治家がナチ親衛隊に逮捕され、ドイツ軍によるユダヤ人狩りもはじまり、約四〇万人がその犠牲になった。

ホルティの追放と親独ファシスト政権の成立

その間に連合国側の勝利はますます明白になり、一九四四年八月ルーマニアが降伏するにいたって、ホルティは自国の戦争脱退を決意し、ストーヤイ内閣に代わってラカトシュ内閣を登場させた。それとともに、連合国側との接触がふたたび活発になり、代表団がモスクワに送られて、一〇月一一日ソ連とのあいだに休戦協定が調印され、ホルティは一五日ラジオを通じてこの事実を発表した。しかし彼は、これによって、従来盲目的に信頼していた軍隊からも見捨てられ、ドイツ軍は一〇月一五日から一六日にかけて、矢十字党にクーデターを行なわせるとともに、ホルティを逮捕して、元首の地位から追放した。こうして、ホルティ体制の二重的性格はついに終わりを告げ、矢十字党の指導者サーラシのもとに、急進的な親独ファシスト政権が成立した。しかしこの政権は名目的なものにすぎず、実際の権力はドイツ・ハンガリー軍の手中にあり、一方東部ハンガリーでは、すでにソ連軍による解放がはじまっていた。

サーラシ内閣はわずか二ヵ月間権力を維持したにすぎなかったが、その間あらゆる反対勢力を弾圧して恐怖政治を行ない、翌年春ソ連軍に追われて、ナチス＝ドイツと運命をともにした。ド

サーラシ(右端に座っている人物)と矢十字党員たち

イツ・ハンガリー軍は四五年二月中旬ブダペストを撤退したさい、多くの官庁組織や熟練労働者、工場施設、あらゆる種類の物資を運び去った。ハンガリー内の戦いはなお四月はじめまでつづき、国土の戦場化という悲惨な結末を招いた。そしてついに四月四日、ドイツとハンガリーの軍隊は、ソ連赤軍の手でハンガリーから完全に放逐されたのである。

戦間期ハンガリー史の特色

戦間期ハンガリー史の悲劇は、すべての政治家が一九二〇年の国境の修正に熱中した点にあり、それが彼らを、どちらかといえばいやいやながらヒトラーやムッソリーニと協力させるにいたり、また内政面でも、ますます権威主義化してゆく政策を採用させたのである。ハンガリーが真の近代国家になるためには、急進的な社会改革がぜひとも必要であったが、それにもかかわらず多くの人々は、すべてを犠牲にして修正主義に傾倒したあまりに、またソヴェト共和国の悪しき記憶がそれにむすびついて、社会改革の必要を見落としたのであった。その間、ハンガリーのおかれた経済的地位の悪化と、独伊枢軸の結成、独墺合邦の実現などの政治的展開は、次第にハンガリー政治家の対独接近を深める結果になり、やがてハンガリーは独伊の援助をえて、ズデーテン問題とチェコスロヴァキア分割のさいに、北部ハンガリー地方とルテニアの旧領土を獲得することができた。

しかし、当時独裁的性格を強めていたとはいえ、ホルティや土地貴族・ブルジョアは、親英的で比較的穏健であったから、一九四四年春ドイツ軍に占領されるまでは、ハンガリーでは議会の反ドイツ勢力も強く、ユダヤ人差別も過激ではなく、左翼の言論活動もそれほど困難ではなかった。対外政策についても、ハンガリー政府は単にヒトラーの手中にある傀儡だったのではなく、ドイツと利害の相違をもってはいたが、領土回復主義と反革命・反ソ的基本性格がこの相違を二義的なものにしてしまったのである。

しかし、国土回復のために内外のファシストを利用しようとして、結局逆にファシストの野蛮な支配を許すことになったハンガリーの旧支配層は、国民に対する権威を完全に失ってしまった。戦争末期のナチス支配に対する抵抗は、同時に自国を不幸に導いた支配階級や遅れた社会体制に対する批判を促し、その運動が発展するにつれて、革新勢力と保守的民族主義者との対立も激化していった。そして第二次大戦末期、ソ連の解放地区に反独左翼連合が樹立され、まもなく共産主義者の完全な支配をうけるにいたる事情は、後章で詳しく考察することにする。

要するに、戦間期ハンガリー社会の特徴は、封建的・貴族的勢力の残存と、領土修正主義および民族主義の支配に集約される。この時期にも、一〇〇〇ヘクタール以上の土地をもつ大貴族は、資本主義的経営を行ないながら——全農業労働力の三分の一がこの経営に雇用された——社会的・政治的に寡頭支配をつづけたが、他方、一九世紀後半以来没落をつづけたジェントリーも、経済力を失ったとはいえ、依然大きな政治的・社会的役割をはたしていた。彼らは下級の役人・下士官・国家に関係のある知的職業人として、第一次大戦前よりもむしろ大きな政治的・社会的役割を演じた。ジェントリー層は、一九一九年以後の反革命期にはホルティ体制の主戦力をなし、一九二一年以後のベトレン政府下の安定期にはある程度後退したけれども、恐慌以後の社会的緊張のなかで、ふたたび力を増した。一九三二年に成立したゲンベシュ体制は、まさにジェントリー体制であり、この時期にヒトラーとの提携も開始された。このような貴族的社会構造が、トリアノン条約によって失われた領土の回復をめざす偏狭な民族主義とむすびついて、ハンガリーにファシズムを生みだしたのである。

それゆえハンガリーのファシズムは、ジェントリー出身の官吏や軍人のあいだに力をはったもので、広範な根強い永続的大衆運動は欠如していた。一九三五年にサーラシのつくった矢十字党は、分散的な小グループを寄せ集めたもので、三九—四〇年には一定の大衆的基盤があったために、三九年の選挙では四〇%の議席をえ、四〇年にはゼネストを組織したりしたが、その後はこうした基盤を失ってしまった。

その反面、ハンガリーにはファシズムを阻止する対抗勢力が存在しなかったことも、注目される。一九世紀末から高まってきた労働者階級や農民の運動、社会民主党や共産党の力は、一九一八―一九年の革命で頂点に達したが、その鎮圧後はエネルギーを失ってしまった。共産党は一九一九年革命の敗北後は非合法化され、党員の多くは殺されるかもしくは亡命し、国内に残ったわずかなグループも孤立した存在となり、労働者階級内に勢力をもちえなかった。社会民主党は一定の人気を保持し、労働組合も存続させたが、これまた孤立した存在であり、熟練労働者のあいだに影響力が及んだだけで、未熟練労働者や農民のあいだには無力であった。さらに特徴的なのは、民族主義教育をうけた若い労働者たちが、ホルティ体制への不満のはけ口をむしろ右翼的方向にみいだしたことであり、一九四〇年のゼネストは、矢十字党の指導によるものであった。

他方、農民は戦間期にはほとんど平静であった。一九一九年の革命は土地を国有化して集団農場をつくったが、土地分配を退けて農民の土地要求を満足させなかったために、農民の反対を招き、反革命はこれに乗じて農民を掌握した。しかし、ホルティ体制下にも農民の窮状は改善されず、一九二〇年に行なわれた土地改革は土地の五%を分配したにとどまり、むしろ政治的スローガンとしての意味の方が大きかった。農民は地主経営内の常雇い奉公人として、あるいは土地をもたない季節労働者として、さらには零細農として、依然苦しい生活を強いられていた。それにもかかわらず、社会主義者の活動は農村には及ばず、農民自身も政治的になすべきすべを知らなかった。ただそのなかで、少数の農民出身の作家がしだいに社会的変革の必要を自覚しはじめ、資本主義でも社会主義でもない〝第三の道〟を模索しはじめたが、ゲンベシュ体制下に右翼からの圧力が加わると分裂し、多くは右翼化して、ようやく活動を開始した共産党などと広範な人民戦線を組むにはいたらなかった。第二次大戦の末期にはじめて、進歩的勢力は自覚的な反ファシズム連帯運動をはじめたのである。

Ⅲ　両大戦間期のチェコスロヴァキア

1　第一共和国の成立

チェコスロヴァキアの建国

一九一八年一〇月にはいって、オーストリア＝ハンガリー帝国の解体は急速にすすみ、同月一四日、パリのチェコスロヴァキア国民会議は臨時政府の成立を通告し、ただちに連合国側から承認された。ついで一八日、アメリカにいたマサリクはワシントンでチェコスロヴァキア国の独立を宣言し、これにもとづいて一〇月二八日、プラハのチェコ国民委員会はオーストリアの官庁から平和裡に施政権を接収した。三〇日には、スロヴァキア人もトゥルチャンスキー＝スヴェティ＝マルティン（一九四五年以後はたんにマルティンとよばれる）にスロヴァキア国民会議を開き、ハンガリーから分離し、チェコ人と結合して単一国家を形成することを宣言した。翌一〇月三一日、プラハの国民委員会を代表するクラマーシュとパリのチェコスロヴァキア国民会議を代表するベネシュが、ジュネーヴで会談し、マサリクを大統領、クラマーシュを首相、ベネシュを外相とする新政権の成立を決定した。そして一一月一四日、チェコ人とスロヴァキア人とはプラハに革命的国民議会の第一回会合を開き、ハプスブルク家の主権を正式に排除して共和制を宣言し、ジュネーヴの決定を正式に承認した。

革命的国民議会は非民主的性格の臨時議会で、チェコの代表は一九一一年の選挙による旧帝国議会の議員（二〇〇名）であり、スロヴァキアの代表はプラハの国民委員会が一方的に指名したもの（七〇名）で、少数民族の代表は一人も含まれていなかったが、ともあれここに、独立国としてのチェコスロヴァキア共和国が誕生したのである。これは、チェコ人にとっては、白山の戦いで自由を失ってから約三〇〇年ぶりのことであり、スロヴァキア人にとっては、ハンガリーの支配下にはいってから約九〇〇年ぶりのことであった。なお、革命的国民議会で多数を占めたのは、クラマーシュの率いる国民民主党（青年チェコ党）とシュヴェフラの率いる農民党であった。

ところで、両大戦間期のチェコスロヴァキアの特色は、東・中欧の新興諸国のなかでは例外的に西欧の先進資本主義諸国に近い経済的発展をみせ、市民社会化がすすんだこと、西欧型の議会制民主主義が比較的よく機能したこと、の二点に要約することができる。独立後二〇年のうちに、チェコスロヴァキアがこのような安定した国家に発展することができたのは、その恵まれた諸条件のほかに、マサリク・ベネシュら指導者の良識と政治的手腕、また国民の努力に負うところが大きく、この点は高く評価されねばならない。

しかしその反面、新共和国は多くの困難をかかえ、その歩みは必ずしも容易ではなかった。なかでも、ハンガリーおよびポーランドとのあいだの領土をめぐる紛争や、歴史的伝統を異にするチェコ人とスロヴァキア人のあいだの対立ないしドイツ系少数民族の存在は、この国の前途に暗影をなげかける複雑・微妙な問題であった。それらは、しばらくは巧みに切りぬけられたが、一九三〇年代ファシズムの台頭にあおられて深刻化し、ついにこの国を再度解体の悲運に直面させるにいたった。以下、内政と外交の経過を展望しながらこの間の事情を明らかにするのが、本章の課題である。

チェコ人とスロヴァキア人の対立

新国家の当面の課題は、まず国境を確定することであった。ドイツ人の住むズデーテン地方は分離の動きをみせたが、一九一八年一二月、結局チェコスロヴァキア領となることが確定した。ハンガリーの支配下にあったスロヴァキアの解放には、若干時間がかかった。

一九一九年三月ハンガリーにクン＝ベーラのソヴェト共和国がつくられると、チェコ軍は四月末暫定境界線をこえて進出したが、ハンガリーの革命政府軍はこれを撃退し、六月一六日にはスロヴァキア共産党がスロヴァキア＝ソヴェト共和国を宣言した。しかし、連合国の命令でハンガリー軍は七月はじめスロヴァキアから撤退し、それとともにスロヴァキア＝ソヴェト共和国も姿を消し、スロヴァキアはチェコスロヴァキア領であることが最終的に確定した。ポーランドとのあいだにはチェシーン地方の領有権をめぐる争いがあり、武力衝突もおこったが、結局会談の結果この地は二分され、チェコ人は炭層の大部分を保持した。クラマーシュとベネシュは祖国を代表して平和会議に出席したが、一九一九年六月二八日のヴェルサイユ条約、同年九月一〇日のサン＝ジェルマン条約、一九二〇年六月四日のトリアノン条約の決定は、大体において彼らに有利なものであった。

ところで、チェコスロヴァキアが抱えた最大の難問は民族問題であったから、最初にその輪郭をみておこう。新国家は面積一四万平方キロ強、人口一三三七万強で、それを構成したのは、チェコ人（四六％）、スロヴァキア人（一三％）、ドイツ人（二八％）、マジャール人（八％）、ルテニア人（三％）、その他少数のポーランド人・ユダヤ人であったが、このような多民族構成はさまざまな困難を生みださずにはおかず、それがこの国の内政にたえず不安を投げかけることになるのである。とりわけチェコ人とスロヴァキア人の対立は、この国を構成する二つの基幹民族のあいだのものであるだけに、きわめて重要な意味をもっていた。

新国家は、単一のチェコスロヴァキア国民が存在するという仮定のうえに建設されたのであったが、実際には、社会的・経済的発展の、また政治風土の大きな相違が、チェコ人とスロヴァキア人とを分離していた。チェコ語とスロヴァキア語は、類似してはいるが同一ではなかった。チェコ人は、一八六七年以後は、半立憲的なオーストリアの温和な支配のもとに生活し、ドイツ化政策の強い圧迫をこうむってはいなかった。チェコ人の生活した地域は、二重帝国のなかで最高度に発達した地方であり、オーストリア国内の木綿工業の八〇％、羊毛工業の八五％、亜麻工業の九〇％を含み、重工業も、とくにプルゼン（ピルゼン）の周囲にかなりの程度発達しており、シュコダの工場は、オーストリア＝ハンガリー軍の武器の大部分を供給していた。

このような経済的発展は、チェコ人の地域の社会構成にかなりの変化をもたらした。一九世紀初期までは、ドイツ人貴族もしくはドイツ化した貴族がチェコ語を話す農奴を支配していたが、一九一四年までに、かなり裕福なチェコ人とドイツ人のミドルクラスが発生し、同様に双方の混合した工業プロレタリアートが成長していた。ドイツ人の方がなおはるかに富裕かつ有力な集団ではあったが、チェコ人も数と勢力を増大しつつあり、圧倒的にドイツ人の多い国境地域（ズデーテン地方）を除けば、すべての大都市で、チェコ人は人口の実質的多数を占めていた。政治的にも彼らは、一八八〇年にウィーンの中央議会に復帰して以来、多くの貴重な経験をつんでいたし、文化的にも、プラハを中心に、高度に発達した知的・芸術的生活をつくりあげ、チェコ大学や国民劇場も存在した。

スロヴァキア人の地位はまったく異なっていた。彼らは独立した国民的生活を打ち立てることができず、一一世紀以来ハンガリーに支配されてきた。彼らの生活した地方は山が多く、一九世紀にもほとんど工業の発展がみられず、一九一四年にもなお圧倒的に農業が行なわれていた。スロヴァキア人は大部分が農民で、この地域の支配的集団はマジャール人の地主であり、その多くは膨大な土地を所有していた。都市の住民は、ほとんどまったくドイツ人かユダヤ人であった。一八六七年のアウスグライヒ以後、スロヴァキア人はハンガリー人から強い圧迫をうけ、彼らの中等学校は閉鎖され、スロヴァキア語を教授語とする小学校の数はひどく減らされた。このようなきびしいマジャール化政策は、若干の成功を収めたとはいいながら、スロヴァキア人の民族感情を破壊することはできず、彼らはますます反ハンガリー的になっていった。

一九〇五年にはスロヴァキア人民党が設けられ、まもなく重要な政治勢力になったが、これはカトリック的性格が強く、フリンカ神父に指導されていた。チェコ人の土地では、伝統的なフス派の記憶のために、またカトリック教会がハプスブルク家と緊密なつながりをもっていたために、カトリックはけっして有力にはならなかったが、敬虔なカトリック教徒であったスロヴァキア人のナショナリズムは、最初から強いカトリック的・聖職者的性格をもっていたのである。

こうして、高度に発達し洗練されたチェコ人の土地と、スロヴァキアの遅れた山地や森林のあいだには、共通点がほとんどなかった。一九一四年以前、両者の紐帯を育成しようとする試みもいくつか行なわれたが、少数のルター派スロヴァキア人のあいだ以外では、スラヴ的共通感情の表現以上のものに発展することはなかった。もっとも第一次大戦前には、チェコ人もスロヴァキア人も政治的に独立する考えはなく、チェコ人は、ボヘミアとモラヴィアにおいて自己の支配を確実なものにし、ハンガリー人が一八六七年に達成した状態に似たものをチェコ人の土地のために獲得することをもとめたにすぎなかったが、スロヴァキア人は、このようなはっきりした目標さえもっていなかった。彼らの心を占めたのは、自分たちの民族性を剝奪しようとするマジャール人の圧迫のなかをいかに生きのびてゆくかという問題であり、彼らの大部分は、スロヴァキアにおけるマジャール人のヘゲモニーをおさえようとするフランツ＝フェルディナント大公のもとでハプスブルク帝国が改造されることを、相変わらず望んでいたのである。

マサリクの統合の努力と不満の存続

チェコスロヴァキア国の創設を可能にしたのは、いうまでもなくオーストリア＝ハンガリー帝国の崩壊であったが、チェコ人とスロヴァキア人が共同して一国を形成しえたのは、マサリクの人柄と努力に負うところが大きかった。マサリクは、一九一四年の後半以後ハプスブルク帝国の解体のために働きはじめたチェコ民族運動の中心人物であったが、モラヴィア出身の半ばスロヴァキア人であり、チェコの過度のショーヴィニズムに反対して、チェコ人とスロヴァキア人のあいだにより緊密なつながりを育成しようとした。彼は御者の子であったが、プラハのチェコ大学の哲学教授となり、誠実な人柄のゆえに、若い世代のチェコ人だけでなく、南スラヴ人・スロヴァキア人・ルーマニア人の学生たちにも魅力的な影響を及ぼした。スロヴァキア人でもある彼は、文化的な理由からも、また、独立を維持するにたる強国としてはぜひとも「チェコ＝スロヴァキア」を樹立する必要があるという理由からも、両民族の統一実現をかたく信じていた。

一九一八年五月三一日、マサリクはアメリカ・ペンシルヴァニア州のピッツバーグで、在米スロヴァキア人団の代表とのあいだに一つの協定をむすび、チェコスロヴァキア国内でスロヴァキア人の自治を保証することを約束したが、それは、スロヴァキア人に別個の議会・行政機構・裁判所を与え、公用語としてスロヴァキア語を使わせ、学校ではスロヴァキア語を教えさせる、などを内容とするものであった。スロヴァキア人の指導者たちは、こうした条件で一九一八年一〇月末チェコスロヴァキアに加わることを決意し、同時にチェコスロヴァキア国民の存在を承認したのである。

マサリク

しかし、マサリクの約束を履行することは困難であった。ハンガリーの抑圧政策のために、民衆の生活や教育の水準が低く、政治意識もきわめて低調であり、行政能力のあるスロヴァキア人はほとんどいなかったので、スロヴァキアの行政は主としてチェコ人に委ねられたが、チェコ人は反聖職者主義をとり、地方的感情を理解しえなかったために、カトリック教徒であるスロヴァキア人の反感を買うことになった。そればかりか、チェコ人はスロヴァキア人を援助するだけで満足せず、スロヴァキア人にもやれる数千の下級職務までも、自分たちの手に収めてしまった。また、当時は一般に、連邦制は不可避的に政治的弱体をもたらすと考えられたこともあって、ピッツバーグ協定で約束されたスロヴァキアの自治は与えられず、一九二七年七月の地方政治の改革でスロヴァキアの自治権は一歩拡大されたとはいえ、地方議会議員の三分の一と地方行政機関の長は依然中央政府によって任命されたから、本質的なものとはいえなかった。

経済的にも、スロヴァキアはボヘミア・モラヴィアとの合体によって損失をこうむった。スロヴァキアは経済的にはむしろハンガリー平原とつながっており、その材木と木材製品をハンガリー平原に輸出し、またスロヴァキアの農民はそこで仕事をみつけることができたからである。こうした状況のもとで、統合後スロヴァキアと中央政府との関係がしっくりゆかず、スロヴァキアにかなりの不満があったことは驚くにあたらなかったが、この不満の大部分を代表したのは、フリンカ神父に指導されるスロヴァキア人民党であった。この党の性格は聖職者的で、都市にもかなりの支持者はあったが、とりわけカトリック教会や農民から多くの支持をえていた。スロヴァキア人民党は、プラハから押しつけられた中央集権国家をチェコ人の〝神不在の創造物〟とみなし、ピッツバーグ協定に従ってスロヴァキアに自治が実現されることを要求したが、そこには、完全な独立を望むいっそう急進的な分子も含まれていた。

チェコ人の中央集権政策に対する不満がつのるにつれて、人民党の支持者は数を増し、その得票率は、一九二〇年四月の二一％から一九二五年一一月の三二％に増大した（ただし、一九二九年一〇月には約二八％とわずかに低下した）。スロヴァキアの不満のいま一つの結集点は共産党で、一九二五年には、スロヴァキアの票のほぼ二〇％を獲得した。こうして新国家は、スロヴァキア人と折れ合うという重大な課題に直面しなければならなかったのである。

ドイツ人問題その他

新国家はまた、自国内の相当数の少数民族をどのように統合するかという問題を抱えていた。たとえば一九三〇年には、チェコ人とスロヴァキア人あわせて全人口の六六・二％、チェコ人だけではわずかに四六％を占めるにすぎなかった。少数民族のうちとりわけ重要なのは、この国の西部、ボヘミアとモラヴィアの国境地帯ズデーテン＝ラントに集中していた三〇〇万強のドイツ人集団であった。ズデーテンとは、元来ボヘミアとドイツとの国境山岳地帯の名前で、古くから両国の住民が混住していたが、そのほか西部ボヘミアと中央部モラヴィアにも多くのドイツ人が生活しており、彼らを総称してズデーテン＝ドイツ人、その居住地域をズデーテン＝ラントとよんでいたのである。

この地方、とくに北東部ボヘミアでは、ドイツ人は人口の九〇％以上を占めていた。一九一四年以前にマサリクは、ボヘミアとモラヴィアを民族的根拠にもとづいて分割する案を提唱していたが、この案は一九一八年には、チェコ人およびフランス人の双方から排撃された。ボヘミアのドイツ人住民は経済的に自足することができなかったから、かりにドイツの一部になっても、チェコ人地域とのあいだに緊密な経済的結合を保持することを余儀なくされ、その結果ドイツは、チェコ人の土地に関心をもつようになり、それを経済的に支配するか、あるいは直接接収しようとするにいたることは、不可避であると思われたのである。それゆえ大規模な分割は問題にならず、若干のわずかな国境改訂は考えられたが、それはフランス人とドイツ人に拒否された。フランス人の反対は戦略的理由によるものであり、ドイツ人は、チェコスロヴァキア内に住まなくてはならぬ以上、できるだけ数の多い方が自分たちに有利であると考えたからであった。

チェコ人とドイツ人の民族的目標を調和させるという課題は、ハプスブルク帝国の能力をこえたものであり、新国家があらためてこれと取り組まねばならなくなったのである。ベネシュ外相は、一九一九年五月列強にあてた覚書のなかで、ボヘミアの特殊事情を考慮しながらも、チェコスロヴァキア共和国を一種のスイスにする意向であると明言し、正当なドイツ人の要求を満足させるために最善をつくす用意があることを示し、実際にもチェコ人は、少数民族について幾多の義務を引きうけた。少数民族の学校は必要に応じてどこにも建設される、いっさいの公職は少数民族にも解放される、法廷は雑多な民族の混成とする、ドイツ人は最高裁判所でドイツ語による弁論を行なう権利がある、地方行政はその地の少数民族の手で営まれる、国家の公用語はチェコ語であるが、ドイツ語は実際上第二の国語になるはずである、などがその内容であった。

しかし、ボヘミアの民族的衝突の長い歴史は、簡単には解消せず、共和国の出発当初、チェコ人とドイツ人の関係はかなり緊張したものであり、チェコ人の行なった約束も守られがたいことが判明した。ズデーテン＝ドイツ人はチェコ人を、ドイツ人の庇護のもとに発展しながら、政治的には狭量で信頼がおけず、社会的にいつも不満をもち、自民族の利益をもっぱら追求する存在であると考え、他方チェコ人は、ドイツ人を侵略者、冷酷な征服者、世界的ヘゲモニーの主唱者とみなし、社会的・政治的にチェコ人を隷属させようとするものと考えていた。

旧オーストリア＝ハンガリー帝国の特権階級であったドイツ人は、戦後チェコ人多数派の支配をうけることに不満を抱き、オーストリア共和国に所属することを望んだが、他方、従来苦痛を味わってきたチェコ人は、いまや彼ら自身がボヘミアの主人公であることをドイツ人に示そうとし、ズデーテン地方の分離を恐れるいら立ちもあって、かなりの暴力行為を生んだ。一九一九年三月、政府がズデーテン地域のオーストリア選挙への参加を禁ずる決定を行なうと、ドイツ人地域では反対のデモがおこったが、このときチェコ軍隊は群衆に発砲し、五〇人以上の死者をだした。

チェコ人はまた、一六二〇年以来これらの地域で行なわれたいっさいのドイツ化の取消しを強く望み、後述の一九一九年以降実施された土地改革も、チェコ人の土地におけるドイツ人地主の——付随的にスロヴァキアとルテニアにおけるマジャール人地主の——支配的地位を終わらせる意図を含んでいた。彼らはまた、ドイツ人が大部分を占める地域に多くのチェコ小学校を建て、プラハではドイツ人の店のしるしが禁止され、オーストリアとの国境に近いブジェツラフの駅では、外国語の表示がドイツ語からフランス語に変えられるといった、幾多のいやがらせを行なった。経済的にも、ドイツ人地域の工業は、ハプスブルク帝国崩壊後関税障壁が設けられたために、また彼らの主要な取引先の一つであったドイツが経済的困難に直面したために、大きな打撃をうけることになった。

その他の少数民族をみよう。南部スロヴァキアには七〇万五〇〇〇のマジャール人があり、ひたすらハンガリーへの復帰を望んでいた。一方旧オーストリア領のシュレジエンには七万五〇〇〇人のポーランド人が住み、ポーランド政府の扇動工作の焦点になっていた。この国の最東部下カルパティア（ルテニア）地方のルテニア人は、スロヴァキア人と同じく、一九一八年一〇月に自治を約束されていたが、それがはたされなかったために不満が増大し、広範囲にわたる農村の飢餓が加わって、共産党がかなりの成功を収め、ルテニアのソ連編入を要求していた。

2 経済の繁栄と民主主義の発展

土地改革と財政改革

このようにチェコスロヴァキアは、当初からもろもろの難問を抱え、将来への展望は必ずしも明るくなかったが、それにもかかわらず一九二〇年代には、一応の政治的安定を達成し、民主的諸制度をよく機能させることに成功した。つぎにその点に目を向けよう。

クラマーシュの新内閣がただちに直面した課題は、財政の再建と土地改革であった。蔵相ラシーンは通貨の改訂、資本課税を含む財政政策を実施したが、とくに注目されるのは一九一九年二月に制定された通貨改革法で、これによって、価値の下落した旧オーストリア＝クローネが回収されて四分の一が廃棄され、チェコスロヴァキアの新クローネ（コルナ）がこれに代わった。この改革は、ドイツ・オーストリア・ポーランド・ハンガリーなどの周辺諸国で戦後長くつづいた悪性インフレの出現を妨げるのに役立った。

つぎに、民主化の基礎としての土地改革をみよう。ロシアの十一月革命で農民に土地が与えられたために、この国でも農地改革は不可避であった。そして農地改革法がこの時期に制定されるようになったのは、社会民主党の圧力によるところが大きかった。一九一九年四月一六日に公布された土地徴収法は、土地の所有面積に一定の制限を設け、農地一五〇ヘクタール以上、その他の土地二五〇ヘクタール以上をもつ者から、この限度をこえる部分を有償で徴収することを定めたものである。この法律が一九二七年までのあいだに一七三〇人の大地主から徴収して中・小農民に分配した土地は、三九〇万ヘクタールに達した。ただし、最初の意図は革命的であったが、実施の歩みはのろく、しかもはなはだ不完全にしか行なわれなかった。

この国では土地価格が比較的高かったために、改革は富裕な農民に新しい土地入手の機会を与えたにすぎず、土地のない農民や貧農には大した利益を与えなかったといわれている。それでも、改革後一〇〇ヘクタール以上の大所有者が著しく減少（改革前一六・〇%から改革後七・六%）していることは、注目に値するものがあり、ある程度大地主階級の勢力を砕くにたる改革であったといえる。要するにこの改革は、一八四八年の農奴制廃止以来、有能でよく組織されたチェコ農民がつくりあげてきた地位を、さらに強化したものであった。なお、教会所有地は一般に手をつけられずに終わった。

しかし、この国の土地改革の特徴は、何よりも少数民族問題とむすびついていた点にある。改革前この国では、全耕地の三四―三七%を人口の〇・一%にすぎない大土地所有者が占めていたが、その六〇%は外国人、すなわちドイツ人とマジャール人であった。ハプスブルク帝国時代にはいりこんだドイツ人およびマジャール人の大所有地を取り上げることが、政府の重要な意図であり、取り上げた土地にチェコ人の農民を移住・植民させ、ドイツ人やマジャール人のもつ製糖・製材・醸造工場の買収や徴収も行なわれたから、これらをえたチェコ人地主の勢力は飛躍的に増大した。その意味で、土地改革は比較的成功したといえる。

そのほかクラマーシュ政府は、一九一八年から翌年にかけて、八時間労働制・失業保険・住宅問題・疾病保険など、その後の国家発展の基礎となる立法措置をつぎつぎに打ちだしていったが、これらもまた、当時の革新的精神を反映するとともに、社会民主党の圧力によるものであった。

一九一九年六月に行なわれた最初の地方選挙で、社会民主党（三〇・一%）がクラマーシュの国民民主党（八・二%）を破って首位に立ったため、クラマーシュ首相は退き、社会民主党の指導者トゥサルが内閣を組織した。この内閣は、社会民主党・農民党・社会党（一九二六年六月国民社会党と改名）の連立政権で、その課題は、新憲法の制定であった。

新憲法の制定と民主主義発展の基盤

新憲法は一九二〇年二月二九日に採択されたが、それはフランス第三共和制の憲法をモデルにしたもので、西欧式の中央集権的・民主的共和国をつくりあげた。人民主権がうたわれ、立法権をもつ国民議会は二院制で、下院（定員三〇〇名）は任期六年、上院（定員一五〇名）は任期八年、議員はともに比例代表制による直接・秘密・普通選挙で選ばれ、婦人にも選挙権・被選挙権が与えられた。下院により大きな力が賦与され、下院の全員一致で通過した法案は上院の不同意にもかかわらず成立することが規定され、内閣は下院にのみ責任を負った。大統領は両院議員の合同総会で七年ごとに選出されるが、彼は国家の元首であって行政の長ではなく、行政は強力な執行部＝内閣が担当したから、大統領の権限は制度的にはむしろ弱かった。しかしマサリクは特別で、国民から〝解放者〟として広く尊敬されていた彼は、その性格と個人的権威のゆえに、政治のうえに大きな影響力を振った。大統領の周囲には「城」（大統領の公邸が王城であったため）とよばれる非公式な顧問政治家のグループが形成され、大統領が実際上組閣のイニシアティヴをとることになった。

さらに、議会の制定した法律が憲法に抵触しないかどうかを判定する憲法裁判所や、もっぱら選挙訴訟を司る選挙裁判所が設けられたこと、国境の変更には議会の五分の三以上の賛成が必要であるという規定なども、注目される。またこの憲法では、宗教・言語・言論・集会の自由が保証されたが、民族および言語上の少数者に対する保障にはとくに重点がおかれた。国語はチェコ語とされたが、少数民族はその地方の法廷で彼らの言語の使用を認められ、彼らの学校も与えられ、高等教育の保証も加えられていた。しかし少数民族の権利は国家保全のためには制約されることになっていたから、この憲法で約束されたルテニアの完全自治は延期され、一九三八年のミュンヘン会談当時まで実現をみなかった。

この憲法をもとにしてチェコスロヴァキアは西欧型の近代民主主義国家として順調にすべりだしたが、この国が健全な発展を示した社会的背景としては、つぎの二点をあげることができる。第一は、特権階級の勢力が比較的弱かったことである。一六二〇年の白山の戦いのあと、チェコの国民的貴族の勢力はハプスブルク家のために骨抜きにされ、その後長くハプスブルク家に支配されたために、チェコ人のあいだには伝統的な特権貴族はなく、まとまった階級としての軍人や官僚もなく、教会も世俗的支配権をもたなかった。それゆえ新国家チェコスロヴァキアには、政治的にも社会的にも国民的な支配者の伝統が失われていたのであって、そのため民主主義の新路

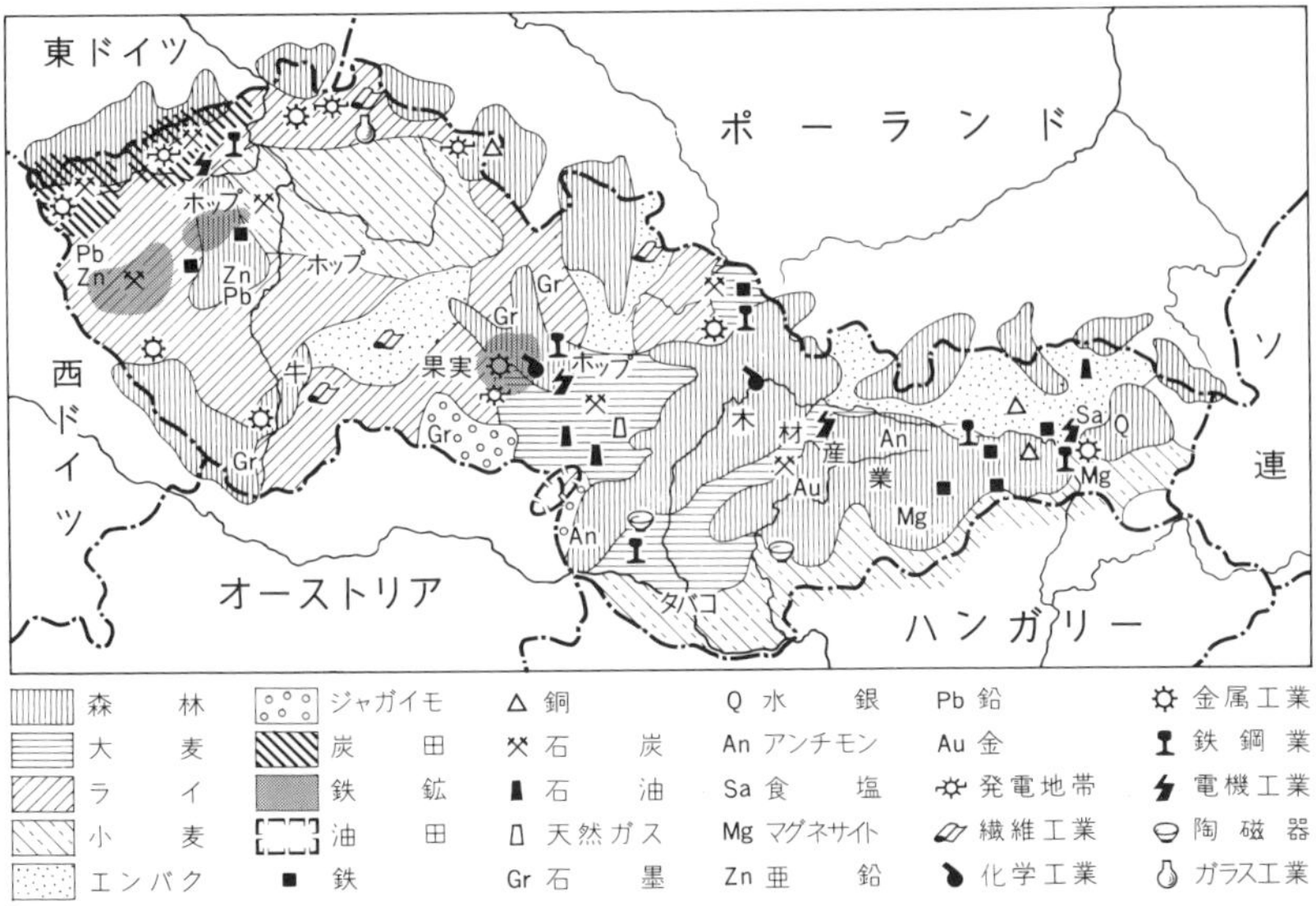

チェコスロヴァキアの資源と産業

線は、地についた発展を示すことができたのである。

第二には、新共和国がサン＝ジェルマン条約とトリアノン条約によって豊富な鉱物資源および発達した工業を継承したことと、それにともなう経済的富裕をあげなければならない。新国家の領土は、ボヘミア・モラヴィア・シュレジエンの一部・スロヴァキア・ルテニアから構成されたが、これは連合国がチェコスロヴァキアを優遇したことを示し、この国は、旧オーストリア帝国のもっとも重要な部分、とくに工業的地域を獲得することになった。詳しくいえば、旧帝国の石炭の八三%、鉱物の六〇%、砂糖の九二%、化学工業の七五%、毛織物業の八〇%、綿織物業の七五%、ガラス工業の九二%、製紙業の六〇%を含む地域が、この国に帰属したのである。

こうして新共和国は、領土・人口は旧帝国の四分の一にあたりながら、石炭など自然資源の大きな部分と全工業施設の約八〇%をそっくりうけつぎ、生まれながらにして西欧なみの工業国になったのであるが、同時にスロヴァキア・ルテニアのような農業地帯をも領有したために、農業の比重も軽くはなく、全国土中農業地帯の占める割合は四三・九%に及んだ。すなわち、工業の比重と調和した農業地帯を兼ね備えることによって、この国の産業は順調な発達の条件を与えられたのであり、一方で旧特権階級を欠きながら、他方でこうした豊かな産業発達の条件に恵まれたために、西欧的な市民社会化がすすみ、健全な中産階級が形成され、穏健な農民・職人・小商店主らが安定した生活を送り、共産勢力がはいりこむ余地は少なかったのである。

「五党委員会」と連合政権による安定

新共和国には戦前からのものを含めて多数の政党が生まれ、一九二〇年にはすでに、チェコ人とスロヴァキア人の政党が一一、ドイツの政党が七、マジャール人の政党が四つ存在していた。新憲法の制定後、それまでの国民議会は任務を終えて解散し、一九二〇年四月、新議会のための選挙が行なわれ、指導的な五政党がせりあったが、その結果は、前年の地方選挙から予想されたように、社会民主党が総議席数の二四・七%を占めて第一党となり、以下ドイツ人社会民主党(一〇・三%)、農民党(九%、ただしスロヴァキア農民党とあわせて一三%)、社会党(八%)の順となって、大勢がさらに左に傾いたことを示した。そこで従来の社会民主党を首班とする連合政権が、第二次トゥサル内閣として存続することになったが、第二党のドイツ人社会民主党は、非協力の態度をとりつづけ、また社会民主党の左派は、党の社会主義綱領が拒否されたために、ブルジョア諸党との協力に熱意を示さなかった。社会民主党の内部ではまもなく左右の対立が表面化し、折しもソ連のポーランド侵略が行なわれたことから、またコミンテルン加入の可否をめぐって、一九二〇年九月ついに分裂がおこり、左派が翌年五月正式に共産党を結成したため、社会民主党は少数勢力にすぎなくなってしまった。

　マサリクは社会民主党分裂の過程で、共産主義反対の態度を示し、トゥサルに辞表を提出させたので、第二次トゥサル内閣は退陣し、かわって、議会に基盤をもたないチェルニーの超党派内閣が成立したが、チェコ人の指導的五政党（農民党、社会民主党、ベネシュの社会党〈のちには国民社会党〉、クラマーシュの国民民主党、チェコスロヴァキア——事実上はチェコ——人民党）の党首が非公式に「五党委員会《ピェトカ》」を組織して、この内閣を支持することになった。一九二〇年一二月には、共産主義者に指導されたゼネストがおこり、労働者がいくつかの中枢地で権力をにぎったが、内閣は軍隊の力を用いてそれらを占領させ、国家権威への挑戦は、一週間で失敗した。

　こうしてこの国では、社会主義者が支配し急進的改革の行なわれた短期間ののちに、いっそう幅の広い基礎をもった「五党委員会」に政権が移ったのであって、チェルニー内閣以後一九二二年にかけて、五党委員会に支持される超党派内閣があいついだ。過激化した社会情勢は、ゼネストの収拾がきっかけになって安定化の方向に向かい、経済的好調のおかげでふたたび平穏がやってきた。それとともに、農民党を先頭とする諸派が政権をにぎり、農民党党首シュヴェフラは敏腕を振って、一九二二年一〇月から一九二九年二月まで、ほとんど中断なく首相をつとめた。彼は、一九二二年からしばらくは、社会民主党の支持をもうけて政権を担当したが、一九二六年に社会民主党が内閣を去ったのちには、他の諸党と協力して政権を担当しつづけた。そして一九二九年の総選挙で社会民主党が得票を増すと、一九三二年までふたたび農民党と社会民主党を中心とする連立内閣が出現した。

要するに両大戦間期のチェコスロヴァキアの内政は、小党分立の傾向に悩まされ、当然のことながら連立内閣に終始した。それらは、一九二六年までは民族的基礎のうえに、その後は民族的相異をこえた政策的基礎のうえに組織されたが、チェルニー内閣以後一九三八年まで、大体においてブルジョア的政党を中心とするやや保守的な連合政府がつづき、中道のところで安定をみせ、ファッショ化することはなかった。

その理由としてまず第一にあげられるのは、主要な五政党党首の組織する独特の「五党委員会」の巧みな運営によって、各派の利害を調整し妥協をはかりながら、西欧的な民主主義共和制の原則を守りつづけたことである。この点で五党連合の役割は大きいが、主要なチェコ諸政党の協同は、一九一四年以前彼らの主張をオーストリア議会で聞かせるためにぜひともそうする必要があったという経験に由来するものであったし、それはさらに、戦後の独立の不確かな性格によって、また少数民族とりわけドイツ人およびマジャール人議員の相当数が新国家に明らかな敵意を抱いたことによって、強化されたのであった。

五党連合のうち重要な地位を占めた国民民主党と農民党の性格は、とくに注目されねばならない。前者は、かなり保守的な中道ブルジョア民主主義政党で、実業家や官僚上級クラスに支持されていた。また農民党は、五党連合中の卓越した政党で、一九二二年一〇月にシュヴェフラを首班とする内閣がつくられたことによって、その支配的地位が確立された。この党は、富裕で保守的なチェコ人農民を代表したが、彼らは早くに設立され高度に組織化された協同組合をもち、土地改革によってその地位を強化されていた。しかしそれは、厳密な意味の農民の党ではなかった。チェコでは農民が近代化され、生活程度も高く、小市民や大実業家とのむすびつきも密接であったから、農民党は実業家にも支持され、チェコ資本の一面を代弁するようになっていた。この党はスロヴァキアの農民をも包含しようとしたが、彼らはチェコの農民に比して経済的にも文化的にも遅れていたので、カトリック的・民族主義的なスロヴァキア人民党を支持していた。しかしスロヴァキアでも、ブルジョアと比較的富裕な農民とは農民党を支持した。それゆえ農民党は終始もっとも強力な政党であり、どの連立内閣にも参加したのである。

農民党は、その政権担当期には、高率の農業関税を設け、農産物価格を安定させ、また工業品の価格をおさえることによって、農村の利益を育成する傾向をみせた。それはまた、軍隊を政治的統制に従わせてポーランドとの紛争を回避し、戦争直後にはじめられた世俗化政策の結果生じていたヴァチカンとの衝突緩和に努め、とりわけ一九二六年一〇月に社会民主党が連立内閣を去ったのちには、この点で大きな成功を収めた。人民党も保守的な政党で、とくにモラヴィアのカトリック聖職者の勢力を代表していた。

それとともに、農民党に対抗する勢力の中心をなした「城グループ」の役割にも、注目する必要がある。すでにふれたように、これはマサリク大統領を取り巻く助言者たちのネットワークであり、大部分は国民社会党の出身であった。国民社会党は、ベネシュを党首とし、都市の小市民と知識階級の支持をうけ、労働者階級のあいだにもはいりこもうとしていた左翼改革派の政党で、農民党よりも急進的な傾向をもち、西欧の立憲的デモクラシーの原則に傾倒していた。「城グループ」は、マサリクが国民からうけた異常な尊敬のために、数に似合わぬ大きな力を振い、農民党の現実的な利益集団政策に対する有益な均衡機能を営んだのである。

なお左翼勢力は衰えてはいったが、一九二五年、二九年の選挙でもつねに一〇〇以上の議席を獲得し(共産党は一三・七%、一〇%を占めた)、右翼の台頭をおさえるうえに大きな役割をはたした。産業プロレタリアートの声は、第二インターナショナルに忠実な社会民主党とコミンテルンに加入した共産党とに、分かれて代表されていた。ファシスト政党は一九三五年以前には一議席ももたなかった。一九三五年にマサリク大統領が引退したとき、ファシスト的傾向の「国民連合」が対立候補者を立てたが、ベネシュを応援した共産党の運動が効を奏してベネシュが当選したことは、注目される。

経済の繁栄と民族闘争の衰退

中道政治による安定の第二の要因としては、チェコ人の社会的・政治的ヘゲモニーが確立して経済が回復し、繁栄が戻ったこと、このような好都合な経済的風土のなかで少数民族やスロヴァキア人の苦痛が減退し、民族間の摩擦が次第に減少したことをあげなくてはならない。

一九一九年の通貨改革のあと、チェコスロヴァキアの貨幣は他の東欧諸国に比してその価値をよく維持しつづけ、一九二九年には金本位制が採用された。外貨保持も増加し、一九二四年以後経済の回復は本格化し、一九二六―二八年には繁栄をさえ経験するにいたった。工業生産の躍進のなかで、とりわけ重要な地位を占めたのは、農業的工業、とくに製糖業であった。一九二二年から二三年にかけての一般産業の不振、貿易減退の時期にも、砂糖の輸出は盛んで、国際収支のバランスはそれによって保たれたのであり、一九二九年には、輸出額六〇万トンに達した。

つぎに重要なのは、繊維工業・金属工業・皮革工業・ガラス工業などである。繊維工業は北部ボヘミア・北部モラヴィア・シュレジエンに盛んで、一九二六年には、綿糸業・毛織物業・製麻業の従業員は、それぞれ一四万五〇〇〇、六万、三万五〇〇〇を数え、綿糸の輸出では、イギリスと日本につぐ世界第三位を占めた。皮革工業のなかでは製靴業が盛んで、バチャ製靴会社は、

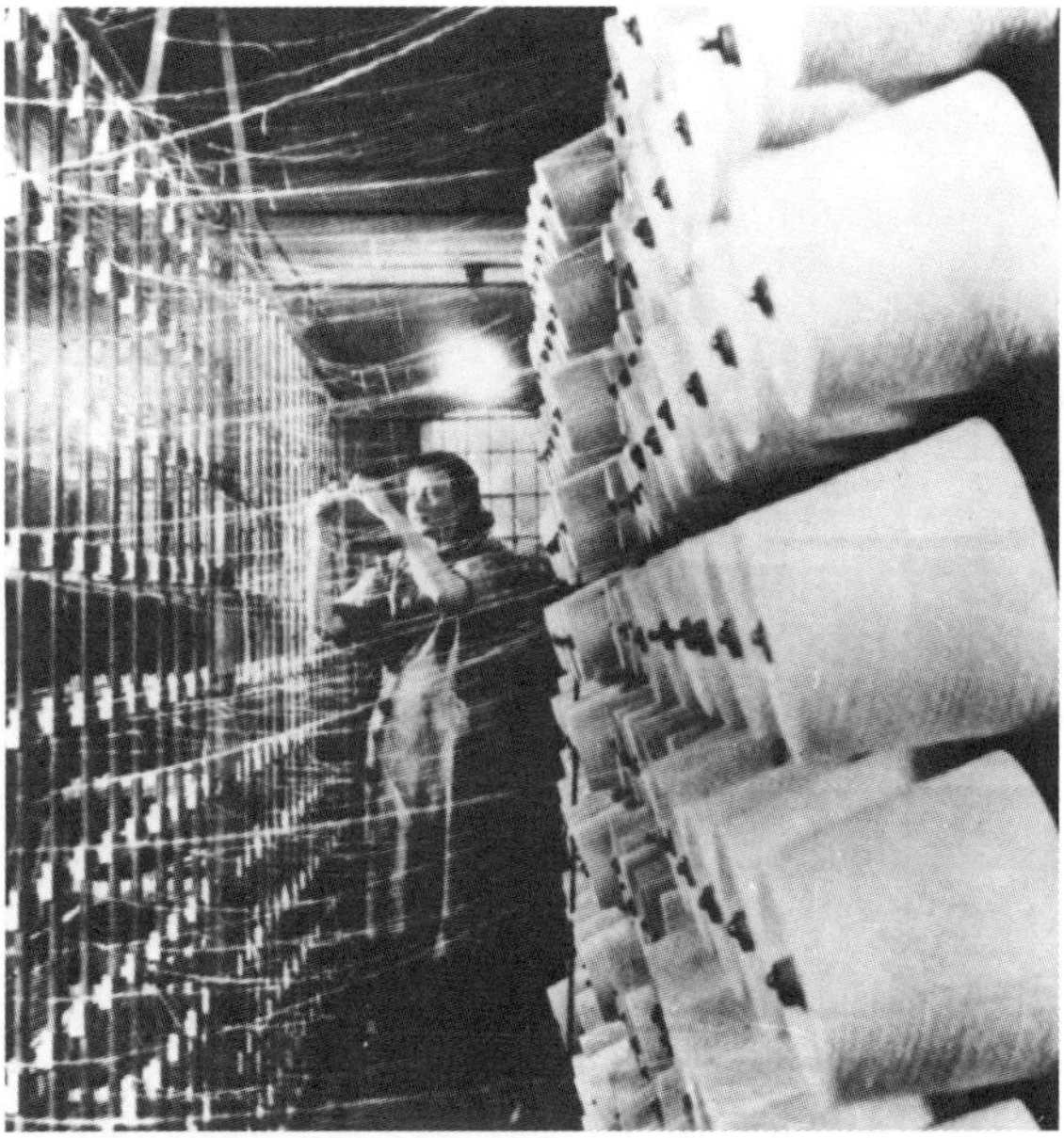

チェコスロヴァキアの織物工場

全国に散在した六万人の貧しい靴屋を糾合した特色ある企業統一体で、ヨーロッパの市場を制圧する勢いを示した。

さらに、重工業の躍進も世界の驚異となった。戦後この国では、アメリカ式の産業合理化とともに企業合同が行なわれたが、それは重工業の部門でもっとも著しく、鉱業と冶金工業における大コンツェルン、たとえばロートシルド系のウィトコウィツェ会社の発展、金属加工業におけるシュネーデル＝クルーゾー系の大軍需工業会社シュコダの躍進などは、この国の産業が独占資本主義の段階に達したことを示すものであった。技術の向上、エネルギーの節約、機械化も著しくすすみ、このような経済的発展が西欧的な社会構造の創出に寄与したことは、否定できない。しかしまたこのような合理化は、他面失業者を激増させる結果になった。

失業者の増加は労働組合運動をめざましく発展させた。最初この国の労働組合は、チェコ系とドイツ系に分裂したままであった。アムステルダムの第二インターナショナルに加盟していたチェコスロヴァキア労働組合総同盟は、全国のすべての組合を網羅することができず、ドイツ系のそれは別個に活動していたのである。しかし、戦後の不況時代からたまっていた失業者が産業の合理化によってさらに激増したとき、労資の階級対立が民族的な争いをこえて前面にあらわれることになり、一九二六年チェコスロヴァキア総同盟とドイツ人総同盟の合同が行なわれ、一九三〇年には、労働組合員は総計一七一万人をこえるにいたった。これはポーランド・ハンガリー・ユーゴスラヴィアをはるかに凌ぎ、オーストリアに匹敵する数であった。

それとともに、各民族に民主的自由が大幅に許されたこととあいまって、国内の民族問題は次第に好転し、政治面でも民族間の抗争が一時おさまり、一九二六年には、はじめてドイツ人の大臣二人を含む第三次シュヴェフラ内閣が成立した。新共和国発足以来、この国のドイツ人政党は少数民族政党の先頭に立ってつねに政府に反対してきたが、社会経済上の問題から、チェコ国民連合が社会主義政党とブルジョア政党に分裂した結果、チェコ人のブルジョア諸政党とドイツ人のそれとのあいだに大同団結が生じ、後者のうちドイツ人農民党とドイツ人社会キリスト教党が、与党となって入閣することになったのである。

一九二六年ころからドイツに第三帝国が成立するまでのあいだは、チェコスロヴァキアは民主主義の全盛期で、階級対立はやや増大したが、民族闘争は衰退した。困難なドイツ民族問題を抱えるこの国の政府としては、階級対立が前面にでたことはむしろ歓迎すべき事柄であり、マサリク大統領もそのような意向を表明した。共産党が大きく進出した一九二五年の選挙後には、チェコ社会民主党とドイツ人社会民主党とのあいだにも緊密な連絡がもたれるようになり、一九二九年一二月には後者も連立内閣に加わった。ドイツ人社会の内部では、いつまでも消極的・非協力的態度をつづけることをやめ、チェコスロヴァキア国家の存在をうけいれ法律の範囲内ですすんで活動すべきであるという「積極的行動主義」の立場が、次第に多くの支持者を獲得していったのである。

民族間の摩擦の減少は、スロヴァキア人とチェコ人のあいだにもみられ、一九二五年にはスロヴァキア農民党がチェコ農民党と合体し、与党となったのである。一九二七年一月には、スロヴァキア人民党も内閣に加わったが、これはその後まもなく脱退した。

失業者の激増と労資対立の激化にもかかわらず、高度に資本主義化したチェコスロヴァキアの産業は発展をつづけ、一九三〇年の世界恐慌にさいしても強靱さを示し、フランスと同じく、これに巻き込まれることがもっとも遅れた。この国は、旧ハプスブルク帝国からうけついだ工業の遺産を活用して世界の市場に進出し、全国の生産中輸出品の占める割合が非常に大きく（約三〇％）、一九二五—三五年の時期をみても、恐慌がもっとも激化した一九三三年を除けば、輸出超過がつづいた。これは、軍需工業の好況によるところが大きく、一九三〇年度の一般軍需品の輸出ではイギリス・フランス・アメリカについで世界第四位、純武器の輸出ではイギリスについで第二位を占めた。

しかしこの事実は、この国の経済があまりにも輸出に依存しすぎたという運命的特徴を示すものであり、このことは、外交政策とも深く関係した。すなわち、チェコスロヴァキアはとりわけ東・中欧諸国を自国商品の市場として確保しておく必要があり、つぎに述べるベネシュ外交の積極性も、このような必然的要求にもとづくものであったが、そこでは、当然またドイツ商品の進出との衝突がおこらざるをえなかったのである。

外交政策——小協商の成立

ヨーロッパの中央部に位置する独立早々の小国チェコスロヴァキアにとって、もっとも重要な課題は安全保障であった。ベネシュは新国家のもろさを自覚し、国際情勢の変化が自国にとって有害であるとの確信をもち、一九一九年のヨーロッパの現状維持を念頭におきつつ、その攪乱的要素に反対して、巧妙な外交体系をつくりあげた。それは一言でいえば、国際連盟および「小協商」による集団安全保障をかなめとし、一九二四年にはフランスと、また一九三五年にはソ連と相互援助条約をむすんで、大ドイツ国の出現防止をめざしたものであった。一九一八年以来外相をつとめ、三五年末にマサリクのあとを継いで大統領となったベネシュは、この政策を一貫して推進した立役者であるが、しかし最後に不幸な破綻をきたさねばならなかった。以下その経過と背景を追うことにしよう。

「小協商」とは、チェコスロヴァキア・ルーマニア・ユーゴスラヴィア間の連帯協力組織であり、ハプスブルク家再興の恐れと、ハンガリーがトリアノン条約締結前にもっていた広大な土地を要求しはしないかという懸念から生まれたものである。ハプスブルク帝国領内の西スラヴ族・南スラヴ族・ルーマニア人はすでに第一次大戦中から提携しつつ独立運動をすすめ、一九一八年四月ローマに開かれたオーストリア＝ハンガリー被抑圧諸民族会議には、チェコ代表ベネシュ、南スラヴ代表トルムビッチ、ルーマニア代表フロレスク、ポーランド代表ドモフスキらが出席して、各民族が自由な国民統一国家を建設するためには、共通の圧制者に対して連合戦線をはる必要があることを議決した。これは、戦後のチェコ・ユーゴ・ルーマニア間の協調の出発点というべきものであり、一九二〇年のトリアノン条約の成立に直面して、マジャール人に対するこれら三国の結合はいっそうかたくなった。

大戦終了後、オーストリアには、ボヘミアのドイツ人地域を含めてドイツ共和国と合体しようとする「合邦《アンシュルス》」運動があり、ハンガリーには、ハプスブルク家の復位を企てる計画があったが、これらは、他のどの国よりもチェコスロヴァキアに大きな脅威を与えるものであったから、ベネシュは三国協調運動の先頭に立たねばならなくなり、一九二〇年八月一四日ベオグラードに赴き、ユーゴスラヴィアと対ハンガリー防御同盟条約をむすんだ。これは、一方が挑発しないでハンガリーの攻撃をうけた場合、他方はただちに被攻撃国の防衛に協力する義務を負うことを定めたもので、小協商体制の起点になったものである。ベネシュはさらに、同月ブカレストを訪ねて、ヨネスク外相と会見した。ルーマニアはポーランド・ギリシアを加えた五国同盟を希望し、ベネシュのもとめた条約への正式加入には応じなかったが、三国のうちの一つが挑発しないでハンガリーの攻撃をうけた場合には、軍事的援助の義務を負うことを約束した。

ベネシュは帰国後議会で、小協商はトリアノン条約の遵守と中欧平和の保障を第一の目標にすると述べたが、そのさい彼は、三国間の協定は単なる政治問題にとどまらず、経済協定にまですすむべきであるという考えを明らかにし、同年一〇月、ルーマニアと通商条約をむすんだ。さらに翌年一月には、チェコ商品の市場をハンガリーに開拓するとともにハンガリーから農産物の供給をうけ、経済関係の回復をはかりたい意向を表明し、まもなくハンガリーと通商条約の交渉をはじめた。

このようにベネシュの外交は、ハンガリーに対する政治的・軍事的意図だけでなく、東・中欧に対する経済的・平和的意図をも含み、いいかえれば、工業国チェコスロヴァキアの中欧市場獲得の要求とむすびついていた。元来チェコスロヴァキアの工業生産は、旧ハプスブルク帝国の全領土を市場として存立していたのに、サン＝ジェルマン条約とトリアノン条約によって、市場が大幅に縮小されたにもかかわらず、旧帝国産業の約八〇%を継承したために、生産力と市場とのあいだに著しい落差が生じた。チェコの国内消費は全生産の約三割でたりたから、残りの大半は国外市場に販路をもとめるほかはなかったし、そのうえ、食糧および原料を輸入するのに必要な貿易収支の黒字を生みだすためにも、全力をあげて輸出に努めねばならなかった。そこで、東・

ベネシュ

中欧諸国に対する輸出貿易が、チェコスロヴァキア国民経済の発展にとって、根本的な重要性をもつことになったのであるが、とくにルーマニア・ハンガリー・ユーゴスラヴィアとのむすびつきは、利害関係のもっとも深いものであった。

ベネシュがハンガリーと通商条約の交渉をはじめたころ、一九二一年三月、旧ハンガリー国王カールが突然ブダペストに姿をあらわし、ハンガリー王位の回復を企てた。イギリス・フランス・イタリアもこれに反対したが、ベネシュをはじめ小協商の政治家たちは旧帝国再建の動きを何よりも恐れ、武力行使をも辞せぬほどの強硬な態度をとった。そしてこの機会に、チェコスロヴァキアはルーマニアに働きかけ、従来のたんなる了解から一歩をすすめて、正式に防御同盟をむすばせることに成功し、同時に両国間の通商条約も調印された。さらにこの年六月、ベオグラードでユーゴスラヴィアとルーマニアのあいだにも防御同盟条約が成立し、小協商体制は完成した。

なおこの年チェコスロヴァキアは、ルーマニア、ついでユーゴスラヴィアと軍事協定をむすんで以上の小協商体制を補足し、一一月にはルーマニアのヨネスクのあっせんで、ポーランドとチェコスロヴァキアのあいだに国境の相互安全保障を定める協定がむすばれ、小協商はさらに進展した。チェシーン問題以来必ずしも友好関係になかったチェコ・ポーランド両国が握手したことは、ベネシュ外交の一つの勝利であった。しかし一九二三年にポーランドが、小協商をいままでの三国軍事同盟から四国同盟にすることを提案したときには、ベネシュはなお両国の緊密なむすびつきを望まず、これに反対した。

フランスとの提携

こうして完成した小協商がヨーロッパの国際政局で最初にその威力を発揮したのは、一九二二年四月に開かれたジェノア会議においてであった。この国際会議は、英仏を中心に、ソ連と敗戦国ドイツをも招いて、ヨーロッパの経済復興計画を討議したものである。それに先立ってユーゴスラヴィア国王とルーマニア王女の結婚が行なわれたさいに、チェコ・ルーマニア・ユーゴ三国の外相が会談して、さらに友好関係をすすめるため、以後定期的に会合して意見を交換することを決めたが、当面のジェノア会議に臨む態度についても下相談が行なわれた。そしてその結果、この会議では小協商三国にポーランドを加えた四国は一体となって行動し、重きをなしたのである。

この間のベネシュの指導的役割は顕著なものがあったから、国際連盟の第四回総会は彼を理事会のメンバーの一員に選び、ここにベネシュは、フランスをはじめ国際連盟を拠り所とする戦勝国側の外交と提携して活動することになり、以後六回にわたって議長をつとめた。一九二三年秋ベネシュがマサリク大統領とともにパリとロンドンを訪問したのち、この年の末にフランスはポーランドに四億フラン、ユーゴスラヴィアに三億フラン、ルーマニアに一億フランの借款供与を決定したが、以後ベネシュの外交は、東欧諸国に対するフランスの政治的・経済的工作と歩調をともにし、彼は機敏な連盟政治家としてその名をはせる一方、フランスはドイツ包囲陣を形成するために、チェコスロヴァキアを最大の頼りにしなければならなくなった。こうした状況のもとで、一九二四年一月二五日、チェコスロヴァキアはフランスと友好防衛条約をむすんで、ヴェルサイユ体制の改変を求めるドイツ・ハンガリー両国に対抗する態勢をかため、フランスはこの同盟を通じて小協商諸国と提携した。

フランスはまたその資本をチェコスロヴァキアに輸出することによって、この国の工業の発展に貢献した。とくに、フランスの代表的重工業資本シュネーデル＝クルーゾー社がチェコスロヴァキアの重工業――たとえばシュコダの兵器製造――に対して占めた地位は顕著なものがあり、こうした関係でチェコスロヴァキアは、フランスの武器庫としての役割をはたす一方、東・中欧に対するフランス金融資本の前哨基地ともなった。要するに、西欧主義の線にそったベネシュ外交は、同時に国内の資本主義化と深くむすびついていたのである。なおフランスは、軍事的にもプラハに大きな影響を及ぼし、その軍事使節団は新国家の陸軍と航空隊を組織した。またこの国は、その後マジノ線をモデルにした堅固な防御陣地を構築した。

かようにチェコスロヴァキアは、国際的にはフランスのドイツ包囲陣の筆頭たる地位を占め、小協商体制もフランスの東南ヨーロッパ支配につながるものであったから、チェコスロヴァキアとドイツとの関係はよくなかったが、しかし一九二五年一〇月にロカルノ条約が成立し、ドイツがチェコスロヴァキアとの紛争をすべて仲裁裁判所で解決することを約束してからは、ドイツとの関係も好転した。ベネシュは一方でドイツの強国としての復活にも注目し、このようなドイツを国際社会にむかえいれることによって安定した状態をつくりだそうとする意図から、ドイツの国際連盟加入に尽力し、一九二六年、ドイツの加盟が実現したのである。彼はソ連をもヨーロッパ問題の解決に参加させるべきであると主張し、三四年にはソ連の加盟も実現した。

3 共和国の解体――占領と戦争

恐慌とスロヴァキア民族問題

すでにふれたように、チェコスロヴァキアは恐慌に巻き込まれることが比較的遅かったが、一九三二年からこの国の経済にも大恐慌が襲いかかり、輸出は七二％も減退し、翌年二月には、失業者の公式発表数は一〇〇万近くに達した。新共和国はひ弱く、資本は主として外国のもので、チェコのブルジョア階級はイギリスやフランスのそれに匹敵するような予備金を蓄積する余裕はなく、輸出の増加に必要な原価の圧縮は賃金労働者の犠牲において行なわれたから、すこしでも景気が停滞すると、社会的動揺がおこったのである。そのうえこの国は、ヨーロッパの危機の中心であったドイツおよびオーストリアと経済的に緊密にむすびついていたので、不況からひどい打撃をこうむることになり、とくに一九三一年のこれら両国の大銀行の倒産はチェコスロヴァキアの経済恐慌に拍車をかけたが、保守的な農民党がデフレーション政策に固執したために、結果はいっそう悪くなった。政府は一九三四年二月になってようやくチェコ＝クローネの平価切下げ措置をとったけれども、すでに時期遅れであり、しかもわずか一六％という不十分な切下げにとどまった。それでも、その結果いくらか経済の復興をみたが、ドイツ経済の急速な回復に比べてかなり遅れていた。そこで、都市はもちろん農村でも、失業と貧困が慢性的となり、スロヴァキアはことにひどく、栄養失調が目立った。唯一の解決策は移住で、大部分はアメリカ合衆国やカナダに向かったが、ドイツ・ベルギー・フランスなどの鉱山や工場へでかけた者も、数万にのぼった。

これらの経済的困難は、国内の民族的衝突を著しく悪化させた。とりわけスロヴァキアは、一九三〇年一二月にハンガリー＝チェコスロヴァキア貿易協定が廃棄され、自然市場とのつながりが崩壊したことによって、ひどい影響をこうむった。両国間の正常な貿易は、一九三五年六月ようやく再開されたが、スロヴァキア人がそれまでにうけた損害は、大きかった。さらに、農業保護政策や穀物価格の人工的維持政策も、比較的裕福なチェコ農業を救済したとはいえ、市場で穀物を買わねばならぬスロヴァキアの農業労働者や林業労働者の大人口を、ひどく圧迫した。弱体で傷つきやすい金属工業も、大きな損害をこうむった。

これらの経済的困難は、スロヴァキア民族主義の支持者を増大させ、スロヴァキア人民党はそれに乗じて、魅惑的な綱領をかかげて選挙戦に勝利をえ、またスロヴァキア人民党の内部では、完全な独立に好意をもつ比較的若い人々が、チェコスロヴァキア内での自治を要求するにとどまる人々をしのいで、力を増した。早くも一九二八年に、この党の指導者の一人であるトゥカは、一九一八年のトゥルチャンスキー＝スヴェティ＝マルティンの宣言には一つの秘密条項が含まれており、それによれば、連合は一〇年間有効であるにすぎず、チェコ人は自治の導入を怠ったのだから、彼らはもはやスロヴァキアになんら法的権利をもたないと主張した。

チェコ政府は、権威に対するこのような挑戦に強い反応を示し、トゥカを反逆罪で裁判にかけ、ハンガリーから多額の財政的援助をうけていたとして、有罪の判決を下した。これは、極端なスロヴァキア民族主義者の評判をおとさせるのに一時役立ったが、基本的な諸問題を緩和するための努力がほとんどなされなかったために、不満が増大した。一九三三年に、スロヴァキア人民党の指導者フリンカは、ハンガリー支配の復活を望まぬことを再確認しながらも、同時に、チェコ政府が約束した自治の導入を怠った点をきびしく攻撃し、「チェコスロヴァキア人というものは存在しない。われわれはスロヴァキア人であることを望むだけだ」という不気味な発言を行なった。一九三五年からこの党は、他の少数民族なかんずくドイツ人と共同戦線を張りはじめた。

ズデーテンのドイツ人問題

チェコスロヴァキアの政治が民主的であり、憲法で少数民族の保護に特別の配慮を行なったこと、とりわけドイツ人の取扱いには細心の注意が払われ、彼らに対する待遇が公平・寛大であったこと、また階級対立の激化が民族闘争を衰退させたことは、すでにみたとおりである。しかしそれはなお問題を根本的に解決するものではなかったから、その後ふたたびドイツ人とチェコ人の抗争が激化してきたが、それは、経済的危機の影響とドイツにおけるナチス政権の出現によるところが大きかった。

ズデーテンのドイツ人地域の消費財生産は、不況からきびしい損害をこうむったが、この地方は高度に工業化されていただけに、他のチェコ地方以上に高い失業率に苦しんでいた。観光業も、とくにナチス＝ドイツによってきびしい交換規制が課されたのちには、破滅的に衰退した。こうしてドイツ人の生活が打撃をうけるとともに、彼らのチェコスロヴァキア政府に対する風あたりは次第に強くなり、協調的な「積極的行動派」に不利な情勢が生まれた。ズデーテン地方の住民のあいだでは、民族的衝突のために以前から極端なショーヴィニズムが育っていたから、ドイツ系住民の大部分は、ドイツにおけるヒトラーの権力増大とナチス革命とを、無批判的な追従の目で見守っていた。ボヘミアにはすでにナチスのチェコスロヴァキア支部があって、汎ゲルマン的

演説するヘンライン

拡張論と反ユダヤ主義を主張し、ズデーテン＝ドイツ人の支持をうけていた。またボヘミアの青年ナチスは国民体育会を組織して、チェコスロヴァキアの大部分の地域をドイツに併合しようとねらっていた。

早くも一九三一年に、チェコ当局はナチスおよび青年ナチスの制服を禁止する必要を感じていたが、一九三二年夏には、国民体育会の指導者数人が共和国に対する武装反乱謀議の疑いで裁判にかけられ、翌三三年投獄された。一方ズデーテンのナチスは、同年一〇月初旬、政府に禁止されることを恐れ、機先を制して自発的に解散した。その直前の一〇月一日、コンラート＝ヘンラインがズデーテン＝ドイツ祖国戦線を結成して活動を開始したが、この組織は、チェコスロヴァキア国内のすべてのドイツ民族主義勢力を幅のひろい同盟に統合することをめざし、カトリック勢力、オーストリア型のファシスト、旧式の民族主義者、ドイツ型ナチズムの信奉者などをむすびつけることに成功した。彼らはみずから「新積極派」と名乗って、チェコスロヴァキア国家を破壊するいかなる意図をも否認するなど、巧妙な政治的戦術をとり、その目標は、ドイツ人地域に有利なように行政を分散させることにとどめられていた。

その幅の広い民族主義的アピールは、ドイツ人地域にみなぎった不満と不況の永続によく適応して、広範な支持者を獲得し、一九三五年五月の選挙では決定的な勝利を収め、ズデーテン＝ドイツ人の投票の約六二％を占め、議会で第二党に進出した。それは全議席の三分の一であったが、他のいくつかのドイツ人政党が合流したために、絶対多数を獲得した。こうして積極派諸政党の地位は徐々に弱められていった。ズデーテン＝ドイツ祖国戦線は一九三五年四月ズデーテン＝ドイツ党と改名したが、内部で若干の争いがあったのち、一九三六年の夏再編成されて、ナチス的分子の優位が保証され、それ以後ナチスから資金の援助をうけ、ほとんどまったくベルリンの指令に従う組織となり、その活動も尖鋭化していった。

チェコ人の反応

このような新事態に対して、チェコ人は二重の反応を示した。一方で彼らは、同盟国であるフランスおよび一九三五年以後はソ連とのつながりをかたくしようとした。チェコスロヴァキアはつとにナチス＝ドイツの進出に脅威を感じていたが、一九三三年のヒトラーの政権掌握とともに、ベネシュの外交体系はいまや破局に立つことになった。小協商はすでに瀕死の状態にあり、国際連盟も同様であったが、さらに一九三五年三月ヒトラーが再軍備に乗りだし、翌年三月ラインラントが再武装されると、フランスにはもはや東・中欧の同盟諸国を援助する力のないことが判明した。そこでベネシュは、フランス同様、いやいやながらソ連に顔を向けざるをえなかったのである。

ナチス政権の出現とズデーテン＝ドイツ党のめざましい進出に不安を感じたプラハ政府は、まず一九三三年六月ソ連を正式に承認し、やがて一九三五年五月フランスとソ連のあいだに相互援助条約が成立すると、プラハ政府もまた五月一六日ソ連と相互援助条約を締結したが、同時にプラハ・モスクワ間の航空連絡協定も成立したので、この援助条約は一種の軍事同盟ともみられた。それと並行してベネシュは、一九三五年以後の一連のドイツの動きに対して、自国の大規模な再軍備と、国境地帯の防備の強化を実施した。しかし、チェコスロヴァキアが親ソ主義に傾き、フランス・ソ連とともに対独包囲陣を形成したことは、当然にナチス＝ドイツの反チェコ熱を刺激し、それはまた、国内のズデーテン＝ドイツ人の民族的自覚や祖国主義に一段と拍車をかける結果になった。

もっともナチス＝ドイツは、その間チェコスロヴァキアに一種の和解の協定を提案し、チェコ国内でも農民党のなかには、このような路線の採用に好意をもつ政治家が幾人かいたが、一九三五年にマサリクのあとをついで大統領になったベネシュと、新しく首相になったスロヴァキア農民党のミラン＝ホジャとは、自国の民主的性格の放棄を意味するものとして、こうした動きを拒否した。すなわちチェコ政府は、一九三四年一月以来ポーランドによって、また一九三六年七月の協定でオーストリアによって達成されたタイプのドイツとの提携・和解を退け、ドイツに対して強硬な自主的態度をとったのである。チェコスロヴァキアが一九三五年の仏露同盟に加入した直接の結果として、ヒトラーは作戦訓練を行なったが、これは、チェコ侵入のための最初の計画であり、ヒトラーの関心がヘンラインにではなく、チェコスロヴァキアの権力支配にあったことをうかがわせる。

他方国内では、チェコ人は、少数民族居住地域の親チェコ政治家を力づけるとともに顕著な不平を緩和することによって、スロヴァキア人およびドイツ人民族主義者のねらいをくじこうとした。しかし、スロヴァキアへの自治導入が行なわれなかったので、スロヴァキア人民党は和解しなかった。ドイツ人については、その要求をかなえるために大きな努力がなされ、一九三七年二月に反ナチス積極派諸政党とのあいだに達成された協定では、公共土木事業の割当ての公平、ドイツ人の文官勤務就任をいっそう容易にすること、ドイツ人の教育組織や文化組織に対する助成金など、いくつかの重要な経済的・政治的譲歩が約束されたが、それにもかかわらず、ドイツ人の急速なナチス化を停止させることは不可能であった。

一九三八年二月、ヒトラーは、みずからの力で政治的・精神的自由を確保しえない国境沿いのドイツ人を保護する責任があると宣言したが、これはドイツ人のナチ化を促進し、さらに一九三八年三月のドイツのオーストリア併合後、ズデーテン＝ドイツ人のナチ化はいっそうすすんだ。

つぎに、チェコスロヴァキアが直面したこうした危機のその後の経過と破局的な結末をみなければならない。

事態の悪化

一九三〇年代前半のマリペトル内閣以来、ドイツ人社会民主党とドイツ人農民党はつねに閣内にあったが、一九三六年七月にはさらにドイツ人社会キリスト教党が入閣し、これによって、政府との協力に積極的であったドイツ人政党の統合は成功し、一九三七年二月には、すでにみたようにズデーテン地方における改革——比例の原則による平等権の許与——についても合意が成立した。しかしズデーテン＝ドイツ党はこれに満足せず、次第に根本的な改革をもとめるようになり、五月には、ヘンラインによる自治権要求法案がプラハの議会に提出されたが、これは、憲法と国家主権に抵触するという理由で拒否された。

チェコ国内の民族的対立が次第に表面化しつつあったとき、一九三八年三月独墺合邦が敢行された。独立国オーストリアの存在はドイツの武力による東方進撃を妨げていたもので、チェコ人にとって絶対に必要であったが、この緩衝地帯がドイツの一州と化したことによって、チェコスロヴァキアは三方からドイツに包囲されることになり、画期的に不安が増大した。しかもチェコのマジノ線は、オーストリアとの境界沿いには存在しなかったので、この方面では無防備になってしまった。さらに、独墺合邦の結果、小協商体制およびトリアノン条約に真向から反対するハンガリーが、ナチス＝ドイツと手をにぎってチェコスロヴァキアに対する共同戦線を結成するであろうことは、目にみえていたし、ヒトラー自身も、ズデーテン問題に対する野心をいっそう露骨に示すようになった。

その間ズデーテン＝ドイツ党はさらに要求を高め、一九三八年四月二四日ボヘミアのカルロヴィ＝ヴァリ（カールスバード）で開かれた党大会で、ヘンラインは、ズデーテン＝ドイツ人の自治について、ほとんど実質的独立にひとしい爆弾的要求を公表した。そこでボヘミアの形勢は急激に悪化し、四月三〇日には、オパヴァ（トロッパウ）市内でチェコ・ドイツ両民族の衝突がおこり、チェコ政府は軍隊の国境集結、予・後備兵の一部召集など強硬な措置をとったが、ドイツも軍隊を移動させ、両国の外交関係は異常な緊張を示した。プラハ政府のこうした態度は、万一の場合に備えるとともに、フランス・イギリス・ソ連などの後援をもとめるジェスチュアでもあった。

しかし、当時すでに国際連盟は無力化し、従来チェコの支持者であった英・仏はチェコスロヴァキア援護のために一戦を敢てする意志はなく、むしろ対ドイツ宥和政策の方向にすすんでおり、ソ連との相互援助条約も大して頼りにはならなかった。ヒトラーの民族自決の原則そのものには、列強も正面から反対することはできなかったし、チェコスロヴァキアが多数の異民族を含む矛盾した国家であることも、たしかであった。とくにイギリスでは、当初からズデーテン問題に対して妥協的な世論が強く、一九三八年二月のイーデンの辞職後、その外交政策は親ドイツ派に動かされ、ロンドン政府はチェコスロヴァキアに対して次第に強く圧力をかけていった。

こうして、一九三八年八月、イギリス政府から派遣された私的調停者ランシマンは、ベネシュ大統領にひたすら妥協をすすめた。そこでプラハ政府も英・仏の勧告をいれ、ズデーテン＝ドイツ党との直接交渉でなんらかの妥協点をみいだそうと努めるほかなかったが、国土の分解、ズデーテン＝ドイツ人の完全な自由を内容とするヘンラインの要求はとうてい受諾できぬものであったから、チェコ政府は、ズデーテン地方における政治的・経済的自治は制限するが、文化的自治は承認するという一種の譲歩案を提示するほかなかった。しかし、ドイツの強力な後援をたのむズデーテン＝ドイツ党は、あくまでも強硬な態度を変えなかった。

一九三八年八月三〇日、ドイツは予備兵を召集して大演習を開始し、チェコ問題に対する断固たる決意を示したので、フランス政府も国境の防備強化を指令し、イギリスも最悪の場合に対する待機の姿勢をとらざるをえなくなった。こうして、チェコの運命をめぐる戦争か平和かを決する鍵は、九月五日以後開かれるドイツ＝ナチス党のニュルンベルク大会でのヒトラーの演説にかかることになったが、緊張した情勢のなかで、九月一二日ヒトラーは、英・仏の無理解と干渉を断然排撃し、チェコ政府に、ズデーテン＝ドイツ人の民族的自決権――すなわち分離――を要求する不動の決意を表明した。翌九月一三日、ボヘミアの北西部でチェコ人および警官隊とドイツ人とのあいだに大衝突がおこり、チェコ政府はついに軍隊を出動させ、戒厳令を布いて鎮圧に努めざるをえなくなった。これに対して、ズデーテン＝ドイツ党は、六時間の期限つきで戒厳令の撤回と現地警官の退去を要求したが、チェコ政府はこれを一蹴したばかりか、かえってズデーテン＝ドイツ党に解散を命じ、ヘンラインの逮捕令をだすにいたり、ヘンラインとその仲間はドイツに逃亡した。

ミュンヘン協定

こうした事態のなかで、イギリス首相チェンバレンは平和的解決をもとめて九月一五日ベルヒテスガーデンの山荘でヒトラーと会談し、翌日帰国してフランスの首脳と協議したうえ、つぎの共同解決案をベネシュに通達し受諾を迫った。

㈠　ズデーテン＝ドイツ人が五〇％以上を占める地域は、人民投票なしでこれをドイツに譲渡し、新しい国境の調整は、チェコ代表を含む国際的機関によって協定する。
㈡　その地域の住民は、自由選択権により、一定期間内に移住を行なうことができる。
㈢　この提案を受諾すれば、チェコは将来の安全保障を要求することができる。

チェコ政府は如何ともしがたく、二一日、悲痛な声明とともに全面的受諾を発表した。ところが、二二日から翌日にかけてゴーデスベルクで行なわれたヒトラー・チェンバレン会談で、ヒトラーは突如英・仏共同解決案に不満を表明し、六日間の期限をつけた最後的覚書をチェンバレンに手交して、チェコ政府への伝達を望んだ。その内容は、一〇月一日までにズデーテン地方をドイツに明けわたすこと、チェコ政府はポーランドやハンガリーの領土要求にも耳を傾けることなど、新しい苛酷な要求であった。

ゴーデスベルク覚書は、ただちにプラハ政府に伝えられた。その間プラハでは、去る二二日の調停案受諾の責任を負って辞任した第三次ホジャ内閣に代わって、シロヴィ将軍が内閣を組織していたが、彼は対ドイツ強硬論の急先鋒であったから、この覚書を断固拒否した。事態はふたたび急転悪化し、チェコ政府はドイツの襲撃に備えて総動員にふみきったが、ドイツの国防軍も国境に集結し、しかもこのたびはイギリス・フランス・ソ連もチェコ支持の態度をみせたために、全ヨーロッパは興奮と緊張の極に達した。

しかしなお平和のための外交的努力がつづけられ、九月二八日朝、チェンバレンはヒトラーに親電を送って自重を要望するとともに、イタリア首相ムッソリーニにも親電を送って、英・仏・独・伊四国会談の斡旋を依頼した。これが効を奏し、ムッソリーニの仲介で、二九日午後、ミュンヘンの〝総統の家〟で歴史的な四国会談が開かれたが、会談には、もっとも利害関係のあるチェコスロヴァキアは招待されず、チェンバレン・ヒトラー・ダラディエ・ムッソリーニのあいだで討議がつづけられ、三〇日未明ようやく協定が成立し、その結果はただちにプラハ政府に送られ、無条件の受諾が要求された。

チェコ政府は、強大な実力をもつドイツ・イタリア、戦争を極度に恐れるイギリス・フランス

ミュンヘン会談

が合体してかけた圧力のまえに、涙をのんで屈服せざるをえなかった。協定の内容は、ズデーテン地方の割譲を一〇月一日から一〇日までに完了することとし、実行条件の細目を四国およびチェコの国際委員会に委託することを定めたもので、ズデーテン問題は結局ドイツの要求どおりに収拾されたのである。なおこのとき、ベネシュがチェコスロヴァキアーソ連相互援助条約に訴えることを差し控えたのは注目されるが、それは、独ソ開戦の場合にチェコが戦場化することを恐れたためといわれている。翌一〇月一日チェコ軍がズデーテン地方から撤退するのを待って、ドイツ軍はいっせいに国境を突破して進軍し、ミュンヘン協定に定められた諸地方の占領は、一〇日間で完了した。三日には、ヒトラーがヘンラインをともなって新領土での第一声をあげ、ヘンラインを執政官に任命した。

共和国の解体　しかし、それだけではすまなかった。すでに一九三八年四月、ズデーテン問題の激化に呼応して、ポーランドとハンガリーもチェコスロヴァキア内の自国系少数民族の自決をチェコ政府に迫っていたので、ミュンヘン会談ではこれらも考慮され、協定の付文には、三カ月以内になお問題が解決されない場合には再度四国首相会議を開くよう規定されていた。しかし、勢いに乗ったポーランドとハンガリーの要求は強硬であり、気力を失ったチェコ政府は、一〇月一日ついにポーランドの要求をいれて、一九二〇年の国境論争の末に獲得したチェシーン地方の工業化された西半分の割譲を約束し、一一日に引渡しを終わった。ハンガリーとの会談も一〇月九日からコマールノで開かれ、両者の主張が対立して一時は決裂を伝えられたが、一一月になって、独・伊の調停により、ほぼハンガリーの要求が貫かれた。

新しい国境線は英・仏・独・伊四国によって保障されるはずであったが、事実はそのように運ばなかった。一〇月三日にはスロヴァキア人もまた自治を要求し、六日にはフリンカの後継者ティソによるスロヴァキアの自治宣言が行なわれて、プラハ政府に承認され、ルテニアにも自治権が与えられた。ベネシュ大統領はミュンヘン協定とそれにともなう事態の責任をとって、一〇月五日辞任し故国を去った。

ドイツ・ポーランド・ハンガリー三国によって領土を削られたチェコスロヴァキア共和国は、さらにこのような自壊作用をも招く結果になり、三つの自治区ボヘミア＝モラヴィア・スロヴァキア・ルテニアからなる連邦制のチェコ＝スロヴァキア共和国（第二共和国）に改編されたのである。一一月三〇日、ハーハが新大統領に就任し、農民党の党首ルドルフ＝ベランが新内閣を組織して、右派の政党を国民統一党に結集し、左派の政党は国民労働党にまとめられ、共産党は禁止された。

しかし、ヒトラーの最終目標はチェコスロヴァキアの解体であったから、ドイツの弾圧と脅迫はさらに強まった。一九三九年三月、スロヴァキア政府がさらに自治権の拡大を要求すると、プラハ政府は傷つけられた自己の権威をいま一度回復しようとして、断固たる処置をとる決意をかため、スロヴァキアの強硬派ティソを罷免した。しかしティソは、ヒトラーの後援と保護をえて、みずから大統領兼首相として新政府を組織し、一四日スロヴァキアの完全な独立を宣言した。それとともにルテニアの自治政府も独立を宣言し、チェコ＝スロヴァキア共和国の存続は事実上不可能になった。のみならずヒトラーは一四日ハーハ大統領をベルリンによびよせ、威赫を加えつつ徹宵の会談を行なった末、一五日早朝「チェコスロヴァキア大統領はチェコ国民の運命を信頼の念をもってドイツ帝国総統の手に委ねる」という文書に署名させ、ボヘミア・モラヴィア両州はドイツに編入されて、その保護領となった。チェコスロヴァキア共和国は建国以後二十年余で、ここにまったく解体したのである。

なお名目的に独立したスロヴァキアはドイツの保護国となり、ルテニアは、わずか一日独立したのち、スロヴァキア喪失の代償としてハンガリーに与えられた。チェコスロヴァキアのこの悲惨な運命は、まさに二〇世紀の悲劇の頂点であり、悲劇の重大な責任がイギリスにあることは、多くの歴史家が指摘するところである。

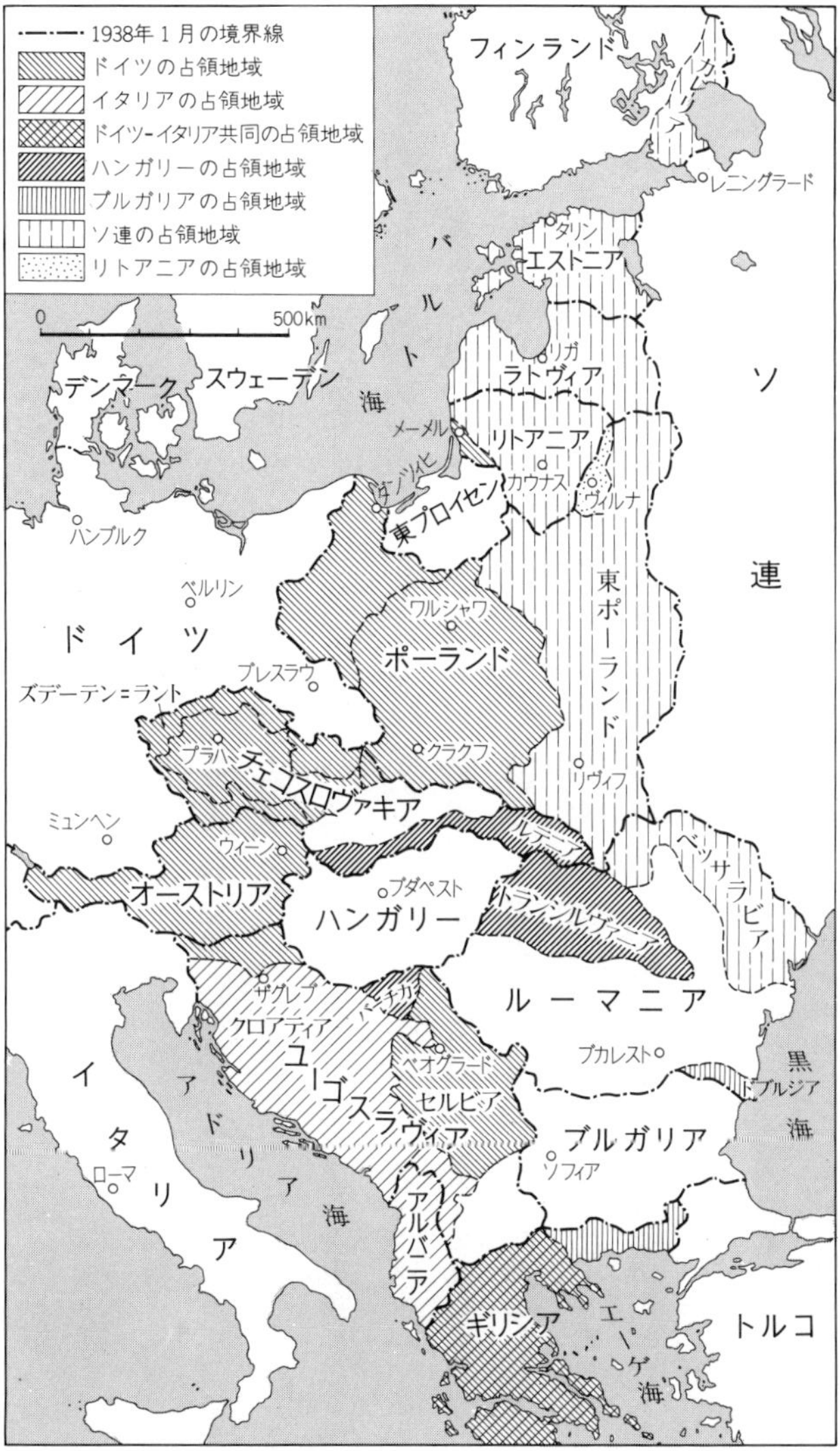

ヒトラー下の東欧

戦間期チェコスロヴァキア史の意義

チェコスロヴァキア共和国は最後に悲惨な瓦解をとげたとはいえ、戦間期における成果は顕著なものがあり、その政治生活は、他の東欧諸国と著しい対照をなしていた。この国の政治体制の崩壊は、内部の脆弱さによるものではなく、圧倒的にドイツにおけるナチスの勝利によって引きおこされた緊張によるものであった。

チェコ人が立憲制の運営に比較的よく成功した理由としては、すでにみたように、この国が他の東・中欧諸国に比してはるかにバランスのよくとれた経済状態をもっていたことが、まずあげられる。チェコ人の土地ではかなりすすんだ工業化がみられ、自己の生計を農業にたよっていたのは、全共和国人口のわずか三三％にすぎなかったし、さらに、すくなくともチェコ人の土地では、農民は裕福でよく組織されており、この穏健で現実的な農民を代表する農民党が優位を占めたことは、チェコスロヴァキアの安定に貢献した。両大戦間のほとんど全時期にわたってこの国を統治した、五つの指導的政党のグループである「五党委員会《ピェトカ》」の存在も、政局の安定に寄与したことは否定できない。敬愛された初代大統領マサリクの人柄も、政治的衝突のはげしさを和らげるうえで大きな役割をはたした。

チェコ人をナチスの諸要求に屈伏するように強いて、この国をついに瓦解にみちびいた最大の要因は、西欧列強の一方的な決定だったのである。東ヨーロッパの問題を、ソ連を排除した枢軸勢力との談合によって決定したミュンヘン協定の成立は、ソ連や東欧諸国、とくにチェコスロヴァキアの英・仏に対する不信を決定的なものにした。このにがい経験は、つづく六年間のドイツによるきびしい占領統治とともに、チェコ人に忘れがたい記憶として残らざるをえなかったし、この強烈な記憶こそ、一九四五年以後共産党がもっとも有力な政治集団として登場し、やがて一九四八年権力掌握に成功する重要な背景をなすものであることは、後章で考察されるであろう。

しかしながら、ミュンヘン協定の受諾については、チェコにきびしい見方もないわけではない。チェコ人の歴史をみると、彼らは決定的な瞬間に必死の抵抗をしない民族であることが知られる。一六二〇年の白山の戦い以後三五〇年間、彼らは、ドイツ文化の影響をうけたせいか、よくいえば見通しがきき、わるくいえば捨身の勇気に欠けるために、抵抗を貫かず、それによって生存をつづけてきた。一九三八年当時ズデーテン地方には、マジノ線よりも強力といわれた要塞があり、もし一〇月一日のミュンヘン協定を受諾せずに、チェコ軍がこの要塞によって抵抗したとすれば、その後の歴史は一変していたかもしれない。チェコが単独で交戦しても、当時のドイツ軍の力では、ズデーテン地方の要塞は半年や一年では落ちなかったであろうし、そのうちにはフランスやイギリスやソ連も参戦して、一九三九年中にヒトラーは地上から姿を消したかもしれない。決定的な瞬間に決死の抵抗をしなかったことが、侵略者をつけあがらせたのではなかろうか、というのがそれである。この見解はたしかにチェコ民族の性格の一面を鋭くついてはいるが、当時の事態を説明するには、やはり一面的といわざるをえないであろう。

第二次世界大戦下の状況

ヒトラーは併合したチェコ地方を「ボヘミア＝モラヴィア保護領」と名づけたが、ここではすべての政党が禁止されて、大統領ハーハを党首とするファッショ的な政治組織「民族協同体」が結成され、保護領政府の活動は、ドイツ政府直属の総督に監視された。初代の総督には、ドイツの前外相ノイラートが任命された。

第二次大戦勃発後、事実上ドイツの軍事占領下におかれたチェコ人の地方は、異常な苦難をなめねばならなかった。ドイツは、チェコの知識人と反ナチスの人々を一掃するとともに、非ドイツ人を同化させる方針をとり、これに従って一般市民を容赦なく逮捕し、拷問を加え、強制収容所に投げ込んだ。チェコの軍隊は解体され、学生のデモが原因となって、チェコ人の高等教育はすべて禁止され、ソコルも解散された。ナチスのテロで六万人が死亡し、二〇万人が強制収容所に送られ、一五〇万人以上が自己の所有地から追われたといわれている。

ナチス＝ドイツの残酷さを物語るものとして、つぎの事件は有名である。残忍さで知られた保護領総督代理のハイドリヒが一九四二年五月二七日暗殺されると、その報復として大量死刑が執行されたが、とりわけ六月一〇日に、ナチスはボヘミア西部の小村リディツェにおいて、暗殺者をかくまったという嫌疑で、二〇〇名に近い一四歳以上の男子全員を射殺し、女子を強制収容所に送り、子供たちをドイツ人の家庭に配分して、この村を抹殺してしまったのである。

その間チェコ国内には活発な抵抗運動が行なわれ、ナチスの狂暴な強制をもってしても、戦争に対する国民の協力をえることはできなかった。もっとも、組織的な抵抗運動は微弱で、散発的な運動にとどまり、それを行なったのは主として中産階級で、共産党はほとんど地下に潜伏していた。

名目上の独立国家となったスロヴァキアではスロヴァキア人民党による一党独裁制がしかれ、一九三九年一〇月ティソを大統領とし、トゥカを首相とする新政府が発足したが、ティソの慎重な教権的ファシズム政策と、トゥカ一派の親ナチス政策とが均衡を保って、ドイツの庇護下に、ある程度の繁栄に恵まれた。しかし、一九四〇年にはいるとドイツの圧力が強まり、ヒトラーがスロヴァキア人にポーランドへの宣戦布告を強い、またソ連に軍隊を送って戦わせたため、対独感情が悪化した。元来民族意識の強いスロヴァキアでは、一九四四年ころから組織的な抵抗運動が表面化した。ここでも抵抗運動の主力は中産階級と農民の一部であったが、共産党もかなり積極的に参加した。四四年八月にはドイツ人に対する反感がいっそう強まり、バンスカー＝ビストリツァで大暴動がおこって、二カ月もつづいた。

ドイツのチェコスロヴァキア合併後イギリスに亡命したベネシュは、第二次世界大戦勃発後、一九三九年一一月フランスにチェコスロヴァキア国民委員会を結成しようとしたが、翌年夏フランスが崩壊したあと、七月二三日ロンドンに臨時政府を設置した。一九四一年七月の独ソ開戦後、イギリス・ソ連両国はこれを亡命政府とみなし、ベネシュを国家元首として承認し、四二年一〇月には、アメリカも正式にこれを承認した。ベネシュはとくにソ連との友好関係の維持に注意を払い、四三年一二月にはモスクワに飛んで、一二日、期間二〇年の友好相互援助条約を締結し、戦後の協力を約した。そこでは、ソ連軍による国土占領後の行政についても協定がむすばれ、亡

1945年5月のプラハの蜂起　ソ連軍の前に退却するドイツ軍砲兵隊。

命中の自国共産党代表者とも交渉が行なわれて、民主連合政府と経済生活の社会化への準備がなされた。

一九四四年一〇月六日、ソ連軍は旧チェコスロヴァキア共和国の国境をこえ、まずルテニアを、つづいてスロヴァキアを解放し、一九四五年五月九日には首都プラハを解放した。その直前の五月五日に、プラハでは市民の自発的な対独反乱がおこったが、これを組織した主導力は、旧チェコスロヴァキア国軍の将校で、共産党もその一翼として参加した。当時アメリカ軍も西方から進撃していたが、事前の協定によって国境沿いの地方を解放するにとどまり、プラハの解放をソ連軍の手に委ねたのである。要するに、チェコスロヴァキアの抵抗運動は自己の手で解放をかちとるほど強くはなかったこと、そこでは、ポーランドと違って共産勢力が積極的な役割を演じなかったこと、チェコ人に比べてスロヴァキア人の方がより積極的にナチス占領軍と闘ったことなどが、特徴的である。

Ⅳ　第二次大戦後のハンガリー

1　人民民主主義国家の成立

東欧の共産化

第二次世界大戦中、東欧諸国は直接・間接にナチス＝ドイツの支配下におかれ、ナチスは収奪をほしいままにしていたから、これらの国々では、ナチスとそれに従属した支配階級に対する抵抗運動が根強く広がった。それはまず第一に民族の解放をめざす運動であり、その担い手は広い層にわたっていたが、多くの場合、共産党がもっとも積極的な役割をはたした。一方、このような抵抗運動の進展を促し、東欧を解放するうえで決定的な役割をはたしたのは、ソ連軍であった。一九四四年から翌年にかけて、東欧の大部分が直接ソ連軍の手で解放されたことは、ソ連の名声を高めたばかりでなく、諸国の革命勢力に決定的に有利に働いた。こうして東欧では、共産党の勢力が急速に伸び、一九四五年から四八年までのあいだに、ポーランド・ルーマニア・ブルガリア・ハンガリー・チェコスロヴァキア・ユーゴスラヴィア・アルバニアには共産政権が成立するが、しかしその過程は、各国のおかれた条件によって、けっして一様ではなかった。

東欧に新しい共産政権が成立する過程は、大体においてつぎの三つのタイプに分類することが

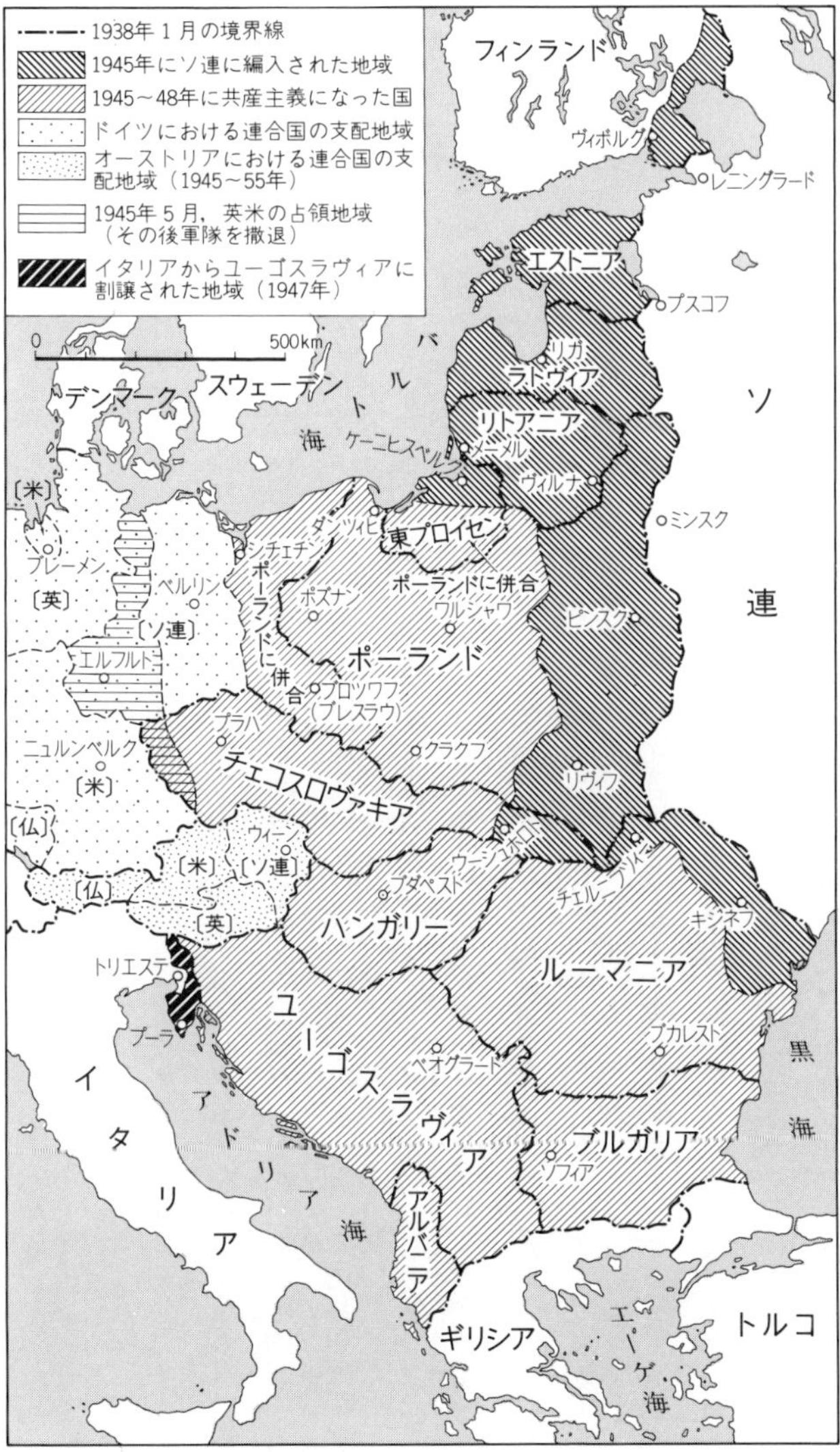

共産圏の東欧

できる。第一は、ユーゴスラヴィアとアルバニアにみられるもので、これら両国では、第二次大戦中ドイツ・イタリア占領軍に対する抵抗運動を共産党が指導したために、自力で〃下からの〃共産化が行なわれた。ユーゴスラヴィアでは、ティトーの率いる共産党のパルチザンが民衆の支持をうけて戦い、外からの援助なしにほとんど独力で自国の領土を解放したので、革命勢力に対する国民の人気は圧倒的で、社会主義化の方向がもっとも早く定まり、ティトーの人民戦線政府は、一九四五年末から翌年はじめにかけて、王制の廃止と連邦人民共和国の樹立を実現する一方、産業の国有化や土地改革を急速にすすめ、東欧革命の先頭に立った。アルバニアも四四年末に自力で全国土を解放し、ホジャの指導する民族解放委員会が政権をにぎって、人民共和国を宣言した。

これに反して他の諸国では、ソ連軍の占領下に〝上からの〟共産化がすすめられたが、そこにも二つのタイプを区別することができる。一つはポーランド・チェコスロヴァキア型で、自国の解放をソ連軍に負ってはいたが、連合国側に立った亡命政権が本国の抵抗運動とむすびついて国民のあいだに大きな影響力をもっていたために、戦後の共産党支配権の確立は、複雑な経過をたどることになった。ポーランドでは、ソ連軍を背景にした解放区の臨時政府が、亡命政府系の強力な抵抗運動を実力で排除していったが、労働者党（共産党）が完全に権力をにぎって社会主義にすすんでいったテンポは、ユーゴスラヴィアほど速くはなく、四六年一月になってようやく工・鉱業の国有化がはじまった。チェコスロヴァキアの場合は、ソ連と協力するベネシュの亡命政府がそのまま本国に復帰したために、共産党による完全な政権掌握は、ポーランドよりもさらに遅れた。ここでは、戦前に西欧型の議会政治が行なわれ、社会構造が西欧諸国に似ていたという事情があり、勇気ある自由主義者のベネシュが元首であったせいもあって、一九四七年秋まで、民主的自由がかなりの程度保持されていた。

他の一つは、ハンガリー・ルーマニア・ブルガリアのタイプで、これらの諸国は枢軸側に立って戦争に参加し、ソ連軍の西進にともなって、それに同調する政権が、ハンガリーの場合は解放区に、あとの二国の場合はクーデターによって生まれた。そのため、戦後の政治過程でソ連の力がとくに大きく働いたことが、特徴的である。

ところで、東欧の共産化には、一般にほぼつぎのような傾向がみられた。それはまず、各派連立内閣の成立という形でスタートした。最初共産党は、反ソ勢力だけを除いた他の諸政党と連合して政局を担当する方針をとり、必ずしも首班を要求しなかった。むしろ、完全な政権掌握にいたる地盤確保のために、愛国的・宗教的な諸団体と友好関係を維持するに努め、国民の尊敬をうけている民主的人物や変革を望んでいる人々の支持をうるために、細心の注意を払った。ソ連占領軍当局もこのような「統一戦線」政権の結成を後援し、この段階では、ソ連に関する言論の自由がきびしく制限された点を除けば、言論・集会・結社の自由は一応保障されていた。

ソ連軍の援助をえた東欧諸国の共産党は、一九四四年から四五年にかけてドイツ軍が撤退したのちには、ただちに自己の希望する共産主義政権を樹立しえないわけではなかったのに、あえてそうしなかったのは、なぜであろうか。その理由としては、戦争がなおつづいている状況下で共産政権を押しつけれぱ、ドイツが米・英と単独講和をむすぶ危険があったこと、また、時期尚早の行動は、西欧とくにフランス・イタリアで共産党が政権をにぎる絶好のチャンスをつぶしてしまうおそれがあったこと、さらに、東欧の客観的情勢も共産政権の樹立にはなお熟していなかったことなどのために、一時妥協的な連立政府の形をとった方がよいという戦術的考慮がはたらいたものと思われる。

しかし、最終目標はどこまでも共産党独裁体制の確立であったから、連立政権においても共産党は、みずから実権を掌握するうえで絶対に重要な意味をもつ内相・情報宣伝相・文相・法相・主要経済閣僚などのポストを確保するに努め、つづいて、自己の権力奪取の妨げになる諸政党を治安警察とソ連占領軍との協力でつぎつぎに撃破し、最後に、社会民主党中の共産主義同調者を吸収・合併して、事実上の共産党独裁政権を樹立するというのが、一般的なパターンであった。しかしこの過程は漸進的で、一九四四年末から四八年初頭にかけての三年以上にわたっており、その推移も一様ではなく、各国の特殊事情および遭遇した障害のいかんによって、あるいは直線的な、あるいはジグザグのコースをたどった。以上の点を念頭におきながら、ハンガリーとチェコスロヴァキアの場合を詳しくみてゆくことにしよう。

戦後ハンガリーの出発

ハンガリーの旧政治体制は、ナチス＝ドイツの敗退とともに崩壊し、ソ連軍の進撃と占領のもとで、新しい政治体制が形づくられていった。ハンガリー西部になおドイツ軍が残っていた一九四四年一二月二一日、ソ連軍によって解放された東部ハンガリーのデブレツェンに、親ソ派のミクローシュ＝ベーラ将軍を首班とする臨時政府が成立し、翌四五年一月一八日ドイツに宣戦を布告するとともに、一月二〇日には米・英・ソ連の三国と休戦協定をむすび、ドイツ軍がソ連軍の手で完全に国外に追放されたのち、四月はじめ首都ブダペストに移った。この政府は、ホルティ時代に野党であった民主的諸政党と、非合法政党であった共産党との連立政権となった。

共産党は一九一九年のハンガリー＝ソヴェト共和国が倒れたあと二十数年間非合法状態にあったため、国民に対して強い影響力をもっていなかったが、第二次大戦の後半枢軸側の劣勢が明らかになり、国内に動揺がおこるにつれて、活動を積極化した。それと並行して社会民主党と小地主党も再建されたが、そのほか、農民を親ソ・容共的方向に組織するため、全国的に大きな勢力をもつ小地主党に対抗して全国農民党がつくられたことが、注目される。共産党は一九四四年五月、小地主党・社会民主党とともに「ハンガリー戦線」を結成して、パルチザン運動をはじめていたが、同年一〇月はじめにソ連軍がハンガリー国内に進攻すると、全国農民党・労働組合なども加えて「ハンガリー民族独立戦線」を結成した。新政権はこれを主体とするものであった。そのさいソ連は、民族独立戦線を構成する四政党を巧みに操作しながら、時間をかけてハンガリーに人民民主主義政権を確立することを基本方針としていたので、ミクローシュ内閣には、共産党からはナジ＝イムレ農相ほか一名しか加わらなかった。しかし農民党出身の内相は共産党に近かったし、ナジ農相がはやくも一九四五年三月農地改革を強行したことは、共産党の地盤確保の準備として注目される。

一般に東欧諸国は、ナチス＝ドイツの崩壊とそれにつづくソ連の占領によって極端な混乱状態におちいっていたから、戦後の新政権はまず第一に復興と生存の維持に専心しなければならなかったが、人口の大半が農業に依存するこれらの国々では、急速な農業改革がぜひとも必要であり、しかもその指導者たちは、土地私有の廃止を説くマルクス主義の教説から一時後退して、むしろ土地私有の数をふやすことによって、新政権に対する農民の歓心を買い、それによって共産主義権力をかためねばならぬ重大な時期にあったのである。

ハンガリーは、土地所有に関する限り、第二次大戦以前はほとんど封建国家であり、農地のほぼ四〇％が一〇〇ヘクタール以上の大私有地からなっていた。新政府が着手した最初の政策は「大土地所有の廃止と農民への土地分与」に関する布告で、これによって一〇〇〇ホルド（五七〇ヘクタール）以上の領地はすべて無償没収され、残りの私有地は最大限一〇〇ホルドに制限され、ナチス協力者の土地は全部没収された。この改革によって、農・林地総計三二〇万ヘクタールが没収ないし買収され、その半分以上が約六四万の小農や農業労働者に分配され、残りは政府がこれを保有した。こうして、長い伝統を誇ったハンガリーの大土地所有制は一挙に崩壊し、戦前の支配階級は経済的基礎を失った。なお、対ファシスト闘争で功績のあったものには、一般人の三倍にあたる三〇〇ホルドまでの所有が認められたが、これは、土地改革が新政権に忠実なものに多くを報いたことを示している。なお、個人農を強化したこの改革は、第一次大戦後のソヴェト共和国が地主から取り上げた土地で国営農場をつくり、そのため農民の不満と離反を招いた苦い経験を考慮したものといわれ、その結果、従来経済的に不安定であった多数の農民は、喜んで新政府を支持するようになった。

共産党の反対勢力排除

つぎに、共産党がソ連軍の威力を背景にして、反対党を徐々に排除していった過程をみよう。当時ハンガリーで国民の大半を代表するもっとも有力な政党は、小地主党であり、共産党の前進をはばむ主要な障害と考えられていた。しかし、他方社会民主党は、再建の当初からソ連占領軍に協力的であり、共産党とともに統一候補者名簿をつくることに同意していたから、ソ連は、すくなくとも都市では、この統一候補者名簿が絶対多数を獲得しうるものと楽観していた。ところが、一九四五年秋に行なわれた首都ブダペストの市議会選挙で、小地主党は総投票数の五一％を獲得し、これは、ソ連軍の略奪や蛮行に対する抗議の意志表示とみられた。当時ハンガリーは、名目上米・英・ソ連の代表から成る連合国管理委員会に統治されていたが、実際には、ソ連占領軍の支配下にあって収奪され、三億ドルの賠償を支払わされ、またソ連軍の駐留費を負担させられていたのである。

連合国管理委員会議長のヴォロシーロフ元帥は、この市議会選挙の結果をみて狼狽し、目前に迫った国会の総選挙を、小地主党と全国農民党を含む四党の統一候補者名簿によって行なうことに同意するよう、小地主党に圧力をかけた。しかし、ブダペストの勝利に自信をえた小地主党は、これに反対し、結局、選挙の結果いかんにかかわらず四党の連立内閣をつづけるという条件のもとに、ソ連軍の占領下ではまれにみる自由な選挙が行なわれることになった。

一九四五年一一月に行なわれたこの戦後はじめての総選挙では、自由主義的な政綱をかかげ中・小実業家や地主に支持された小地主党が、得票率五七・五%で、四〇九議席中二四五を占めて断然第一党となり、以下共産党が得票率一七%、議席数七〇で第二位、社会民主党が得票率一七%、議席数六九で第三位、全国農民党が得票率七%、議席数二三で第四位の順となった。戦後のハンガリーでは、当初共産党の勢力はなお支配的ではなかったのである。小地主党が国会で絶対多数を制した結果、その党首ティルディ＝ゾルターンが新内閣の首班になったが、ヴォロシーロフとの協定にもとづいて民族独立戦線は維持され、内閣は四党の連立となり、小地主党は一八名の閣僚中九名を占めるにとどまり、警察権をにぎる内相には、共産党の前農相ナジ＝イムレが就任した。

選挙の敗北で困難な局面に立たされた共産党は、小地主党を当面の攻撃目標とし、以後一九四七年八月の第二回総選挙にかけて、この党の分裂と打倒に全力を傾けることになり、民族独立戦線内部の対立が次第に激化していった。一九四六年二月、王制を廃止して共和制がしかれ、ティルディ首相が初代大統領に選ばれると、同じく小地主党のナジ＝フェレンツが首相になり、四派の連立内閣が成立した。ナジ＝フェレンツ首相は、ソ連軍が国土を占領しているかぎり共産党を懐柔してゆくほかないと考え、ソ連に友好的な政策を行なおうとしたが、共産党は同年三月社会民主党・全国農民党・労働組合と「左翼ブロック」を形成し、小地主党右派に圧力をかけていった。

当時ハンガリーの経済は、危機的状態におちいっていた。全国土は大きな戦禍をこうむり、都市の住民は一年以上も餓死寸前の状態におかれ、貨幣価値の下落は記録的なものになっていた。

共和国宣言のための議会前大衆集会（1946年2月1日）

そのうえ、ソ連・チェコスロヴァキア・ユーゴスラヴィアへの賠償支払いと駐留ソ連軍の維持に物資をさかねばならず、インフレと生活必需品の不足は深刻さを加えた。これに対して政府は、炭鉱・発電所を国有化し、重工業の五大コンツェルンを国家管理に移す一方、四六年四月にはソ連に賠償支払い期限の延期を認めさせ、八月には新通貨フォリントを発行し、物価・賃金を改訂するなどしたので、インフレはようやく収拾された。また農村では、この年の秋に土地改革が終了し、一応の成功を収めた。さらに翌年開始された復興三カ年計画は、多くの悪条件にもかかわらず、その終了時にはほぼ戦前の生産水準を取り戻すことができた。これらの政策の立案者・推進者は共産党であったから、その人気は次第に高まり、わずか三年のあいだに、党員数は八〇万に増大した。

なおナジ＝フェレンツの政府は、一九四七年二月連合国とのあいだにパリ講和条約を締結した。その結果、領土は一九三八年以前の状態に復帰することになり、新生ハンガリーはほぼトリアノン条約の線を確保することができたが、カルパト＝ウクライナ（ルテニアの戦後の呼称）がソ連領となったために、ソ連と国境を接するようになったことが、注目される。

その間に、共産党の小地主党切りくずし工作はしだいにすすんでいった。連立内閣では、まもなくモスクワ帰りの共産党書記長ラーコシが副首相になって実権をにぎり、同じく共産党のライク＝ラースローが内相に就任して、治安警察をその手に収めた。こうして共産党は、内相直属の治安警察を背景にして、〃サラミ＝ソーセージを切るように〃つぎつぎに政敵を孤立させ、排除してゆく戦術をとった。まず狙われたのは、小地主党幹部のシュイョークで、反動的であるという理由で共産党から集中攻撃をうけ、小地主党から除名された。ついで小地主党書記長のコヴァーチ＝ベーラが、反ソスパイ組織に関係したという理由で、一九四七年二月警察に逮捕され、消息を絶った。その間ティルディ大統領は、戦前にホルティ政権を支持したという弱点をにぎられていたために、なんの抵抗もできなかった。つづいて四七年五月には、休暇をスイスですごしていたナジ＝フェレンツ首相が、多数の小地主党員とともに反動的陰謀をたくらんだという非難をあび、辞職を強要された。ナジは首相辞任を表明して、そのままスイスに亡命した。こうして小地主党はつぎつぎに指導者を失い、弱体化の一路をたどった。

こうした背景のもとで行なわれた一九四七年八月の第二回総選挙では、小地主党は凋落し、共産党が第一党に進出した。しかし共産党は総投票数の二二％しか獲得できず、以下社会民主党一五％、小地主党の残党一四％、全国農民党九％の順となり、与党を合計しても六一％にとどまり、共産党がなお十分な人気をえていなかったことがうかがわれる。選挙の直前に、民主人民党・ハンガリー独立党などの野党が結成され、四党連立政権への反対を表明していたが、以前小地主党に投票した保守勢力がこれらの党を支持したために、二党でほぼ四〇％の票をえることができ、とりわけ民主人民党は、カトリック教会とその影響下の農民の支持をえて、第二党になった。

しかし共産党は、この選挙後、自立的な政治勢力に対する攻撃を一段と強化した。すなわち、これら二つの野党を解散させ、さらに社会民主党から多くの右派幹部を追放させたあと、一九四八年六月にこれを吸収・合併して「ハンガリー勤労者党」と改名し、ここに実質的な共産党の一党独裁が実現した。このハンガリーのケースは、共産党が政権を掌握する過程での社会民主党の

1948年のハンガリー社・共合同会議に向かう代表者たち

運命をよく示すもので、社会民主党の内部で一般党員の左翼化や幹部の対立激化が生じ、数年にわたる共産党の強圧がこれに加わって合同にいたったものであって、新党内の指導権はいうまでもなく共産党ににぎられ、ラーコシが新しい勤労者党の書記長になった。

四九年二月、ラーコシは諸政党、労働組合、その他の社会団体を編入した「独立人民戦線」を組織し、そのなかで勤労者党の指導的役割が承認された。そして同年五月一五日の第三回総選挙は、はじめて統一候補者名簿方式で行なわれ、そこでは「独立人民戦線」の統一候補者名簿が、総投票の九五・六%を確保して、四〇二の全議席を占め、そのうち勤労者党は二八八議席をえた。ここにハンガリーの上からの共産化は完了し、勤労者党の党員数も一〇〇万をこえるにいたった。

ラーコシの独裁政治と粛清

一九四九年八月二〇日、新憲法が制定され、正式にハンガリー人民共和国が発足したが、この憲法はソ連のスターリン憲法を忠実に模したもので、大統領のかわりに幹部会が設置され、政治機関は党の支配下におかれた。そしてこの新体制の頂点でスターリン的独裁政治を行なったのが、同時に副首相でもあった党第一書記のラーコシであった。ラーコシは一九一八―一九年のハンガリー革命に参加したのちコミンテルンやソ連共産党で活躍した〝モスクワ帰り〟の実力者で、彼が党内の反対派を次々に葬りながら自己の立場を強化していった過程は、興味深いものがある。

ラーコシにまずにらまれたのは、ナジ＝イムレであった。ナジもまたモスクワ帰りの忠実な共産主義者であり、戦後ハンガリーの共産化の過程では、農相および内相として大きな役割をはたしたが、一九四七年に内相の地位をライクに譲ってからは、政界の裏面に退き、大学で農業問題を講じていた。小農出身の彼は、土地改革を担当したさいにも個人農の強化をめざし、ラーコシ一派の農業集団化に反対したため、四九年、党政治局から追放された。

その間に国際政治の面では、ソ連とユーゴスラヴィアの関係が次第に悪化し、一九四八年六月二八日、諸国共産党の国際組織であるコミンフォルムが、ユーゴスラヴィア共産党を、革命の裏切り、民族主義的偏向などの理由で除名追放した。こうしてソ連はユーゴスラヴィアと断交し、東欧諸国もこれに追随したが、ソ連とユーゴスラヴィアの衝突は、東欧全体に、民族主義的偏向

ラーコシ（左端）と逮捕直前のライク（その右）

に対するはげしい論争を巻き起こした。ラーコシはこれに乗じて、自己のライバルであるライクを葬り去ろうとした。ライクは、一九三七年スペイン内戦に参加して、人民戦線側に立って活躍し、また第二次大戦中は何度も逮捕されてナチスの収容所にいれられた人物で、党内ではラーコシにつぐ実力者とみられていたが、モスクワ派ではなかった。ライクは一九四八年八月内相から外相に移されたあと、翌四九年六月に逮捕され、九月の裁判で、自分はティトー派であり、帝国主義者の手先になってハンガリーの共産政権を倒そうとしたという奇妙な自白を強要されたあと、翌月処刑された。ライク粛清の真相は今なお謎に包まれているが、ソ連におけるジダーノフ一派の粛清と関係が深いともいわれている。

さらに、ライクの友人で、大戦中ライクとともに国内で対独レジスタンスに参加し、一九四八年ライクのあとをうけて内相になったカーダール＝ヤーノシュも、五一年五月に逮捕され、終身刑を宣告された。そのほか、一九四九年から五二年にかけて、数万に及ぶ党員・社会主義者・工業労働者・知識人が逮捕され、拷問にかけられ、投獄された。一九五三年にスターリンが死んだとき、ハンガリーの政治犯の数は一五万人、そのときまでに処刑されたものの数は二〇〇〇人に及んだといわれている。こうして党内の異分子は一掃され、党指導部はモスクワ帰りのスターリン主義者でかためられた。

カトリック教会もまたきびしい攻撃をうけた。比較的従順であったプロテスタントやユダヤ人グループと違って、カトリック教会はもっとも勢力があるうえに、共産政権に対する抵抗の結集点となる恐れがあったので、政府はこれを服従させることに全力を注いだ。一九四八年には、教会管轄下の学校が一方的に国営化され、四九年一月には、枢機卿ミンドセンティが反国家陰謀のかどで逮捕され、二月八日公開裁判で無期禁固刑をいいわたされた。一九五二年八月には、ラーコシがみずから首相に就任し、彼の独裁体制が確立された。

ラーコシ時代の経済政策

つぎに、ラーコシの支配したスターリン主義時代の経済政策をみよう。それは、一言でいえば、経済のソヴェト化を急速にすすめたものであり、「産業国有化」と「農業集団化」の二点に要約される。ハンガリーではすでに一九四七年八月、戦災の回復を目標とする三カ年計画がはじまり、政府による経済界の掌握も次第に強化されていったが、一九四八年はじめまでは、国有化はなお石炭・鉄鋼・電気の各産業と銀行に限られていた。しかし、四八年三月には、従業員一〇〇人以上の全工業の国有化が実施され、また貿易・大規模商業の国有化がすすめられるなど、社会主義的改革が着々と実行に移され、一九四九年末までには、従業員一〇人以上の全企業が国有化され、国有化の割合は九〇%をこえた。

ついで政府は、長期工業計画化に乗りだしたが、その究極目標は、圧倒的多数のプロレタリアートを擁する、高度に工業が発達し、都市化され、機械化された社会を、自国に建設することであった。この政策は、ソ連が一九二〇年代の後期以来とってきた路線の引きうつしであり、ソ連と同じ理論的根拠によって正当化され、同じく警察力による強制が加えられた。要するにハンガリーは、小型のソ連にならうとする努力をはじめたのである。一九五〇年一月に発足した第一次五カ年計画は、なお遅れた農業国であるハンガリーを急速かつ徹底的に鉄鋼工業国化しようとした野心的なもので、そこでは、工業生産を四倍にふやす目標が立てられ、この目標を達成するために、経済投資全体の四〇―五〇%にあたる莫大な資金が重工業に投入された。最初の二、三年間の工業化の進展速度は目をみはらせるものがあり、工業活動の基礎指標である鉄鋼生産は、一九四八年の七七万トンから五三年の一五〇万トンに増加した。また、この計画にもとづいて多くの新工業がおこされ、都市が建設された結果、労働力の移動によって農村の過剰人口は解消した。

しかし、まもなく経済計画の重大な欠陥が表面化しはじめた。最初のうちは、ソ連の供給する原料が新工業を忙しく動かしていたが、ソ連自身の工業活動が拡大するにつれて、東欧諸国の需要を充たすことができなくなり、新工場の一部は操短を余儀なくされ、暫時工場を閉鎖しなければならぬ事態さえ生じてきた。のみならず、新しい労働者は、低賃金、高率の生産ノルマなどで不満を強め、欠勤や高率の労働移動が生じ、その結果、労働の生産性が急激に低下し、一九五二年には、早くも新しい工場の多くでは、割当生産目標を達成できなくなっていた。のみならず極端な重工業中心主義は消費物資の生産を圧迫するとともに、高額の税金を必要としたので、国民を貧困化させ、労働者の実質所得は、一九四九—五二年のあいだに一八%も下落した。生活水準の急速な低下は、当然のことながら労働者の不満を強めた。生産財生産を三八〇%も引き上げるという五ヵ年計画は、はじめからハンガリーの経済能力をこえていたのである。

五ヵ年計画の重点の一つは、農業の集団化であった。一九四五年の土地改革は、大所有地を没収し、これを貧農に分配する形で行なわれたが、この段階が完了すると、共産主義政権はつぎに農業の集団化を推進しはじめた。これは、農民に個人経営への努力を断念させ、農業生産協同組合に加入させることによって、農村を社会主義型に改造しようとするもので、かなりの強制や行政的圧迫を加えながらすすめられた。個人農は、大量の農産物を政府が定めた価格で国家に供出しなければならないばかりか、差別的な重税に苦しめられ、政府から法外な値段で種子や肥料を買わねばならず、農機の高い使用料をも払わねばならなくなったので、彼らの抵抗はしだいに克服され、一九五三年には、ハンガリー農地の約三〇%が集団化されるにいたった。

しかし、ここにも深刻な問題があった。一九五〇年にはじまった計画では、五年間に農業生産を倍増させることになっていたが、同期間の総発展資金のわずか八—一二%しか農業部門に割り当てられなかったので、とうていこの目標を達成することはできなかった。そのうえ、農業集団化工作は農民の生産意欲を著しく減退させたし、また一九五〇年と五二年には天候条件の悪化が加わったために、一九五二年には、農業生産は戦争時の水準にさえ達することができなかった。こうして、都市では食糧が欠乏して、国民の不満はますますつのり、農村では集団化がすすむほど、農民のかなりの部分は急速に政権から離れてゆくという結果になった。

一方、教育面でもソ連の型が押しつけられ、ロシア語が義務化された。新聞では、勤労者党機関紙『人民《ネープ》』がほとんど独占的地位を占め、文学や芸術も社会主義を礼賛するものでなければならず、きびしい検閲は人々を脅えさせた。ラーコシの独裁を可能にした最大の機関は、国家治安警察AVHであり、これを背景にして、小スターリン、ラーコシのもとに一貫した親ソ政策が着々と実行され、勤労者党の支配はまったく強力になっていった。しかしながら、ラーコシの押しつけた強制的体制はやがて一般大衆のはげしい不満と反感をよびおこし、党指導部と国民のあいだの亀裂を大きくしていった。

ソ連はその後も引きつづきハンガリーに軍隊を駐屯させ、ハンガリーの党・政府・治安警察に大きな影響力をもち、政策決定を制御していた。ハンガリー政府は、一九四七年六月、ソ連の要求によってマーシャル＝プランの受け入れを断念し、四九年一月にはコメコン(経済相互援助会議)に加盟した。ソ連はまた、多くのソ連籍企業やソ連とハンガリーとの合弁企業を通じて、ハンガリー経済を直接支配し、搾取していた。それゆえ、ハンガリー国民の小スターリン、ラーコシに対する反感は、反ソ感情に発展しかねない可能性を含んでいた。

2　ハンガリー動乱前後

スターリン死後の変化――ナジの登場

一九五三年三月五日のスターリンの死は、ソ連はもとより、ハンガリーにも重大な影響を及ぼした。スターリンの死後、ソ連では彼の独占していた地位が二分され、マレンコフが首相に、フルシチョフが第一書記になって、独裁制から集団指導制の時代にはいり、重工業偏重政策の是正、生活水準引上げなどの新路線が打ちだされた。それとともに、東欧衛星諸国に対する政策も動揺し、各地で表明された大衆の不満は、ソ連の指導者たちを次第に宥和政策の方向に向かわせた。それとともに、ラーコシの独裁体制もまたゆらぎはじめたのである。

すでにみたように、ハンガリーではライク派の没落後、ラーコシの立場が著しく強化され、一九五二年八月には、党第一書記であるラーコシが同時に首相に選出されたが、ソ連ではじまった雪どけはハンガリーにも波及し、個人崇拝や専制を排除しようとする動きがおこりはじめた。しかもハンガリーでは、スターリン主義のゆきすぎが重大な経済危機を生みだし、党内にラーコシ反対派をつくりだしていたから、ソ連からみても、ラーコシ政権が当面の状況を乗り切ることはきわめて困難であり、かつ危険であると思われた。そこでソ連の指導者は、一九五三年六月末、ラーコシらの勤労者党指導部をモスクワによびよせ、失政を理由に、首相の地位をナジ＝イムレに譲るよう勧告し、これにもとづいて、七月ラーコシは首相を退いて第一書記専任となり、ナジが首相に起用された。

ナジはモスクワ帰りの忠実な共産主義者であったが、温和な思想家風の人物で、ある程度民衆の支持を集めていた。彼は首相に就任すると、ただちに不評判な農業集団化政策の緩和に踏み切り、農民には集団農場脱退の自由が与えられた。彼はまた重工業優先主義をやめ、工業化の速度を緩和し、工業拡張投資は五〇％以上も削減され、原料確保の可能なところまで、工業生産の目標が引き下げられた。さらに彼は、限定的ながら自由化をすすめ、宗教的寛容、強制収容所の廃棄などの政策を発表した。これらのいわゆる〝新路線〟の実施によって、軽工業生産が伸び、農業生産もいくらか回復し、一九五四年には労働者の実質賃金が一八％引き上げられたこともあっ

“新路線”期に議会で演説するナジ＝イムレ　彼の左はラーコシ，右はゲレー。

て、国民生活は目にみえて改善された。

とくにナジの人気を高めたのは、彼が治安警察AVHおよび党と政府の権力濫用をおさえる政策をとったことで、多数の政治犯が釈放され、また五四年四月には、党と非党員大衆との連帯をつくりだすために、「愛国人民戦線」が結成された。この時期のハンガリーは、新政策が経済の領域をこえて政治の分野にまで及んだ点で、注目に値する。

ラーコシの巻き返しと後退

しかし、依然として党の指導権をにぎっていたラーコシは、ナジの新路線を快く思わず、最初からその実行を阻害しつづけたが、一九五四年末にマレンコフが失脚して、ソ連の内外の政策が一時硬化すると、ラーコシはこの機会を巧みにとらえて勢力の巻き返しをはかり、一九五五年四月一八日、ナジを右翼的偏向のかどで政治局と中央委員会から追放し、首相をやめさせた。ナジはまもなく党からも除名された。ラーコシは自己の意のままになる同じ派のヘゲデューシュ＝アンドラーシュを後任の首相にすえ、ふたたびハンガリーの独裁者になろうとした。

しかし、このラーコシの反撃も長つづきしなかった。彼が重工業優先・農業集団化路線を復活させ、文化政策の面でもふたたび厳重な統制を実施しようとすると、ナジ首相時代に短期間ながらもよりよい生活を経験したハンガリー国民は、ますます不満をつのらせていった。一方ソ連では、一九五五年二月マレンコフが失脚したのち、外交政策に大きな変化があらわれ、冷戦は緩和され、同年五月にはオーストリアが主権を回復して中立化し、七月には、米・英・仏・ソ連による四大国巨頭会談がジュネーヴで開かれ、ソ連とユーゴスラヴィアの関係も著しく好転した。つづいて一九五六年二月のソ連共産党第二〇回大会で、フルシチョフが思いきったスターリン批判を行なったことは、東欧諸国にきわめて強烈な衝撃を与え、非スターリン化の傾向が支配的となり、ハンガリーもふたたび騒然となってきた。こうした状況のもとで、ラーコシも徐々に妥協を余儀なくされ、三月には、七年前にスパイとして処刑されたライク元首相の無実を認め、その名誉回復が行なわれた。これは、ラーコシの後退にほかならなかった。

その間ブダペストでは、知識人の「ペテーフィ゠サークル」がつくられ、参加者は次第に数を増し、労働者とも連絡をとって、ラーコシのスターリン的抑圧を非難する運動を盛りあげていった。彼らの理想の人物は、ナジ゠イムレであり、ペテーフィ゠サークルの討論では、ナジをただちに党に復帰させせよという声が、嵐のような拍手でむかえられた。ナジは追放されたのちも自説を曲げず、ハンガリーの利益をソ連の命令に優先させようとする民族的共産主義者に成長していた。一方、作家や知識人は、『文学新聞《イロダルミ=ウイシャーク》』で言論の自由を強く要求し、ノルマ是正と賃金引上げをもとめる労働者の声も、ますます高まってきた。

こうした情勢のなかで、ラーコシは権力の座を死守するために、六月三〇日中央委員会を召集して、ペテーフィ=サークルの活動を「反党的・反人民的」と非難する決議を採決し、七月一二日には、ナジをはじめ四百人余りを逮捕すると宣言した。しかし彼の対応は遅きに失した。ソ連は事態の悪化を懸念し、七月一七日、共産党幹部のミコヤンとスースロフが、ハンガリー国民のあいだに反感のつのってきたラーコシ第一書記を更迭する使命を帯びて、突然ブダペストに姿をあらわした。ソ連の介入によって、ラーコシは翌日第一書記の辞任を余儀なくされ、同じラーコシ派のゲレー=エルネーがこれに代わった。

それにつづくあらたな譲歩として、一〇月九日には、さきに名誉を回復されたライク元首相の盛大な国葬が行なわれ、これには多数の市民が参列して、ラーコシに対する無言の抗議を行なった。一〇月一三日にはナジの復党も認められたが、しかしゲレーは、ナジの首相復帰には反対の態度を変えなかった。要するに、ソ連の介入は中途半端であり、モスクワで事態の収拾に成功すると期待されたゲレーも、ラーコシ政権の一翼を担った人物であったから、ハンガリー国民を満足させるにはほど遠く、自由化への希望はますます高まっていったのである。

一九五六年は、共産圏諸国にとっては、いわゆる〝自由化〟の出発点となった一大転換の年であった。二月のソ連共産党第二〇回大会におけるフルシチョフの告発がきっかけになって、「非スターリン化」の嵐が巻き起こり、四月にはコミンフォルムが解散され、六月には、スターリン主義者のモロトフ・ソ連外相が解任された。同じ六月には、ポーランドのポズナンに労働者の暴動がおこり、一〇月二〇日には、ソ連首脳がワルシャワに乗り込み、戦車を動員して威嚇したにもかかわらず、かつてスターリンのために「右翼民族主義者」として監禁されたゴムウカが、自由化のスローガンをかかげてふたたび政権の座についた。この報道が伝わると、ハンガリーでも事態は急速に発展し、ラーコシ派に対する国民の不満と自由化への要求は、三日後の一〇月二三日、ついに動乱となって爆発した。しかし、ポーランドの政変が二日でわけなく成功したのに、ハンガリー動乱は一三日間つづいたのち、一一月四日ナジ政権がソ連戦車の砲火に屈するという悲劇的な結末になり、その間の激動に満ちた情勢は、全世界に強烈な衝撃を与えた。以下その大筋をたどりながら、この事件の意味と問題点を考えてみよう。

民衆の蜂起とナジの再登場

すでに一〇月二〇日には、ハンガリー南部のセゲドで学生の集会が開かれたが、二二日には首都ブダペストの各所で学生や作家たちの集会が開かれ、とりわけブダペスト工科大学の学生集会では、ソ連軍のハンガリー撤退、ナジ前首相の復帰、複数政党下の総選挙の実施、労働ノルマの修正、政治犯の釈放、言論の自由、スターリン像の撤去などを含む一六項目が、政府に対して打ちだされた。翌二三日には、午後三時前、革命詩人ペテーフィの銅像前で学生の集会が行なわれたのち、デモ隊は一般市民を加えて数を増しながら、ドナウ川対岸のベム将軍の記念像に向かってすすんだ。ベムは、一八四八―四九年の革命のさいにハンガリー人とともに勇敢に戦ったポーランドの将軍であった。

夕方六時近くに、デモ隊はブダペスト放送局前に集まり、学生代表は前日決議した一六項目の要求を放送するようにもとめたが拒否され、かえってゲレー第一書記が、午後八時にラジオを通じて、デモ隊を〝暴徒〟〝ファシスト〟などときめつける演説を行なったために、群衆は次第に興奮してきた。やがて九時すぎに、放送局上部の窓から催涙弾が投げられ、つづいてハンガリー治安警察隊ＡＶＨが群衆に向かって発砲し、一〇〇人ばかりの市民が倒れ、傷ついた。これがきっかけになって労働者と学生の暴動がおこり、反政府デモは武器をもつ革命に転化した。暴動が自然発生的なものであったか計画的なものであったかは、意見の分かれるところであるが、以上の経過からみれば、前者であり、武器は、これに加担した兵士や兵器工場の労働者によって提供されたと考えるのが、順当であろう。同時に英雄広場近くの巨大なスターリン像は、ロープがかけられて引き倒され、打ち砕かれた。

二四日未明、勤労者党中央委員会は、民衆の声に押され、暴動を鎮めるための切り札として、ナジ＝イムレをふたたび首相に推した。他方、二四日の午前二時には、党の政治局に要請されて、

引き落とされたスターリン像の首(1956年10月，ブダペスト)

ソ連の戦車がブダペスト市内に姿をあらわし、ハンガリー駐留ソ連軍の第一回介入がはじまった。市民はストライキをもってこれに答え、労働者やハンガリー正規軍の兵士は蜂起に合流した。蜂起は全国に広がり、主要都市でデモが行なわれた。

ところで、ハンガリー側の何人がソ連の介入を要請したかは、不明であるが、いずれにしても、放送会館前の事件が暴動に発展し、しかもハンガリー軍が革命大衆に立ち向かうのを拒んだことは、ゲレーにとって大きな衝撃であったから、現政権を存続させるためにはソ連軍にたよるほかないと考えたのであろうし、ここに勤労者党指導者内部の混乱と矛盾がうかがわれる。しかしソ連軍は、動員された兵力および介入後の行動からみて、ブダペスト市民に本格的な攻撃を加える意図はなかったと思われる。ソ連はむしろ事態の収拾に傾いていたのであって、二四日の夕方再度ブダペストに派遣されたミコヤンとスースロフは、軍隊の支持さえ失ったゲレー第一書記を解任する使命を帯びていた。そして翌二五日には、ナジの首相就任が正式に認められ、ゲレーにかわってカーダールが第一書記となり、ナジに協力して事態の拾収にあたることになった。カーダールは一九五四年に名誉回復をうけて出獄し、五六年七月には党政治局に復帰していた。要するにソ連は、数日前ポーランドで成功したと同じ懐柔戦術をハンガリーにも適用するとともに、ソ連軍の示威によって秩序を維持しようとはかったのである。

動乱の発展

しかし、事態はすでに政府のコントロールを離れており、ソ連軍も反乱を容易に処理することはできなかった。二五日には、暴動はさらに拡大して全国に及び、ブダペスト全市とハンガリー全土で戦闘がはじまった。ハンガリー軍隊も反乱に参加して、ソ連軍とのあいだに武力衝突を繰り返していた。反乱のはじめから、約二五万のハンガリー軍はソ連軍の側に立たず、はっきりと親ソ的な態度にでたのは、一部の高級将校と国家治安警察の関係者に限られていた。ソ連軍の兵力は戦車部隊が中心で、歩兵や砲兵部隊を欠いていたため、狭い路地の多い市内では有効でなく、ゲリラ部隊はソ連戦車を襲い、公共の建物や党本部を占拠し、政治犯を釈放した。七年間捕われの身となっていたミンドセンティ枢機卿も、反乱側の手で解放された。こうして動乱は市民側に有利に展開し、首都をはじめ各都市の自由派は次第に力を増していった。工場や鉱山では、反乱直後、労働者の団結機関として労働者評議会が組織され、学生・

兵士・市民らが結成した各地の革命評議会と手を組んで、反抗の中心勢力となり、ゼネストをよびかけた。

一方ナジ首相は、革命勢力の要求をうけいれ、政府の基礎を拡大することによって、事態を収拾し、秩序を回復しようとした。彼はまず一〇月二五日に、集団農場脱退権の確認と農産物強制供出制の撤廃を発表し、二七日には、元小地主党党首のティルディやコヴァーチなど非共産主義者を含む内閣の新編成を打ちだし、二八日には、軍隊と治安警察に休戦命令をだすとともに、ブダペストからソ連軍を即時撤退させることについて、ソ連政府とのあいだに協定が成立したことを明らかにし、実際にソ連軍の撤退が開始された。ナジはまた国民生活の改善、治安警察の改組などを約束し、こうして反乱側は、一時完全な勝利を収めたかにみえたのである。

翌二九日には、ソ連の新聞もナジとカーダールの政権をソ連に支持された正当な政権であると述べ、また三〇日には、ソ連は「ソ連と他の社会主義諸国とのあいだの友好と協力について」という宣言を発表し、社会主義共同体を構成する国々のあいだの完全な平等、領土・主権の尊重、国家の独立、他国に対する内政不干渉などを確認した。これは、ナジの政策に保証を与え、新情勢のもとでハンガリーをソ連ブロックにつなぎとめようとするものであったと考えられる。

ソ連の軍事介入

しかし事態はそうした地点で停止せず、意外な方向に発展していった。ナジは一〇月二四日の首相就任以来、自己の積極的姿勢を示したわけではなく、むしろ民族的興奮に押し流され、事実上反乱側の要求をうけいれるという形で、重要な政策を打ちだしてきたのであった。

ソ連軍が首都から撤去しはじめた二九・三〇の両日は、ナジにとっては運命的な日々であったが、反乱派はソ連の妥協的な態度に勇気づけられて、さらに反共・反ソの色彩を強め、ナジもまたソ連軍の存在を軽視して、急進分子の強い圧力に譲歩しすぎる結果になってしまった。すなわち、二九日には、各地で権力を掌握した革命評議会が次第に急進化し、三〇日には、ハンガリー西部ジュールの評議会が、遅くとも五七年一月までにソ連軍をハンガリー全土から撤退させ、複数政党参加のもとに総選挙を実施すること、ハンガリーの中立を宣言することなどを、中央政府に対して強硬に要求した。一九四五年以後ソ連の占領下に強制的に共産化されたことに対するハンガリー民衆の怒りは、長年のラーコシ体制への反発とあいまって、もはや中途半端な妥協を許そうとはしなかったのである。

ナジもまたこれらの要求に屈して、一〇月三〇日には、一党独裁制を廃して複数政党制を復活させることを約束し、自由選挙を行なうことに同意した。その結果、小地主党・社会民主党・ペテーフィ党（旧全国農民党）の三政党が復活し、一一月一日には、これらの代表を含む連立政権が成立した。さらにナジは、一〇月三一日、二四日のソ連軍の介入が彼の要請にもとづくものでなかったことを、明らかにした。しかし、このような政治機構の根本的改革や極端な民族主義的傾向は、明らかにソ連の許容限度をこえるものであった。

こうしたなかで、一〇月三〇日、ミコヤンとスースロフが情勢をつかむために三たびブダペストに派遣されたが、彼らの目にふれたのは、複数政党制、中立宣言への動きなど、従来とはまったく違った新事態であり、一一月一日、二人がモスクワに帰ったあと、ソ連指導部のハンガリーに対する態度は一変し、ついに本格的な軍事介入を決定した。ただしこれについては、一〇月三〇日のソ連政治局会議ですでに決定されていたともいわれているが、ミコヤンらの報告が決め手になったことは否定できないと思われる。

ブダペストからのソ連軍撤退は、一〇月三一日にようやく完了した。しかし他方、三〇日ころから国境周辺のソ連軍の不穏な動きが報ぜられ、一一月一日以後ソ連軍は東部国境からぞくぞくとハンガリー国内に進入し、ブダペストをめざしてすすんできた。ナジは不安を感じて、ハンガリー駐在のソ連大使に説明をもとめ、かつ抗議したが、確答はえられなかった。そこでナジは、一一月一日党首脳を集めて協議した結果、ついに、ワルシャワ条約機構を脱退して中立を宣言するのが唯一の解決策であるという結論に達し、このことを国連に通告して、救援と保護をもとめた。

このとき、突然不可解な事件がおこった。カーダール第一書記はそれまでナジを全面的に支持し、一一月一日には、崩壊に瀕した勤労者党に代わる新しい「ハンガリー社会主義労働者党」の結成を宣言して、他の民主的諸政党と協調する用意があることを強調し、またナジ首相とともに

ブダペスト市内の要所を占領するソ連軍の戦車

ソ連大使と会見したさいには、もしソ連の戦車がブダペストに侵入したら、自分は街にでて素手でこれと戦うつもりであるという、強硬な発言をしたといわれている。そのカーダールがこの夜にわかに姿を消し、一一月四日まで行方不明になったのである。彼は、ソ連の飛行機でカルパト＝ウクライナの首都ウーシュホロトに連れ去られ、ソ連と協力する新政権の組織に取りかかったと推定されている。

他方、ナジ政府は、次第に追いつめられてきた。一一月三日の夜までに、ソ連軍は飛行場・道路・鉄道駅などハンガリー国内の重要な戦略地点をすべて占領し、首都ブダペストを包囲した。その夜ハンガリー国防相マレテル＝パール将軍は、ソ連軍の撤退をもとめるため、郊外チャペル島のソ連軍本部に赴いたが、交渉中ソ連の治安警察に逮捕され、戻らなかった。そして四日の午前三時すぎ、ソ連軍はブダペスト市内に侵入し、機甲部隊による総攻撃がはじまった。ナジは孤立のうちになお期待をもって発砲命令をためらっていたが、ソ連の砲撃が開始されるに及んで、ついに五時一九分、ブダペスト放送を通じて、つぎのような悲痛な演説を行なった。「ソ連軍が今未明、明らかにハンガリー人民共和国の合法的・民主的政府を倒す意図をもって、われわれの首都にたいする攻撃を開始した。わが軍は戦闘中であり、政府は持ち場を守っている。わたしはこの事実を、わが国民および全世界に告知する」。

しかし、期待された外国からの支援はこなかった。午前八時すぎにブダペスト放送はとだえ、議会はソ連軍に占領され、ナジ首相はブダペストのユーゴスラヴィア大使館に逃げ込んだ。また、ミンドセンティ枢機卿は、アメリカ公使館に難をさけた。ハンガリー軍と市民の義勇兵は、ソ連軍とのあいだにはげしい攻防戦を展開したが、弾薬が欠乏し、翌日には、ブダペスト市内の組織的抵抗はすべてやんだ。

他方、一一月四日午前八時のソルノイ放送は、カーダールを首班とする「革命労農政府」が樹立され、反動の圧力をうけて無能化したナジ政府といっさいの関係を絶つことを伝えた。ソ連戦車の砲火を背景にして生まれたカーダール新政権は、一一月七日首都に帰還した。国民の抵抗は各地でその後も一週間以上つづき、一万数千人の死傷者をだした。ゼネストはさらに数週間後までつづき、事件発生以来約一六万人のハンガリー人が国境をこえて、オーストリアとユーゴスラヴィアに亡命した。

ハンガリー全土がソ連軍の手で制圧されたのち、カーダール政権はユーゴスラヴィア政府と協定をむすんで、ナジの帰宅を許すことを公約した。しかし、一一月二二日カーダール首相さし向けのバスに乗ったナジは、ユーゴスラヴィア大使館から数ブロック離れたところでソ連軍に捕えられ、ルーマニア方面に連れ去られた。その後革命的雰囲気がすっかり鎮静した一九五八年六月一七日、『プラウダ』はナジが処刑されたことを発表した。

以上、ハンガリー動乱の経過を一通りながめたあとで、若干の問題点について考えてみよう。第一は、動乱中のソ連の政策に一貫性がみられないことである。一〇月二五日のソ連軍の第一回介入は、動乱を本気で鎮圧しようとしたのではなく、むしろナジ政権を擁護するためのものであったが、一一月一日以後の第二回介入は、明らかに動乱を徹底的に弾圧し、ナジ政府を倒すためのものであった。

ソ連の態度豹変の理由

この豹変の原因としては、まず第一に、当時ソ連最高首脳部内の力関係がはなはだ不安定であったことを、あげなくてはならない。一九五六年の第二〇回党大会後も、フルシチョフの地位は必ずしも確実ではなく、彼の柔軟路線はミコヤン・スースロフらに支持されてはいたが、モロトフ・カガノヴィチ・マレンコフらの古参強硬派の勢力は、なおあなどりがたいものがあった。ハンガリー動乱の当初、フルシチョフはやっとのことでこれらの強硬派をおさえ、ミコヤンとスースロフを再度ブダペストに派遣し、スターリン主義者の残党ゲレーを解任して、事態の悪化を防止しようとした。さらに、直前のポーランド十月政変で、ソ連が戦車隊をワルシャワに集結しながらゴムウカの返り咲きをとどめることができなかった経験も、フルシチョフに本格的な軍事介入を思いとどまらせる働きをしたと思われる。

しかしハンガリー革命は、次第にその性格を変えていった。それは、指導者更迭の要求から民族主義的性格の強いものに発展し、一〇月末から一一月はじめになると、ナジ首相は急進分子に押されて、複数政党制、ワルシャワ条約機構からの脱退、中立といった非共産主義的要求を一挙に打ちだしたが、これはソ連首脳とりわけ強硬派にとって、容認の限度をこえるものであった。そのさい彼らがとくに危惧したのは、ハンガリーにおけるリーダーシップの脆弱さであった。当時ハンガリーの共産党はいくつかのグループに分裂してはげしく争っており、ナジ一派が手中にしたのは政府執行部だけで、軍の上層部や治安警察は依然モスクワに忠順なスターリン主義者からなっていた。ナジ政府はその非力と弱体な指導力のために、未熟な国民大衆の暴走を制することができず、こうした経過で導入された複数政党制を共産党のヘゲモニーのもとに有効に使いこなしうるとは、とうてい考えられなかった。

それゆえ、一〇月末にブダペストを三たび訪れたミコヤンとスースロフが、平和的手段でハンガリーに共産党の支配を再建することはもはや不可能であると報告したとき、ソ連は自己の安全のうえから、強力な軍事干渉に踏み切らざるをえなかったのである。この点でポーランドは決定的な対比をなしており、ゴムウカは一貫して共産主義者としての立場を維持し、党内の実権を手中に収め党組織に依存することができたため、強力なリーダーシップによって国民をよく嚮導《きょうどう》することに成功し、ソ連の介入を危機一発のところで食いとめることができた。党内の分裂と党機構の崩壊、それにともなうナジの優柔不断な態度こそ、ハンガリーの事態をポーランドとは違った方向に発展させた最大の原因だったのである。

ハンガリー動乱の国際的背景

フルシチョフの第二次介入決断には、中国の圧力も大きく作用していた。ポーランドの政変にさいして中国がソ連の武力行使をおさえたことは、よく知られているが、ハンガリー動乱のさいにも、中国はソ連の指導権を弱めようとする意図から、最初はハンガリーの民族的自立の動きを支持していた。しかし動乱の後半、共産体制を動揺させぬという大前提がくずれそうになると、中国は一転して、ソ連に断固たる武力干渉を行なうよう勧告したのである。この年の東欧の二つの事件は、中国が共産圏の指導権をめぐってにわかに発言権を強めた点でも、注目に値する。

ハンガリー動乱の国際的背景も、重要である。この事件とほとんど同時に、スエズの危機が深まり、一〇月三〇日には、英・仏が三カ月前にエジプトに奪われたスエズ運河地帯への進撃を開始した。これによって世界の目がスエズに注がれたことは、ソ連に好都合であり、いち早くハンガリーに既成事実をつくりあげる必要がソ連に最後の決断を促したことは、否定できない。

つぎの問題として、ハンガリー動乱と西側諸国との関係をみよう。ハンガリー国民は最後の瞬間まで西側からの救援を期待していたが、結局西側の介入はおこらなかった。なるほど、ソ連の再干渉以後は、核戦争の危険をおかさぬかぎり、西側にはハンガリー人を助ける道はなかったであろう。しかし、クレムリンには再干渉決定までにいくらか躊躇があったから、西側がもし一〇月中に強い態度をとっていたなら、かなりの影響力をもちえたはずである。けれども、アメリカは最初から積極的意図を示さず、ダレス国務長官もアイゼンハワー大統領も介入する気のないことを明言していた。その原因としては、アメリカ政府首脳がソ連の出方を楽観していたこと、ブダペスト駐在のアメリカ公使館員に新任者が多く、現地の情勢把握が的確でなかったこと、アメリカが大統領選挙直前で、選挙運動に忙殺されていたこと、などがあげられている。それにしても、西側の宣伝放送が東欧諸国の住民に反共活動をよびかけておきながら、ハンガリー人がソ連軍に制圧されるのを見殺しにしたことは、西側諸国の信用を失墜させずにはおかなかった。

国連もまた機敏な対応をなしえなかった。一〇月二八日に、米・英・仏三国の要請でハンガリー問題に関する安全保障理事会が開かれたが、折からソ連軍の撤退がはじまったために、決議を行なうにいたらず、一一月一日以後ソ連軍の動きを警戒して、ナジが国連に申し入れを行なったさいにも、後まわしにされ、一一月四日やっと特別緊急総会が開かれてソ連軍の介入中止を要請したときには、すでに事件の決着がついてしまっていた。国連もまたスエズ問題に追いまくられ、それがソ連の武力介入を容易にしたのである。

カーダールの態度

第三の問題点は、カーダール第一書記の態度である。一一月一日の夕方、ソ連戦車が侵入したら素手で戦うと豪語しながら、突然姿を消し、やがて再登場したときには親ソ政権の首班になっていたのは、なぜであろうか。

その間の経過を正確に立証することは不可能であるが、たぶんつぎのようなものであったと推測される。カーダールの転向は、彼が失踪し連行されたあと、ソ連首脳からの強い説得によっておこったと思われる。ソ連側は、最初ナジが強力なリーダーシップを発揮することを望んでいたが、ナジは情勢に流されて一党独裁の放棄を宣言するにいたった。そこで、外国の干渉を防ぎ、ハンガリー国民の手で反革命政権を打倒したという形をとるためには、軍事行動のあとに新しい政治機構をつくりだすことがぜひとも必要であり、次善の策として選ばれたのがカーダールであった。カーダールがスターリン主義者でないことは、すでに証明ずみであったし、また彼がナジ政府の一員として複数政党制、ワルシャワ条約脱退、中立化等の政策を支持したのは、彼自身の意志というよりもむしろ事態の成行き上そうなったという面があり、一一月一日の新党結成宣言のなかでも、彼は〝反革命〟の危険を指摘することを忘れていなかった。そこでソ連はこのカーダールに目をつけて連行し、モスクワの決意を知らせたのである。

カーダールがなぜこれに従ったかについては、種々の説明が行なわれている。一説によれば、カーダールは一九五一年に投獄されるまえのラーコシへの協力、ライクとの獄中対話のテープ録音などによって、ソ連に脅迫されたといわれ、また一説では、カーダールのナジに対する嫉妬ないし虚栄心が働いたといわれている。従来いつも指導者中二次的な立場におかれてきたカーダールにとって、ソ連の申し出は第一人者になれる絶好の機会であったから、それに応ずるのが保身上最善の道であると考えた、というわけである。

しかし、カーダールにいっそう好意的な見方も存在する。ソ連首脳はカーダールとの会談のなかで、もし彼が新政府の樹立を拒否するなら、ソ連側はさらにきびしい処置をとり、ラーコシやゲレーへの逆戻りもさけられまいと伝えたので、カーダールは革命の成果が完全に失われるのを恐れ、ハンガリーの指導を引きうけるのが自己の責務であると考えるにいたった、というのである。カーダールのその後の歩みからみて、この見方はかなり真実に近いと思われる。いずれにせよ、ナジの首相就任後も、ハンガリー勤労者党内部にはある種の対立と分裂が存在し、それがソ連による新政権樹立を容易にしたことは、疑いをいれない。そして、ソ連軍の第二回軍事介入は、ハンガリーの新カーダール政府がワルシャワ条約のもとにソ連軍の援助を要請した結果行なわれた、という形を整えることができたのである。

3　社会主義体制の新しい発展

カーダール政権の発足

発足当初、カーダール政権は多くの困難を抱え、はなはだ不安定であった。カーダールは、民族運動を裏切ったソ連の手先として、国民の大多数から敵視され、首都では、中央労働者評議会が第二の政府のような観を呈していた。こうした状況のなかで、最初カーダール政府は、中立政策を除くナジの綱領を継承し、自立的な政治勢力の存在を許す姿勢を示した。彼は、ナジ政府が反革命に対して弱腰であり、反革命勢力の危険を認識していなかったことを非難するにとどまり、ナジとその支持者を反革命分子と決めつけてはいなかった。そして、ナジの一身の安全を保証し、その帰宅を許すことを公約した。

政府はまた、多党制の維持、自由選挙の実施、労働者評議会による工場管理、平和と秩序が回復されたのちのソ連軍の撤退要請などを約束し、戦闘参加者の早期釈放や赦免の意向をも示した。実際にも、農産物売買の自由化、協同組合離脱権の確認、賃金の引上げなどを行なうとともに、小地主党・社会民主党・ペテーフィ党などと連立内閣のための会談をはじめた。

しかし、一一月二二日の夕方、ユーゴスラヴィア大使館をでたナジがソ連の警察に逮捕されて以後、カーダール政権の態度は大きく変化し、一九五七年二月二六日の党中央委員会の声明は、「ナジとその仲間は、修正主義的な考えによって帝国主義ブルジョア戦線の隊列に加わり、一〇月二三日以前には反革命の先導者としての役割をはたし、一一月四日の転期のあとはその後衛となった」と述べ、ナジとその支持者に〝階級的裏切り〟〝人民の敵〟といった言葉を投げかけた。そして一九五八年六月、ハンガリー法務省はナジらの処刑を発表したのである。

政策面でも大きな転換が生じた。ナジ逮捕のあと、カーダールはソ連の拒否にあって連立政府を断念しなければならなくなったが、以後次第に強硬な態度に転じ、五七年一月にはプロレタリア独裁の推進を声明し、三月のハンガリー・ソ連両政府の共同声明では、前年秋の武装反乱は内外の反動勢力の陰謀による反革命であった、と断定された。ハンガリー作家同盟は一九五七年一月に解散され、動乱中めざましい活躍をみせた労働者評議会も、五七年一一月までに全面的に禁止された。ナジ派は逮捕され、政治裁判や秘密の処刑が、あいついで行なわれた。

経済の再建も緊急の課題であった。動乱後のハンガリー経済は荒廃がひどく、五七年春になっても、鉱工業は動乱前の六〇%にしか達しなかった。しかし、ソ連・中国・東欧など他の社会主義諸国が、カーダール政権を安定させるために多大の物資援助や借款を与えたので、ハンガリーは辛うじて危機を切り抜け、五七年中には旧に復した。つづいて五八年からは第二次三カ年計画が実施され、国民生活の向上がはかられた。農業の集団化も五九年からふたたび強化され、六一年はじめには、集団・国有農場の比率九〇%という完成度を示した。こうしてカーダール政権は、ソ連軍を背景にして徐々にその基盤をかため、ハンガリー国内をふたたび社会主義労働者党の支配下に収めたのである。なお首相には、一九五八年一月ミュンニヒ＝フェレンツが就任し、カーダールは党務に専念することになった。

カーダールの新路線

その間に党内では、スターリン主義者が力を盛り返し、動乱から、抑圧をゆるめてはならぬという教訓を引きだして、ラーコシ時代に戻りかねない勢いを示した。しかしカーダールは、ラーコシ的引締め路線への完全な復帰には反対であったし、自己に対する国民の不信を柔らげるためにも、むしろ非ラーコシ化を推進しなければならなかった。すなわち、カーダール政権の課題は、左右両派を抑制しつつ、動乱によってもたらされた政治的混乱を収拾することであり、そのためには、限られた範囲内で国民に自由を与える方向にすすむ以外に道はなかった。こうして生まれたのがいわゆる〝新路線〟であるが、その実施はまたしてもソ連政治の動向と深い関係をもっていた。

一九六一年一〇月、ソ連では第二のスターリン批判大会といわれる共産党第二二回党大会が開かれ、東欧諸国でもふたたび非スターリン化がはじまったが、これは、ハンガリーの国内秩序が一応回復した時期にあたっており、以後カーダールは〝新路線〟をとりはじめたのである。その基本目標は、彼自身がかつて反革命の烙印を押したハンガリー国民の大多数を共産政権と和解さ

ハンガリー社会主義労働者党第8回大会(1962年)

せることにあり、ソ連党大会直後の一二月、カーダールははやくも「われわれに反対しないものはわれわれの味方である」と述べて、政策の転換に着手したが、翌六二年八月発表された第八回党大会への指令では、「以前党に同調せずその目的に反対した人々に対しても、党は社会主義建設に協力するよう勧誘する」と述べて、いっそう柔軟な態度をみせた。この方針にそって、カーダールは人心にアピールする政策をつぎつぎに打ちだしていった。つぎにその重要なものを拾ってみよう。

カーダールの新政策は、政府とりわけ技術官庁に非党員の専門家を登用することからはじまった。一九六二年二月、政府は鉱山・機械・冶金・農業各省の新次官に、それぞれの分野の専門家を任命し、それまでもっぱら党の方針に忠誠であったという理由で次官の地位を占めてきた人々を、退職または転任させた。同じころ党も、非党員の専門家を才能に応じて責任ある地位に登用することが、「プロレタリア独裁の大衆的基盤を拡大する道」であると声明した。

カーダールはまた、党内に残存するスターリン主義者を一掃する目的で、六二年八月党上層部の大異動を行ない、ラーコシ・ゲレーら二五人の党籍を剝奪した。さらに、六三年三月には大赦令がだされ、一九五六年の動乱で有罪の宣告をうけた人々をふくむ二〇〇〇人の政治犯が、釈放された。治安警察の活動は制限され、言論の統制や出版物の検閲も緩和され、党に対する建設的批判はむしろ歓迎されるようになった。西側の放送妨害も緩和され、文学活動も自由になり、一九六四年には、共産圏ではじめて、ブダペストで国際ペン＝クラブの執行委員会が開かれ、動乱のさい亡命した作家も参加し、しかも彼らは、会議終了後無事国外に去ることができた。国民の外国旅行もかなり自由になり、一九六三年中に西側へ旅行したハンガリー人の数は、七万に及んだ。動乱時に西側へ逃亡した人々の帰国も、許されるようになった。一九六四年九月には、ローマ法王庁との交渉もはじめられ、協定がむすばれた。ハンガリーでは農民層に対するカトリック教会の影響が強く、しかも農民のあいだには集団化に対する抵抗が根深く残っていたから、カーダールはこれによってカトリック教徒の支持をねらったのである。

経済政策の手直し

一九六一年以後カーダールのとった〝新路線〟のなかで、もっとも重要なものの一つは、経済面の政策である。一九六一年にはじまった第二次五カ年計画は、重工業への投資よりも国民生活を優先させるものであり、経済上のノルマの緩和、公定価格の据えおき、消費生活の改善にも、大きな注意が払われた。しかしその反面、ハンガリーの工業は共産圏の他の先進国に比べてなお発展が遅れていたから、それを改善するために自由化の準備をすすめることも必要であった。

六一―六五年の第二次五ヵ年計画のあいだに、工業生産は四八％増大したけれども、それは主として労働力の増大によるもので、生産性の伸びは二九％にすぎなかったし、貿易も、総額は六四％と大きく伸びたとはいえ、内容は改善されず、赤字が累積された。国民所得も二四％の増にとどまり、売れない品物が増加して、毎年ストックが国民所得の一〇％以上にのぼった。そこでハンガリーでは、一九六二年にソ連で発表された修正主義経済学者リーベルマンの論文が熱心に検討され、経済政策のうえでいくつかの手直しが試みられた。他国にさきがけて資本利子の考え方をとりいれ、利潤配分制度を拡大し、工場委員会に一定限度の発言権を与える、などの措置がそれであったが、なかでも注目されるのは、資本利子の政策である。

それまで企業は、国庫から無利子で資本をうけていたが、一九六五年一月以降、政府は、企業の固定資本および流動資本に五％の利子をかけることにしたのである。これによって投資は合理的に行なわれ、工場の遊休は防止され、生産原料を眠らせることもなくなるので、社会主義国家の非能率を救うには有効な手段であるが、天然資源に乏しく、工業原料の六割を輸入にまたねばならぬハンガリーでは、とくに効果があった。これらの経済自由化の究極目標は、外国貿易市場

民衆によびかけるカーダール首相(1957年8月20日)

におけるハンガリーの実力を高め、とりわけ西側諸国の外貨を獲得するにあった。

カーダールの新路線は、モスクワの承認を必要とした点で限られたものであった。たしかにハンガリー国内の重要地域には依然ソ連軍が駐留しており、カーダールの権力はすべてソ連指導者との友好関係にかかっていた。とりわけ彼の政権は、その起源のゆえに、極度にソ連の権威に依存していた。しかしまたそのために、フルシチョフとしてはカーダール政権に強く肩入れせざるをえない事情があり、ハンガリーの国内政治については、カーダールにかなり大幅な自由裁量を許した。これに幸いされて、カーダールの新路線は成功を収めることができ、ハンガリー国民に少なからぬ利益を与えた。それによって、カーダール政権はまた、人気回復のいとぐちをつかむことができた。

カーダールは一九六一年以来、ミュンニヒに代わってふたたび首相になっていたが、六五年六月、党務に専心するために首相を辞し、カーライ＝ジュラがこれに代わった。その後首相の地位は、六七年三月フォック＝イェネー、七五年ラーザール＝ジェルジと交代するが、カーダールは今日まで党第一書記としての実権を保持している。

新経済機構

ハンガリーの経済は、戦後の新発足以来、中央集権的計画化方式にもとづいていた。いいかえれば、この国の経済活動は、基本的には、年次計画にもとづく国家の全面的な指示と命令によって運営されていたのである。しかし、すでにみたように、一九六〇年代のはじめから在庫の増大、投資の不均衡、必要物資の供給不足、生産性の低下などが著しくなり、経済成長が鈍化するにいたった。このような欠陥を是正するために、すでにみたように、六〇年代の前半には経済政策の手直しがいくつか試みられてきたが、さらに抜本的な改革をもとめる声が高くなり、こうした要請に応じて、「新経済機構」とよばれる大胆な意欲的実験が行なわれることになった。これは、工業・農業その他全般に及ぶ総合的な改革として、一九六六年五月に大綱が発表され、六八年一月一日から実施に移された。こうした経過の背景には、ソ連のリーベルマン論文とコスイギン改革の影響をうけて、ハンガリー社会主義労働者党内の「モスクワ派」の抵抗が軟化したという事情があったことも、忘れられない。

この改革は、計画経済の基本的性格や枠組を廃棄するものではないが、その伝統的欠陥にはかなり顕著な修正が加えられている。すなわち、中央集権的な計画経済を大幅に緩和し、末端に対する上からの細かな指定を廃止して、若干の――物価・賃金・税制・クレジットなどの――経済的規制措置に代え、他方企業に対しては、経営を効率化するための指標として利潤の追求を認めるとともに、雇用・投資・生産内容などについても、企業の自主性を高めることにした。またある程度市場経済の原理をとりいれて、需要と供給のバランスをはかることにし、その前提として価格制度をあらため、固定価格・最高限度価格・一定限度内変動価格および自由価格の四種類にした。

新経済機構は、国家が価格を決定する商品の割合を二〇%におさえ、二三%には自由価格を許し、三〇%は最高価格だけを定め、二七%は指導価格としている。賃金面では、企業の構成員は経営者、中間管理職・専門スタッフ、一般従業員の三グループに分けられ、基本給は、職種ごとに国家が定める上限と下限の範囲内で、企業がそれぞれ独自に労働組合と協議して決定し、また第一グループは基本給の八〇%まで、第二グループは五〇%まで、第三グループは一五%までを、利潤のなかからうけとることができることになった。

対外貿易については、特定の換算レートを設け、外国市場に対する国内経済の適応性を助長する措置が講ぜられた。また、外貨獲得を奨励するために、従来の国家による独占を改めて、あらたに三八の企業に輸出入の権限を与え、これらの企業が貿易によってドルを獲得した場合には、従来の数倍も有利なレートで買いあげるという優遇措置がとられることになった。さらに、外資導入を積極化するため、一九七一年以来ロンドンで外債を発行し、七二年には、製造業以外の一部事業に限って、ハンガリー国内での内外企業による合弁を許している。

農業面で注目されるのは、きびしい農業集団化を実施しながら、その枠内で独特の自由化方式を採用したことである。それは、集団農場を各農家別に割り当て、各農家は収穫高の多少によって異なる収入をうけるという仕組であり、全国の農場の約半分で採用されている。土地が私有になるわけではないが、自己の労働の結果が収入となって戻るという一種の報償方式は、生産の上昇に大いに貢献している。そのため穀物生産が著しく強化され、自給自足が可能であるばかりか、小麦は一部を輸出するほどになっている。

なお、一九七一年からはじまった第四次五カ年計画は、経済改革導入後はじめての長期計画であったが、従来のような細かな指令は与えられず、主要な目標指数として、国民所得年平均五・五—六%、工業生産五カ年間三二—三四%、建設工業同じく四一—四三%、農業生産同じく一五—一六%、投資同じく二三—二五%(生産部門)ないし五九—六一%(非生産部門)各増が示されるにとどまった。

一九六八年のチェコ事件で東欧自由化の波にブレーキがかけられたために、ハンガリーの新政策も一時実施が危ぶまれたが、しかしこの国の経済自由化は意欲的にすすめられ、その結果、経済には活力が注入され、経済効率は大いに高まり、流通も円滑化し、消費物資が豊富にでまわるようになった。当初危惧されたような失業の発生はなく、過度の物価上昇もみられず、全体として順調に推移したといえる。政府当局者は、新経済機構の開始から五年たった一九七三年の時点で、改革は予想以上に成功したと述べて、その積極的な成果を強調した。国民所得の成長率が一九六一―六七年の年平均五・三%から六八―七二年の同六・二%に上昇したことは、この発言を十分裏づけているように思われる。

政治の自由化

カーダール政権は、新経済機構の導入と並行して、政治上の自由化をその政策の中心においた。「社会主義的民主主義」の推進がそれである。ハンガリーでは、一九五八年一一月に、久しくのびていた総選挙が統一候補者名簿方式で行なわれ、九九・六%の支持をえ、カーダール政府は、それまで欠けていた正統性の外観を獲得することができた。その後、一九六七年の総選挙以来、一区一名の小選挙区制が採用され、同時に複数の立候補も許されることになったが、なお例外的なものにとどまっていた。しかし一九七〇年一〇月の選挙法改正によって、この制度は社会主義国でははじめて正式に認められ、七一年四月の総選挙では、四九区で複数の候補が立てられた。さらにこの改正によって、候補者の指名権が従来全国的統一選挙母体である愛国人民戦線に独占されていたのを改め、各選挙区の候補者指名集会で指名が行なわれるようになった。

つづいて一九七一年二月には、新地方評議会法が制定されて、地方自治が大幅に拡大され、同年一一月には新刑法が制定され、また七二年四月には憲法が修正されて、ともに人権の尊重を強く打ちだし、さらに七四年四月には、婦人および子供の権利の強化をうたう新家族法が制定された。また、党機構の民主化もすすめられ、党の社会に対する指導的役割は弱められ、労働組合・農業協同組合・作家同盟などの利益集団としての性格が強調された。これらはいずれも、政治面における分権的性格をあらわすものといえるが、党や政府の最終的権限を弱めようとするものではなく、中央の基本的権限を堅持する「民主的集中制」であることは、繰り返し強調されている。なお一九七一年九月には、ハンガリー動乱以来ブダペストのアメリカ大使館内に逃亡していたカトリック教会のミンドセンティ枢機卿が、釈放された。

ともあれ、現在ハンガリーで実施されている経済的・政治的改革は、チェコスロヴァキアの自由化がソ連軍の介入で失敗した今日、東欧では、ユーゴスラヴィアを別にすれば、もっとも進歩的なものであり、現在ハンガリーは、東欧でもっとも自由な国に変貌している。市民の消費生活も著しく向上し、首都のレストランやカフェーに休む人々の表情は明るく、繁栄街の飾り窓に並ぶ商品もかなり豊富である。動乱のさい西側に避難した二〇万近いハンガリー人も、そのうち七万以上はすでに帰国したといわれている。カーダール第一書記は、こうした成果を背景にして、現在国民のあいだに大きな人気があり、その地位もまた安泰であるようにみえる。

ブダペストのレストランで食事を楽しむ人たち

慎重な自由化路線

カーダールの自由化政策の特徴は、一九五六年一気に急進化をはかろうとしてソ連軍の戦車を招いた苦い経験のうえに立って、漸進的かつ慎重に行なわれていることである。カーダール政権は、動乱時に成立したといういきさつもあって、発足当初から近隣の社会主義諸国、なかんずくソ連との協調を標榜し、これらの国々との政治・経済・軍事関係を緊密化するとともに、とくに外交政策の面では、つねにモスクワに完全な忠誠を誓うという周到な態度をもちつづけてきた。

彼はまず、周辺の東欧諸国と同盟条約をむすんで、安全保障の確保に努めた。一九四八年のハンガリー=ソ連同盟は、六七年九月、二〇年の期限で更新され、ポーランドとの同盟、チェコスロヴァキアとの同盟も、それぞれ六八年の五月と六月に同じ期間で更新され、六七年五月には、ドイツ民主共和国とのあいだにも、はじめて二〇年期限の同盟が締結された。ハンガリーがワルシャワ条約機構・コメコンの加盟国であることはいうまでもないが、中ソ論争・インドシナ問題・中東問題、その他重要な外交問題では、ほとんどソ連と同一歩調をとり、一九六八年のチェコスロヴァキア事件のさいにも、カーダールはワルシャワ条約の他の四国とともに、ソ連の軍事介入に加わった。最近は、社会体制の異なる国との平和共存についても、ソ連に同調し、ヨーロッパ問題についても、同様に柔軟な方針をとっている。

以上のようなソ連への協力のゆえに、一九七二年五月一〇日、ブレジネフはカーダールの生誕六〇歳を記念して彼にレーニン勲章の授与を決定し、最大級の賛辞を贈った。国内政治におけるカーダールの成功は、外交面でのソ連への忠誠を前提にして、はじめて可能であったといえよう。

自由化政策の問題点

しかし、カーダールの自由化政策も申し分なく順調にすすんでいるわけではない。社会主義労働者党内には、依然保守派と自由派の対立があり、前者すなわちソ連に忠実な正統派は、自由化が限度をこえれば自己の立場が危うくなることを一九六八年のプラハの教訓から学んで、ひそかに巻き返しを狙っているといわれている。ソ連も、ハンガリーが西欧との接近に積極的になりすぎることは気がかりであり、またハンガリーの改革の将来に内心危惧の念を抱いていることは明らかで、七二年のはじめにはカーダールをモスクワによんで、警告を与えている。

新経済機構も、大きなメリットを発揮しただけではなかった。この改革の結果、一九七〇年から投資が急速に増大して、過剰投資の弊害を生むようになり、貿易のうえでも、輸入超過が急増するにいたった。また、利潤追求への過度の傾斜から、一部にモラルやイデオロギー面での弛緩がみられるようになった。さらに、企業幹部と労働者のあいだの所得格差の拡大から、労働者の社会的不満があらわれはじめた。そのため、若干の引締めが行なわれ、政府は一九七三年以降、労働者に対して特別昇給の措置を講じなければならなくなった。一九七二年一一月の党中央委員会総会では、カーダール政権の二つの中心政策の正しさを認めながらも、改革の遂行にともなって、利己主義・小市民思想・イデオロギーの弛緩現象がみられるようになったとして、引締めの方向が指示されている。

一九七四年以降も、むしろ経済改革の後退とみられる現象があいついだ。一九七三年のハンガリーの消費者物価は、三・五%と、コメコン諸国中最高の上昇を示したので、政府は、輸入価格の上昇が国内価格に波及するのをおさえるため、企業に対して多額の補助金をだす一方、賃金格差に対する低所得層の不満を考慮して、賃上げ規制を緩和した結果、実質賃金の上昇率は、一九七三年の二・八%が七四年には五・六%となり、消費者物価の上昇も七四年には二・一%と鈍くなった。また七四年には、同じく輸入価格上昇の影響で貿易収支が大幅な赤字を記録したので、政府は一連の輸入抑制措置をとらざるをえなくなった。

こうした事態は、党内保守派に改革批判の絶好の口実を与えることになり、一九七四年三月の党中央委員会総会では、新経済政策の最高責任者であったニエルシュ＝レジェ政治局員と、リベラルな文化政策の推進で知識人のあいだに人気のあったアチェール＝ジェルジ政治局員とが党中央委員会書記の職を解かれ、経済政策の行政面の責任者であったフェヘル＝ラヨシュ（農業）、アイタイ＝ミクローシュ（経済計画）両副首相も、担当のポストを退いた。これらの人事が改革の後退ないし軌道修正を示すことは明らかであって、西側は、その背後に、ハンガリーの〝なしくずしの自由化〟を警戒するソ連の圧力があったとみており、また、風向きに敏感なカーダールが機先を制して荒療治に踏み切ったという見方もある。

しかし、これら一連の現象から知られるもっとも重要な事柄は、第一に、市場メカニズムの〝規制された利用〟が、とくに資本主義諸国における経済変動の時期にはかなり困難であって、集権的な政策の手段に依存する度合いが高まらざるをえないということであり、第二に、こうした状況を利用して経済改革を後退させようとする勢力がかなり強固に存在すること、さらにいえば、旧来の政治的上部構造の壁が厚く、それが予期された経済的効果をはばむものとしてあらわれ、もしくは、経済的不成功が政治的ブレーキをもたらしていることである。それに加えて、経済改革そのものが労働者の生活水準ないし労働環境に否定的な影響を及ぼし、それに対する勤労大衆の不満が強かったという事情を考えれば、ハンガリー経済改革の前途はなお流動的であるといわざるをえない。

上記の人事異動後も、党幹部は二つの中心政策に変更のないことを力説しているが、同時に、実際上の必要にあわせて多少の修正を行なってゆく旨の発表を行なっており、カーダール自身も一九七五年三月の第一一回党大会の基調報告で、経済と文化の領域における党指導の強化を訴え、この大会でニエルシュは、政治局員をも解任され、さらに同年五月には、フォック＝イェネー首相も、経済政策を主因として退陣している。カーダールが健在である限り、一八〇度の路線転換はないものと思われるが、カーダール自由化路線の行方は、必ずしも予断を許さぬものがあるといえそうである。

最近の情勢

とはいえ、ハンガリーは東欧諸国民のあいだでもとくに民族意識が強く、反ソ感情も根深いものがあり、自由とより豊かな生活への要望が高まりつつある以上、政治指導者がこれを無視することは不可能であり、民族的自立・国民生活の向上・自由の拡大を前進させる現実路線がとられることは必至であろう。そのさい、チェコスロヴァキアへの軍事介入を正統化したブレジネフ＝ドクトリンの拘束を熟知しているカーダールが、どこまで慎重な態度をとるかに、問題の焦点はしぼられるように思われる。

ハンガリー経済の最大の難点は、年産約二四〇万トンのボーキサイトのほかには、天然資源にほとんど恵まれていないことである。第二次大戦まで基本的に農業国であったハンガリーは、戦後大いに工業化がすすみ、今日では、国民所得中に占める工業の割合は四二％をこえ、農業の約一七％を大きく引き離しているが、必要な石油および工業用原料の大半は、外国主としてソ連からの輸入でまかなわれなければならず、原料の確保と見返り物資の生産および輸出がつねに大きな問題として存在し、国民所得の約四〇％は貿易によるものである。ハンガリーが産業とりわけ工業の能率化・近代化に力をいれているのは、これによるのであり、そのため、西側からの生産技術の導入にも大きな関心を抱いているのである。

しかし、貿易への依存度の高いハンガリーにとって、最近の情勢は深刻である。石油ショックとそれにつづく世界的インフレの影響はこの国にも及び、七四年から七六年にかけて、ガソリン・石油製品・砂糖・食肉などはあいついで大幅に値上がりしている。原料の国際価格上昇に加えて、コメコンの価格改訂もあり、一九七四年一月から、ソ連は石油など一連の原料の値上げを行なっている。ハンガリーの西欧への接近度も、結局はソ連の承認いかんにかかっている。これらの点からみて、カーダール政権の今後の道は、相当に多難であるといわねばならない。

V　第二次大戦後のチェコスロヴァキア

1　東と西のあいだで

つぎに、第二次大戦後のチェコスロヴァキアに目を向けよう。この国の共産化の過程は、他の東欧諸国のそれとは、かなり性格を異にしている。

東と西のかけ橋

チェコスロヴァキアは、一九三八年一〇月一日のミュンヘン協定によってズデーテン地方をナチス＝ドイツに奪われ、翌年三月にはボヘミアとモラヴィアがドイツの保護領として大ドイツに編入され、スロヴァキアは別にドイツの保護国となり、カルパト＝ウクライナ（ルテニア）はハンガリーに与えられ、以後六年間、チェコスロヴァキア国民はヒトラー＝ドイツの抑圧と搾取をうけた。しかし、スターリングラード戦以後ドイツの敗北は明白になり、ソ連軍は一九四四年一〇月カルパト＝ウクライナの国境をこえ、翌年はじめまでに、スロヴァキア地方の大部分を解放した。ミュンヘン協定成立後亡命生活をつづけ、ロンドンに臨時政府をつくっていた元大統領ベネシュは、こうした状況下に帰国し、一九四五年四月四日、スロヴァキアの解放地区コシツェにチェコスロヴァキア臨時政府を樹立し、五月九日に首都が解放されたのち、プラハに移った。

新しいチェコスロヴァキア政権は、ロンドンの亡命政府が主体となった点で他の東欧諸国と著

カルパティア地方におけるスロヴァキア＝パルチザンとソ連軍の最初の邂逅(1944年冬)

しく異なっていたが、さりとて、戦前の第一共和制そのままの復活ではありえなかった。第一に、戦後のチェコスロヴァキアはどのような政治体制をとるにしても、ソ連との友好確立が緊急の課題となるはずであった。チェコスロヴァキア国民にとって、イギリスとフランスが一九三八年のミュンヘン会談でなんの相談もなく自領の一部ズデーテン地方をヒトラーに割譲することに同意した事実は、深刻な意味をもっていたし、他方スターリンがミュンヘン協定を認めようとしなかったことは、チェコ国民に、自国の将来の安全保障者としてのソ連の重要性を強く印象づけるにいたっていた。さらに、大戦末期の米・英・ソ連三国間の申し合わせによって、チェコスロヴァキア領土の大半はソ連軍の手で解放されることに決まっていたし、実際にも、ボヘミアの西部にアメリカ軍が進撃した以外、この国の大部分はソ連軍の手で解放されたから、ソ連がチェコスロヴァキアの再建に決定的な発言権をもつのは、当然であった。

ベネシュも、新生チェコスロヴァキアにとってソ連との友好関係が不可欠であることをよく知っていたから、一九四三年一二月にはロンドンからモスクワに飛んで、ソ連と友好相互援助条約を締結するとともに、モスクワに亡命中のチェコおよびスロヴァキア共産党の指導者たちとの友好に努め、四五年三月亡命政府がロンドンから帰還するさいにも、モスクワを経由することにし、ベネシュ自身わざわざモスクワに赴いてスターリンと会談し、臨時政権人事について亡命共産党員と事前に了解をつけたうえで、彼らとともに本国に帰還したのである。

のみならず、一九三〇年代以来十数年にわたった悲劇的諸事件――経済恐慌・ミュンヘン協定・占領・戦争――は、国民のあいだに社会主義への期待を高めており、一九四五年春には、国民生活の基本的諸問題を解決する場としての社会主義に対する展望が開けていた。その意味でも、第三共和制は第一共和制そのままの延長ではありえなかった。

しかしまた、この国にはすでに民主的意識の伝統があり、戦間期のチェコスロヴァキアは、半封建的ファシスト国家であった東欧の隣接諸国と違って、西欧に比しても遜色のない工業国であるとともに、健全な議会制民主主義をじかに体験した国であり、西欧諸国とのむすびつきも強かった。ベネシュは、チェコスロヴァキアの民主制と独立はソ連と西欧の共存を通じてのみ維持されうるという、いわゆる〝かけ橋の思想〟の持ち主で、この思想を実現するために、事前にモスクワで、チェコスロヴァキア共産党の指導者たちと協定をむすんだのであった。臨時政府成立の翌四月五日に発表された「コシツェ綱領」は、これにもとづくもので、経済の社会主義的性格が濃く、ソ連との同盟を強調する一方、国民の自由や西欧との友好の必要も強く説かれており、東の社会主義と西の民主主義とを合一しようとする試みであった。当時は、西欧知識人のあいだにも、チェコスロヴァキアが東西両世界の仲介者としてとどまるであろうという観測が、流れていた。

チェコスロヴァキアの共産党

コシツェ臨時政府は、ナチス＝ドイツの支配に抵抗した諸政党——チェコを代表する共産党・社会民主党・国民社会党・カトリック人民党、スロヴァキアを代表する共産党・民主党——からなる「国民戦線」連立政権で、ベネシュ大統領のもとに、社会民主党首フィールリンゲルを首相とし、二一の閣僚は、チェコ共産党四、スロヴァキア共産党三、社会民主党三、国民社会党（ベネシュ党）三、カトリック人民党二、スロヴァキア民主党三、無所属三という配分になっていた。臨時政府内で共産党が優遇されているのは、ソ連の圧力によるものであるが、ベネシュに最初からかなり共産党に譲歩する用意があったことをも示している。さらに、首相のフィールリンゲルは大戦中のチェコ亡命政府の駐ソ大使で、共産党の同調者であったし、無所属の専門家として入閣したスヴォボダ国防相も、ソ連領内でチェコ旅団を編成し、ソ連軍とともにチェコに進撃し、実質的に共産党と行動をともにした人物であった。しかも共産党は、内相、情報相、教育・国民啓蒙相、農相などの重要ポストを入手したので、はやくもこの時点で、圧倒的な勢力を示したのである。

しかしこのときスターリンは、他の東欧衛星国の場合のように、ソ連占領軍による上からの共産化をすすめることはしなかった。それは、彼がチェコスロヴァキアにおける議会制民主主義の実績を考慮したこと、また、東西の谷間にあるこの国で強引なやり方をすれば、ポーランドの共産化その他に支障をきたす恐れがあったこと、さらに彼は、西欧とくにフランスやイタリアの革命気運に期待し、社会主義への議会的・平和的移行を望んでいたから、西欧諸国を刺激してはいけないと考えていたこと、などによるものであるが、当時は戦後の米ソ協力の時期であり、反ファシズムを基調とした有利な国際環境がなおつづいていたことも、念頭におく必要がある。

こうした状況のもとで、ソ連占領軍は一九四五年一二月末米軍と同時に撤退し、翌四六年五月二六日には、戦後最初の総選挙が、自由秘密投票の形で、なんの妨害や混乱もなく実施された。それは、旧ナチス同調者を除くすべての政治勢力のほぼ完全な自由競争といえるものであったが、結果は、チェコ地方では共産党が得票率四〇・一%で第一位、以下国民社会党二三・六%、カトリック人民党二〇・二%、社会民主党一五・六%の順になり、スロヴァキア地方では民主党が六二%を獲得して、共産党の三〇・三%をはるかに凌いだが、結局、共産党は全国平均三七・九%で首位を占めた。

共産党が勝利を収めた原因としては、この党がすでにミュンヘン協定前から強力な合法政党であったうえに、戦時中のナチスの政策がミドルクラス政党の基盤を破壊していたこと、共産党出身の情報相が新聞・雑誌の用紙割当てについて共産党を優遇したこと、臨時連立政権の重要政策、とりわけ共産党出身の農相が精力的にすすめた農地改革による小農の創出が、共産党の人気上昇に有効に作用したこと、などが考えられる。ドュリシュ農相は臨時政権成立の一カ月半後にはやくも農地改革案を発表し、六月下旬には、かつてドイツ人・ハンガリー人・対独協力者に所有されていた農地が無償没収され、約一七〇万ヘクタール（一説では三〇〇万ヘクタール）の農地が約一七万の貧農と農業労働者に分与された。また社会民主党のラウシュマン工業相は、七月大規模な工業国有化に着手し、チェコの工業生産力の六〇％は、総選挙前にすでに国有化されていたのである。

総選挙の結果、共産党書記長ゴットヴァルトを首相とする新連立内閣が成立し、二六人の閣僚のうち、共産党員は内相・情報相・財務相など九つの要職を占めた。外相には、マサリク元大統領の息子のヤン＝マサリクが引きつづき就任したが、共産党出身の次官が配置された。

ところで共産党は、総選挙で首位の座を占めたとはいえ、期待されたほど大きな勝利ではなく、いま一つ力の不足を痛感しなければならなかった。しかし彼らは、なお少数精鋭の前衛党として権力掌握をめざすことはなく、つぎの総選挙で五一％の多数を獲得するという具体的目標をかかげて、活動を展開した。比較的長期にわたって他政党との自由競争を恐れなかったことは、たしかにチェコスロヴァキア共産党のユニークな点であった。ハンガリーでは、一度しぶしぶ自由選挙が行なわれた結果、共産党が小地主党にとうていかなわぬことが判明すると、共産党は小地主党とのあいだに競争を排除するブロック方式を考えだしたことは、すでにみたとおりである。しかし、チェコスロヴァキア共産党のこうしたユニークな意気ごみがいつまでつづくかは問題であったし、また五一％という最低多数の目標をかかげたことのうちには、権力関係の永久固定化の足がかりをえようとする意図がうかがわれないでもなかった。

二年後の次回総選挙でも共産党が単独過半数をえることはやはり困難であると予想されたから、彼らは暗黙のうちに社会民主党の親共派と組むことを考え、この党の動向に関心を集中した。当時社会民主党内では、親共・反共・中間の三派が複雑な勢力争いを展開しており、共産党が期待をかけたのは、親共派の実力者フィールリンゲル委員長であったが、一九四六年五月の総選挙で社会民主党が惨敗したあと、党内にはフィールリンゲル路線に対する批判が高まった。しかし彼は、これに挑戦するかのように、四七年九月一二日、独断で、共産党とのあいだに、すべての重要な政治問題で両党が共同行動をとるという協定をむすんだ。これは党内論争に火をつけたが、同年一一月中旬の社会民主党大会では、激論のすえ、フィールリンゲルは二八三対一八二の大差で委員長の座からおろされ、中間派代表のラウシュマンが新党首に選ばれた。社会民主党のこの方向転換は共産党にとって大打撃であり、五一%の多数を獲得することはもはや不可能であると思われたが、これを境に、チェコ共産主義者の行動は他国のそれとほとんど変わらぬものになりはじめたのである。

国際政治転換の波紋

しかし、こうしたチェコスロヴァキア共産党の変化を国内的要因から説明するだけでは、不十分であり、米ソの対立・冷戦の開始という国際政治の大きな転換をも考慮に入れなければならない。

一九四七年六月、アメリカ合衆国がマーシャル＝プラン（ヨーロッパ復興計画）を発表すると、英・仏政府はそのうけいれを協議するためパリ会議を開くことにし、ヨーロッパの二二カ国に招待状を送った。チェコスロヴァキア政府は七月四日、共産党出身の閣僚を含む全員一致で招請受諾を決めたが、直後にモスクワを訪問したゴットヴァルト首相は、七月九日スターリンからマーシャル＝プランへの参加はソ連への敵対行為であるときびしく叱責された。ゴットヴァルトからの電話をうけて、プラハでは翌日午前四時に緊急閣議が開かれ、ふたたび満場一致で、

ゴットヴァルト

パリ会議への参加を拒否することが決定された。議会制民主主義を保持し、東西のかけ橋の役割を演じうると自負していたチェコスロヴァキアは、こうして外交の自由をスターリンに奪われ、実質的に主権と独立を失うことになったが、以後チェコスロヴァキア共産党の自由裁量権は大きく制限され、彼らの行動には暴力のかげがさしはじめたのである。

同年九月、ソ連がマーシャル＝プランに対抗するコミンフォルムを結成すると、チェコスロヴァキア共産党はソ連を背景にして急速に攻勢を強め、労働者五〇名以上の全工業の国有化を提唱して、国内のブルジョア勢力や他政党とのあいだにはげしい対立が生まれた。一方、チェコスロヴァキアがスターリンの圧力でマーシャル＝プランへの参加を断念したことは、国民に大きな衝撃を与え、以後世論は、次第に反ソ・反共の方向に傾斜し、民主主義擁護の声が高まってきた。そして、連立内閣を構成する他の諸政党は、翌年五月に予定されている総選挙で共産党に痛打を与え、国家主権の独立を回復したいと考えるようになった。さらに、一九四七年秋に行なわれた世論調査も、来たるべき第二回総選挙で共産党が大幅に後退することを予想させた。

こうした情勢をみて、連立内閣の中心をなした共産党は、総選挙前に上からのクーデターによって一挙に独裁政権に踏み切る決意をかため、スターリンもまたゴットヴァルト首相に、実力行使による反対党の打倒を命じたと思われる。

一九四七年九月、非共産閣僚のマサリク外相・ゼンクル副首相・ドルティナ法相の三人に香水を装った爆弾小包が送られるという、不思議な事件がおこった。これは未然に発覚して事なきをえたが、共産党のノセク内相の指揮下にある警察が犯罪の摘発に熱心でなく、事件の解明はすすまなかった。しかしドルティナ法相が自己の入手した情報をもとに独自の調査をすすめ、ある共産党活動家の容疑をつきつけたので、警察もやむなく起訴に踏み切り、翌年三月に裁判が開かれることになった。この裁判がはじまっては、共産党は致命的な打撃をうけることになりかねないので、いよいよ二月に実力行動にでる決意をしたと考えられる。

一九四八年二月のクーデター

一九四八年二月の政変の直接のきっかけになったのは、警察人事をめぐる閣内対立であった。上述の政治的緊張のなかで、ノセク内相は、最後に残っていた非共産党員の警察幹部を罷免して、共産化工作を大胆に推しすすめ、警察を完全に制御した。二月一三日の閣議で、非共産閣僚は共産党の横暴をはげしく非難し、警察人事の旧状復帰を要求したが、ゴットヴァルト首相は言を左右にして、明確な回答を与えなかった。これに抗議して、二月二〇日、社会民主党閣僚三人を除く一二人の非共産閣僚は、いっせいに大統領に辞表を提出し、社会民主党に同調を求めた。社会民主党が同調すれば、過半数の閣僚が辞表をだしたことになり、ゴットヴァルト内閣は退陣しなければならなかった。しかし、社会民主党が同調を拒む場合をも予想して、非共産三党は、そのさいには一二閣僚の辞表を受理しないことをベネシュ大統領に約束させ、いま一度閣議に戻って、社会民主党閣僚と組んで多数を制し、世論を背景に、警察人事の旧状復帰を再度強く首相に迫る考えであった。

しかしこの判断はあまく、事態は彼らの期待した方向にすすまなかった。ゴットヴァルト首相は、社会民主党が非共産三党に同調するのを阻むために全力をつくすとともに、ベネシュ大統領に非共産閣僚の辞表受理を強く迫り、二〇日から二五日にかけて息づまるようなかけひきが展開された。共産党は、警察・軍・情報関係など、政変に威力を発揮するすべての機関を完全に掌握しており、労働組合も共産党の指導下にあった。

こうした背景のうえに、ゴットヴァルト首相はプラハ全市を警察隊の統制下におき、労働組合の組織した民兵に総決起を指令し、〝反革命〟分子の一掃に乗りだした。辞表を提出した大臣たちの政党本部や官庁は、武装した民兵に占拠され、共産党に好ましくない人物は続々と逮捕され、抵抗するものは暴行をうけた。キャスティング＝ボートをにぎる社会民主党は、はげしい論争のすえ、フィールリンゲルの力に押されて、共産党に同調する旨を表明するにいたった。さらに二月一九日には、ソ連のゾーリン外務次官が突然プラハを訪問し、無言の圧力を加えた。目的は、ソ連の小麦輸入を監督し、二二日に開かれるチェコ－ソ連友好協会の祝典に参加するためと説明されたが、クーデターを指導するためであることは間違いなかった。軍は動かなかったが、それは、共産党の力の誇示を支援する結果になった。

ベネシュ大統領はよく耐えたが、内乱の危機を感ずるにいたって、ついにゴットヴァルト首相の圧力に屈し、二月二五日、非共産一二閣僚の辞表を受理したのち、ゴットヴァルトの提出した新閣僚名簿を承認した。そこには、共産党のほか数名の社会民主党・国民社会党・カトリック人民党・スロヴァキア自由党・無所属の人々が含まれていたが、いずれも共産党の同調者であり、新内閣は同じく国民戦線の連立内閣とはいえ、政変以前のものとはまったく異なり、共産党が決定的な支配権をにぎるにいたった。最強の反対党であったスロヴァキア民主党はしめだされて解体し、わずかに復興党として名をとどめるにすぎなくなった。

二月事件　抗議デモをするプラハ市民(1948年2月25日)。

共産党の優位

他の政治勢力との自由競争を恐れぬというチェコスロヴァ

キア共産党の特色は、一九四七年九月以降急速に失われていたが、四八年二月にいたって、彼らは五一％獲得の努力をさえ完全に放棄したのである。チェコスロヴァキアの二月事件は、軍が動かず大量の血が流されなかったとはいえ、首相がみずから指揮した上からのクーデターであり、共産党が反対党の指導者たちに組織的な弾圧を加えたことを思えば、たんなる平和革命とはいえないし、それはまた、ソ連軍の占領下に推進された上からの共産化ではなかったにしても、国境に展開されたソ連軍の圧力を背景にし、スターリンの指令にもとづいて行なわれた、やはり上からの共産化の一種だったのである。

つづいて三月一〇日に、悲劇の余波がやってきた。大統領の懇請をうけて外相の地位にとどまったマサリクは、この日外務省官舎裏庭の石畳のうえで、窓から飛びおりた形の死体となって発見された。警察は死因を自殺と発表したが、反共勢力は、マサリクが共産党への譲歩を拒否したために殺されて投げ捨てられたとうけとった。マサリクが前途を絶望して自殺したのか、それとも他殺なのかは、今なお謎に包まれている。マサリクの後任には、スロヴァキア共産党の外務次官ウラディミール＝クレメンティスが登用された。

二月クーデターののち、共産党は残敵掃討の段階にはいり、人民国家転覆の陰謀という理由で、国民社会・社会民主・民主各党の反共分子を大量に逮捕した。つづいて共産党は、同党が「国民戦線」の名で選んだ統一候補者名簿によって選挙を行なうという新選挙法を、三月一〇日国会に提出し、一気に通過させた。他方政府は、ソ連のスターリン憲法をモデルにした人民民主主義憲法の成立を急ぎ、五月九日に採択されたが、これはベネシュ大統領の基本的政治理念に背くものであったから、彼は署名を拒み、チェコスロヴァキアの自由擁護に必死の努力をつづけた。

五月三〇日に新選挙法で行なわれた戦後二回目の総選挙では、「国民戦線」が有効投票の八六%にあたる六四〇万票を獲得し、共産党は圧倒的に進出したが、なお五七万票の白票があったことは、注目される。ベネシュ大統領は新憲法の非民主的条項を削除するよう新国民議会の説得に努めたが、力及ばず、六月七日ついに大統領を辞任し、まもなく九月三日、南ボヘミアの別荘で死亡した。六月八日には、共産党委員長のゴットヴァルト首相が大統領に就任して、ただちに新憲法を批准し、首相には共産党政治局員のザーポトツキーが選出され、共産党書記長のルドルフ＝スラーンスキーが副首相になった。第二回総選挙後の新内閣は、共産・社会民主・カトリック人民・社会・スロヴァキア復興・スロヴァキア自由の六党連立の形式をとったが、実権はいうまでもなく共産党の掌中にあった。なお国民社会党は二月事件後社会党と改名したが、抑圧をうけて弱体化し、さらに六月二七日には、社会民主党が共産党に合併・吸収されるという注目すべき事件がおこった。

チェコの社会民主党は、一九三八年以前には共産党よりも優勢であったが、戦後最初の一九四六年の総選挙では、共産党の四〇%に対してわずか一三%にとどまり、しかも左右両派の指導権

ザーポトツキーと民衆

争いのため、党勢は不振をきわめた。四七年一一月の党大会では、右派が左派を圧倒したが、二月クーデターで左派は勢力を挽回し、フィールリンゲルが委員長に復帰した。こうした時点で共産党は社共合同を提案し、六月二七日の合同党大会で組織統一が実現した。席上、社会民主党のフィールリンゲルは共産党のザーポトツキーを合同新党の委員長に推し、新党は共産党を名乗ることになり、党書記長にはスラーンスキーが選ばれた。この合同で、共産党の議席は一躍二三六と増大し、党員は二四二万を数えるにいたった。社共合同は、人民民主主義政権の確立過程で一般にみられるところであるが、ハンガリーの党が合同後「勤労者党」を名乗ったのに対して、チェコの新党が躊躇なく「共産党」を名乗ったことは、名実ともに共産党の優位を示すものといえる。こうしてチェコスロヴァキア共産党は、国民戦線の諸政党のあいだから自由競争を排除したのにつづいて、社会主義理念をめぐる競争者を排除することにも成功したのである。

ソ連型社会主義の移植にもっとも遅れたチェコスロヴァキアは、一たび転換をとげるや、急速にソ連の模倣に乗りだし、この国の共産党は、他のどの国の共産党にもまさる徹底したスターリン主義者に変容した。一九四八年二月のクーデターで共産党以外の政党の存在が名目化されたあと、つぎの課題は、党内の不純分子を排除し、一枚岩的な体制を樹立することであった。その過程でまず注目されるのは、粛清である。

党内闘争と粛清

社共合同の成立後、共産党中央委員会は、一九四八年一〇月から年末にかけて全党員の行動を徹底的に調査することを決議し、党内の粛清が開始されたが、その背後にはいくつかの事情があった。第一は、共産党の党員数が飛躍的に増大したことで、社共合同後には二五〇万をこえるにいたった。そのなかには、旧社会民主党からの移籍者十数万人も含まれてはいたが、約一〇〇万人は一年足らずのあいだの新入党員であり、その多くは、共産党の権力基盤がゆるぎないものになったことを知って、身をよせた人々であった。こうした入党者による党の肥大化は、腐敗の危険を含んでいたし、それ以前の戦後の入党者のなかにも、日和見的動機のものが少なくなかったから、ここに党は、厳格な審査の必要を感じ、一九四八年後半から五一年末にかけて、党員数の削減を強行したのである。この時期に約一〇〇万人が党から追放されたが、この極端な削減は、他国共産党のそれをはるかに上まわるものであった。

第二は、ソ連とユーゴスラヴィアの対立という国際的背景である。スターリンは一九四八年六月、自力で革命をなしとげた戦闘的なユーゴスラヴィア共産党をコミンフォルムから除名し、以後東欧各国から、民族主義的傾向をもつ指導者を「ティトー主義者」の名のもとに、つぎつぎに追放させた。チェコスロヴァキアの粛清も、これと大きな関係があった。

第三に注目されるのは、この国では、ティトー主義者の粛清がスロヴァキアの地位の問題と関連して、独自の形をとったことである。第一次大戦後に誕生したチェコスロヴァキア共和国のなかで、スロヴァキアは工業化が遅れ農業的にも豊穣とはいえない後進地域であったから、チェコ人の中央集権的支配に反発する強い民族意識が漂っていた。一九三九年にヒトラーがチェコスロヴァキアを解体し、スロヴァキアを別個の「保護国」にしたのは、こうした事情にもとづいていた。第二次大戦末のコシツェ綱領では、チェコスロヴァキア共和国に復帰するスロヴァキアには、自治権が認められ、人民委員会議（自治政府）がつくられ、民族評議会が立法府の役割をはたすことになった。しかし、スロヴァキアの自治権はその後次第に薄れてゆき、一九四八年五月の新憲法で有名無実になった。スロヴァキア自治政府は中央政府によって任命され、民族評議会の立法権も中央政府の行政布告で代行されうることになったからである。これがスロヴァキア人の反感を買ったのは、当然である。

共産党についても、事情は複雑であった。チェコスロヴァキア共産党は最初スロヴァキアの自治を承認していたが、これは、スロヴァキアの民族主義を支持して共産党の勢力を伸ばそうとする戦術であった。ところが、一九四六年五月の総選挙で、スロヴァキアでは、共産党は民主党に六〇%以上の票を奪われて大敗したため、以後共産党はスロヴァキア民族主義を抑制する動きをみせはじめ、四八年二月のクーデター成功によって、はっきりこれと手を切る方針に転換した。それとともに、従来別組織の姉妹党的関係にあったチェコ共産党とスロヴァキア共産党も、四八年九月合同したが、スロヴァキア人の対抗意識を考慮して、チェコスロヴァキア共産党の内部に、「スロヴァキア共産党」の名称をもつ地域的下部組織の存在が認められた。スロヴァキア共産党はつねに弱体ではあったが、その内部には、分離主義的自立化の志向が潜在しており、これは、全体党の立場から好ましいことではなかった。

一九四九年秋にはじまった粛清の第一波は、ソ連に対してより自主的な路線を主張する西欧亡命経験者を主要な対象としたが、翌年以後の第二波は、一部チェコ共産党指導者にも及んだとはいえ、主としてスロヴァキア共産党の指導者を襲った。まず一九五一年二月には、スロヴァキア政府議長のグスターフ＝フサークがティトー主義者の名目で逮捕され、五四年裁判にかけられて、終身刑の判決をうけた。スロヴァキア出身のクレメンティスも、一九五〇年三月に外相を解任されたあと、翌年二月逮捕され、さらに一一月には、同じくスロヴァキア出身の党書記長スラーンスキーほか一二名のユダヤ人が、ティトー主義的偏向と外国スパイの罪名で逮捕され、五二年一二月、クレメンティスとともに処刑された。当時スロヴァキア出身の共産党指導者で粛清をまぬかれたのは、スラーンスキーらの粛清の立役者として使われたシロキー一人であった。

以上のうちとくに注目されるのは、スラーンスキーの粛清である。彼はクレムリンから信任された筋金入りの大物スターリン主義者であっただけに、その粛清は意外であり、真相はいまも謎に包まれているが、ゴットヴァルトとの党内指導権争いが関係していたことは、たしかである。ゴットヴァルトは一九二八年コミンテルン第六回大会に党を代表して出席し、執行委員に選ばれて以来、スターリンの信任をえていたが、一九四七年夏のマーシャル＝プランへの参加表明でスターリンを激怒させ、その地位は動揺した。一方スラーンスキーは大戦中モスクワに亡命したが、戦争末期のスロヴァキア蜂起に加わり、一九四五年には党書記長となり、委員長ゴットヴァルトにつぐ党内第二の地位を占めた。彼は、コミンフォルムの代表として活躍し、ゴットヴァルトの妥協的態度を攻撃していたが、ゴットヴァルトは二月クーデターの功績を認められて、スターリンの信任を取り戻し、スラーンスキーの野心をくじいた。しかし書記長としてのスラーンスキーの地位は依然強く、両者の指導権争いはなおつづいた。スラーンスキーはティトー主義者ではなかったが、こうした過程で反ティトー主義運動に利用され、没落したのである。ともあれ、これらの粛清を通じて党内の不純分子は一掃され、ゴットヴァルトを中心とする〝小スターリン的独裁〟が確立された。

2 共産圏の優等生

ソ連型社会主義体制への移行

つぎに、チェコスロヴァキアに事実上の共産党独裁が確立したのち、この国がどのようにソ連型社会主義建設の道をすすんだかをみよう。

まず注目されるのは、急速な国有化政策の実施である。すでに一九四五年の法令で開始されていた工業の国有化は、二月クーデター後急速にすすみ、四八年四月の一連の国有化法によって、使用者五〇人以上のすべての企業が国有化され、全工業生産の九一・五%が国家の管理下にはいった。そして五四年には、工業部門の国有化率は九九・七%に達し、小売業も九九・四%まで社会化された。

一般に社会主義国家の経済発展は経済計画遂行の歴史であるが、チェコスロヴァキアでも、一九四六年から行なわれた経済復興二カ年計画のあと、四九年一月から、本格的なソ連流の第一次五カ年計画が発足し、工業の急速な重工業化、農業の集団化と機械化を中心課題として、多くの急進的措置がとられた。資本と労働力は、軽工業・サーヴィス業・農業の各部門から重工業部門へ集中的に移され、基礎的工業製品と生産財の生産が急増した。この過程で、一九三〇年代のソ

第1次五カ年計画期につくられたオストラヴァ付近の鉄鋼業の熔鉱炉

連で幅をきかせたスタハーノフ＝システム（ソ連の炭坑労働者スタハーノフの採炭新記録に端を発する生産向上の大衆運動）が作業能率増進のために導入され、五一年九月には、ソ連の制度を模倣して新設された専門別の省が、個々の産業分野を監督することになった。しかし、経済計画の重工業優先主義は、工業生産高と国民所得を増大させたとはいいながら、他の東欧諸国と違って元来重工業国であったこの国の経済のバランスをくずし、国民に不必要な耐乏生活を強いる結果になった。

農業の方面では、一九四七年三月に一五〇ヘクタール以上、四八年三月に五〇ヘクタール以上の農地が収用され、小農と国家の手に解放されたが、四九年二月に新しい農業協同組合法が実施され、ソ連の集団農場方式に似た集団化がはじまった。しかしこれは地主の強い抵抗にあって、工業の場合ほど順調にすすまず、五二年末までに全農地の約三分の一が集団化されたにとどまり、五三年後半にも、集団化された農地は四〇%にすぎなかった。戦前食糧自給国であったこの国が、戦後しばしば食糧危機に見舞われ、典型的な農産物輸入国になったのは、集団化による農業の不振と関係があった。

ソ連を中心とする社会主義圏への協力も、急速にすすんだ。一九四八年一二月、チェコスロヴァキアはソ連と通商協定をむすび、翌年一月にはコメコン（経済相互援助会議）に加盟し、その結果、ソ連・東欧諸国との貿易が激増し、五四年には七八%を占めるにいたった。さらにこの国は、ソ連の要請で、第三世界の国々や共産圏内の友邦に対して多額の援助義務を負うことになった。

教育・宗教政策にも、ソ連模倣の特色があらわれた。上級学校では、マルクス主義哲学と共産主義イデオロギーの学習が強制的に行なわれ、宗教の自由も、特別の行政措置で制約をうけることになった。共産党は一九四八年夏からはげしい反教会闘争を展開し、翌年夏にはプラハの大司教府が警察に占拠され、幾人かの高位聖職者が逮捕された。五一年には、プラハの大司教ヨーゼフ＝ベランが、回覧教書で、マルクス主義の唯物論とキリスト教は両立しないと宣言したために拘禁され、六三年にようやく釈放された。また、学校教育から宗教を締めだす努力がつづけられ、一九五二年秋には、両親から明確な希望の申し出がない限り、児童は宗教の時間に出席できなくなった。

軍のソ連模倣も注目される。戦後のチェコ軍は、容共派の将軍スヴォボダ国防相の監督下にあったため、すでにソ連軍模倣の度合いが高かったが、一九四九年二月以降、いっそう意図的に赤軍化がすすめられ、多数の将校が裁判にかけられて、終身刑や死刑を宣告された。さらに五〇年四月には、長年の同調者スヴォボダ国防相さえ解任され、ゴットヴァルト大統領の女婿で筋金入りの共産主義者アレクセイ＝チェピチカがあとを襲った。

そのほか、新聞・労働組合・学制・スポーツ・保健制度などにも、徹底したソ連模倣がみられ、すでにみた共産党指導者内部の粛清も、ソ連における司法のスターリン化と深く関係していた。要するに一九五〇年代のチェコスロヴァキアでは、社会主義とはソ連モデルに近づくことにほかならなかったのである。

一九五三年三月にスターリンが死亡した直後、葬儀から帰国したゴットヴァルト大統領が急死すると、ザーポトツキー首相が後任の大統領になり、首相にはスロヴァキア共産党のシロキーが就任し、党第一書記には、スターリン主義裁判の直接の責任者であったチェコのアントニーン＝ノヴォトニーが起用された。ソ連はスターリンの死後集団指導制の時代にはいり、マレンコフ首相は重工業偏重政策の是正、生活水準引上げなどの新政策を打ちだしたが、これは非スターリン化の第一歩というべきものであった。ソ連ではじまった雪どけは東欧諸国にも影響を及ぼし、ハンガリーでラーコシの首相罷免、ナジの首相就任をもたらしたことは、すでにみたとおりである。

もちろんチェコスロヴァキアにも波紋が及ばなかったわけではなく、五三年六月には、通貨改革による実質賃金の大幅な低下、労働ノルマの強化をきっかけにして、プルゼン(ピルゼン)・プラハ・オストラヴァなどの大工場で労働者のストライキや暴動があいついだが、新政府は軍隊を投入してこれを鎮圧し、また、一時認められた農業集団化の停止も、まもなく撤回された。

他の東欧諸国では、一九四〇年代末から五〇年代初頭にかけて行なわれた政治裁判の犠牲者たちは、はやくも一九五四年に最初の名誉回復をうけたが、チェコスロヴァキアでは依然無実の者が政治裁判にかけられ、死刑の宣告をさえうけていた。ソ連でなしくずしの非スターリン化がすすみつつあった一九五五年五月に、ノヴォトニーはかえってプラハに巨大なスターリン像を建設し、本質的にスターリン主義者であることを示した。この国では、独裁者ゴットヴァルトの死によってスターリン主義は終わらなかったのである。

スターリン批判とチェコスロヴァキア

一九五六年二月、フルシチョフがソ連共産党第二〇回大会でスターリン批判演説を行なったことは、現代史における画期的な事件の一つであり、以後東欧にも、非スターリン化の強い波が押しよせてきた。それは自由化の面で、チェコスロヴァキアにも影響を与えずにはおかなかったが、しかしこの国は、他の諸国に比べてもっとも動揺が少なかった。以下その経過をみよう。

ソ連の第二〇回党大会のあと、チェコスロヴァキアでは内相バラークの主宰のもとに粛清裁判調査会が活動をはじめ、調査の結果、スラーンスキー・クレメンティス・フサークらの民族主義者たちはティトー主義者としての罪名を取り消されたが、しかし外国のスパイというスラーンスキーの罪名は依然として残り、彼は、名誉回復をうけなかったばかりか、〝チェコのベリア〟というレッテルをはられ、犯罪者として一段格上げされた形になった。この奇妙な現象は、チェコスロヴァキアに特有のものであり、その後もなお多くの人々が獄中にとどめられた。

一九五六年二月のフルシチョフ演説は、チェコスロヴァキアの知識人のあいだに体制批判をよびおこし、四月から五月にかけて知識人・学生の不穏な動きがあったが、これも速やかに抑圧された。党と政府の指導者のなかでスターリン批判の影響をうけた犠牲者は、故ゴットヴァルトの女婿で第一副首相兼国防相のチェピチカただ一人で、彼は一九五六年三月副首相を解任されたあと、四月には党および政府の全役職を解かれ、党中央委員会から追放された。

非スターリン化の嵐は東欧のいくつかの国をはげしく巻き込み、一九五六年夏、ポーランドのポズナンには大規模な労働者のデモがおこり、一〇月のゴムウカ政変に発展した。つづいてハンガリーでは、一〇月から一一月にかけて自由化をもとめる民衆の蜂起が動乱となった。これらの事件は、スターリン時代各国の特殊事情を無視してとられた政策に対するうっせきした不満が、解放をもとめて一気に爆発したものであったが、その影響もチェコスロヴァキアには及ばなかった。かえってノヴォトニーは、ポーランドの民族的共産主義を最悪の異端と非難し、ソ連のハンガリー介入を強く支持した。そればかりか、五六年秋のハンガリー動乱がソ連軍の介入をみたことは、チェコの指導者に、急激な非スターリン化への期待を蹂躙する口実を与え、以後この国では、逆にノヴォトニーが、スターリン主義者としてその権力的地位をかためることになったのである。

五七年一一月ザーポトツキー大統領が死亡すると、ノヴォトニーは大統領職をも兼ねて、強力な地位を確立し、政策面では、数次の五カ年計画を実施し、一九五三年以来中断されていた農業集団化を再開し、六三年までに農業生産の九三・九％が国有化ないし協同化された。そして一九六〇年には、資本主義から社会主義に移行するための基本問題はすでに解決されたとして、あらたに社会主義憲法が採択され、国名も「チェコスロヴァキア社会主義共和国」と改められた。こうしてチェコスロヴァキアは、ポーランドやハンガリーよりもはるかに忠実なソ連の衛星国となり、社会主義の優等生といわれたのである。

ところで、チェコスロヴァキアが非スターリン化の嵐にもほとんど動揺せず、非スターリン化がもっともすすみにくかったのは、なぜであろうか。その理由としては、つぎの諸事情が考えられる。チェコスロヴァキアの共産党はたび重なる粛清で古い党幹部の多数を失ったが、このことは、他方労働者出身の多くの党員に昇進の機会を与えることになり、これらの党員でかためられたノヴォトニーの党指導部は、一九五六年の危機にも、ハンガリーの場合のように、分裂をみせずにすんだのである。つぎに、当時この国の経済情勢が順調であったことも、要因としてあげなくてはならない。国民の生活水準はソ連圏のなかでは依然もっとも高く、その社会主義は、矛盾をはらみながらも、経済的不公正を絶ち、階級差を縮小し、国民所得を増大させるメリットを示していた。これが人々の問題意識を焦点からずらせたことは、たしかである。またこの国には、民主主義とヒューマニズムの厚い伝統があって、一九五六年には硬直した政治への反発をいくらか示したものの、同時にまた知的性格の深い底流があって、それがハンガリーのような激しい暴走をはばんだと思われる。また、チェコ人には〝心の武器〟によって権威に反抗するというシュヴェイク的伝統があることも、ミュンヘン協定以来の親ソ感情がなお残っていたことも、併せて考慮されねばならない。それとともに、この国の政治指導者が「非スターリン化」に消極的であった背後には、この国特有のスロヴァキア問題がからんでいた。非スターリン化＝自由化を推進すれば、スロヴァキアの独立的傾向が強まることは目にみえており、それは、プラハ中心の党の支配を危うくするものだったのである。

ノヴォトニーの地位

それにしても、ソ連でスターリン批判がはじまった時期に、チェコでは反対に、ノヴォトニーがスターリン主義者として自己の地位を強化していったことは、奇異な感を与えずにはおかない。この一見非論理的な関係を説明するためには、ソ連と東欧諸国における「非スターリン化」の意味の違いを考えてみる必要がある。

ノヴォトニー

ソ連での非スターリン化は、スターリンに対する個人崇拝の清算を意味したが、スターリンによって共産化が行なわれた東欧諸国では、非スターリン化とは、スターリンに対する個人崇拝の清算にとどまらず、各国に君臨する〝小〟スターリン崇拝の清算、さらには、これらの小独裁者とソ連との癒着関係、すなわちスターリン的な衛星国支配への批判にまでゆきつかざるをえず、したがって、東欧諸国での非スターリン化は、対ソ自主性の主張に帰結せざるをえなかった。

しかしソ連共産党幹部は、スターリンに対する個人崇拝の清算をいかに強く望んでも、ソ連による東欧諸国の支配というスターリンの遺産を放棄するつもりはなく、その限りで、ソ連の非スターリン主義的指導者にとっては、対ソ自主性への欲求を秘める衛星国の非スターリン主義者よりも、向ソ一辺倒の衛星国における小スターリンの方が、はるかに好ましかった。フルシチョフは、復活したポーランドのゴムウカやハンガリー動乱後のカーダールとは長いあいだ親交をむすぶことができず、チェコスロヴァキアのノヴォトニーを大いに信頼し、この関係は、一九六四年にフルシチョフが失脚するまで変わらなかった。

一九五三年のゴットヴァルトの死後、チェコスロヴァキア共産党指導者内には、マレンコフ派のザーポトツキー大統領とフルシチョフ派のノヴォトニー第一書記とのあいだに対立があり、当初権力者序列では、前者が後者を凌いでいるようにみえた。ザーポトツキーは、チェコで強制的にすすめられていたソ連のコルホーズ式農業集団化政策に批判的であったが、ノヴォトニーはこれを原理的に擁護し、ザーポトツキーの考え方を〃プチブル的〃と非難した。コルホーズ方式は明らかにチェコスロヴァキアの実情に合わなかったけれども、一九五四年四月のソ連・チェコ指導部の合同会議でフルシチョフが自己の路線を踏襲するノヴォトニーを支持したことによって、両者の争いには決着がつけられた。フルシチョフと組んだノヴォトニーは、やがて非スターリン化の波が東欧に及んだとき、ソ連指導部のために、衛星国支配というスターリンの遺産が押し流されるのを阻む役割をはたした。そのためノヴォトニーの地位は、一九五六年のポズナン・ブダペスト事件以後かえって安泰になり、一九六七年まで長期にわたって存続することができたのである。

再生への胎動

しかし、〃共産圏の優等生〃であったチェコスロヴァキアも、一九六〇年代にはいると、たちまち多くの困難に直面しなければならなくなった。ノヴォトニー時代、この国では共産党が勢力を強め、社会主義制度がゆるぎなく強化されていったが、それは極端なソ連模倣の進行過程であったから、必ずしも現実にそぐわず、幾多の矛盾を生みだすとともに、それへの批判が高まりはじめたのである。

まず第一に、一九六〇年早々、チェコスロヴァキアの経済が悪化して危機的兆候を示しはじめ、一九六一年一月に発足した第三次五カ年計画は、六二年夏、途中で放棄されねばならなくなった。第二に、ノヴォトニーは非スターリン化や社会主義的民主化の実施にきわめて消極的であったから、知識人や青年層は党への魅力を失い、自由化への要求を抱きはじめたが、とりわけ、自治を無視されたスロヴァキア人のあいだには、チェコ人に対する不満がうっせきしていた。さらに行政面でも、長期間の権力体制が硬直し、非能率や腐敗を生んでいた。ノヴォトニー政権は以上さまざまな矛盾を抱えていながら、〝東欧の優等生〟を自認して、問題の解決に取り組もうとはしなかった。このチェコスロヴァキアに変化と脱皮を迫ったのは、外部からの圧力であった。

一九六一年一一月、ソ連では、第二次スターリン批判大会といわれる共産党第二二回大会が開かれ、レーニン廟からスターリンの遺体が撤去された。この「非スターリン化」の影響はチェコスロヴァキアにも及んで、党指導部への批判、とりわけ五〇年代初頭の粛清に対する批判が高まり、政治裁判の公式の再審を要求する声が強くおこって、ノヴォトニー政権は重大な岐路にさしかかった。

彼は自分自身に追究が及ぶことを恐れて、一九六二年六月、五〇年代中期に再審委員会を主宰した前内相のバラークを逮捕し、新しい再審委員会を発足させた。そして、六二年一二月のチェコスロヴァキア共産党第一二回大会の直前、プラハ市内の巨大なスターリン像が爆破された。この党大会では、過去の政治裁判の再審査と犠牲者の復権作業の必要が公式に認められ、個人崇拝の残滓を清算すべきことが決定されて、チェコ社会の底流に変化がおこりつつあることを示した。ノヴォトニーも、スターリン時代の不正を認め、故ゴットヴァルトを批判するにいたったが、依然責任の大半をスラーンスキーに帰した。

しかし、その間に知識人の政府批判は次第に大胆・活発になって、もはやたんなる彌縫《びほう》策では収拾がつかなくなり、六三年四月、党中央委員会総会は、かつての粛清に責任のあったスロヴァキア党第一書記バチーレクを罷免した。しかし改革派知識人、なかんずくスロヴァキアの知識人は、メーデー集会・作家同盟大会・ジャーナリスト大会などでいっそう徹底した非スターリン化を要求し、スラーンスキーらの粛清の中心人物であったシロキー首相を名指しで攻撃した。こうしたなかで、一九六三年八月、特別委員会は処刑されたクレメンティス・スラーンスキーらの名誉回復を行ない、一二月にはフサークも名誉を回復された。そしてノヴォトニーは、反対者をなだめるために、同年九月ついにシロキーを首相の座から追い、スロヴァキア国民議会議長のヨーゼフ＝レナールトを後任に指名した。

3 「プラハの春」とその挫折

経済改革の進行

つぎに、ノヴォトニー政権が直面した深刻な経済問題を、立ちいって考察しよう。まず農業をみれば、チェコスロヴァキアでは、一九四〇年代末にソ連のコルホーズ方式が輸入されていた。同じくコルホーズ方式をすすめていたハンガリーでは、スターリンの死後、一時マレンコフ流の〝新路線〟が採用され、集団化はかなり後退したが、チェコでは、それははるかに軽微であった。フルシチョフの支援をえたノヴォトニーが、マレンコフ路線のザーポトツキーに打ち勝ったからである。

その後一九五五年には、コルホーズ拡大運動が再開され、五九年初頭には、コルホーズ型の集団農場は一万二一四〇に達し、全農地中七一・九%を占め、ソフホーズ化された農地を合わせると、七七・五%に達した。しかしソ連追随型の農業集団化は、チェコの実情に適せず、食糧生産は大きく落ち込んだ。たとえば、一九三七年にはチェコスロヴァキアは九万四〇〇〇トンの製パン用穀物を輸入すれば足りたが、一九六五年には七四万二〇〇〇トンも輸入しなければならなくなった。農業の不振は危機的で、一九六一年には成長がまったくみられず、六二年にはかえって七・六％の後退となった。これは、ノヴォトニーの農業政策の失敗を示すものにほかならなかった。

つぎに工業も、一九六〇年代にはいると、農業以上に悲惨な姿をあらわしはじめた。一九四八年に共産党が政権をにぎって以来、チェコスロヴァキアはソ連型の中央の指令による計画経済が採用され、内容的には極端な重工業優遇政策がとられた。それは当初からこの国の経済のバランスをくずし、将来の深刻な停滞をよぶ要因となるべきものであったが、しかしこの構造的欠陥は、一九五〇年代のあいだは表面化せず、毎年国民所得の伸び率八％、工業生産の伸び率一一％という、西ドイツや日本にも匹敵する成長率をみせて、一見順調な発展をつづけてきた。ところが一九六一年に突如変調を来たし、この年は国民所得の伸びも（六・八％）、工業生産の増加も（九・二％）停滞し、翌六二年には国民所得の伸び率一・四％、工業生産の伸び率六・三％とさらに落ち込み、六三年には双方ともに前年度を下まわるにいたった（それぞれマイナス二・二％、マイナス〇・六％）。これは、第一次（一九四九―五三年）、第二次（一九五六―六〇年）五カ年計画の無理とひずみが、同じ路線にそって実施された第三次五カ年計画において集中的にあらわれたことを意味し、そのため第三次五カ年計画は、二年もたたないうちに中止されねばならなくなった。

こうした経済の危機的状態がつづけば、国民生活の水準低下をまぬかれず、共産党の政権維持も困難になりかねないので、党と政府は異常な苦悩におちいった。経済政策の失敗は、ゴットヴアルト・ノヴォトニーの極端な向ソ一辺倒に由来することは明らかであるが、一九五〇年代初期に、多くの有能な経済専門家が政治裁判の犠牲になったことも、考え合わす必要がある。なお、この国がソ連の指令で東欧諸国へのクレジット供与という重荷を負わされていたことも、経済の停滞に大きく関係していた。

こうした事態に直面して、一九六二年の第一二回党大会は国民経済に重大な欠陥を認め、経済計画の建て直しを指示した。翌六三年には、ソ連を範とした経済政策や莫大な国外援助負担を非難するデモ行進が行なわれ、経済学者のあいだからも批判の声があがりはじめた。最初の口火を切ったのは、ラドスラフ＝セルッキーで、彼は、チェコ経済を破局に直面させた根本的原因として「計画経済」を指摘し、計画経済は手段であって目的ではないと述べ、それが個人崇拝とともに清算されねばならないことを力説した。

オタ＝シク

これがきっかけになって、以後、党の教条主義的な経済運営に対する批判が続出することになった。その代表者は、科学アカデミー経済研究所所長オタ＝シク教授で、彼は一九六三年、経済改革の方途を探る政府委員会の責任者に任ぜられたが、このことは、ノヴォトニーがすでに改革的な経済学者に対する統制力を失いつつあったことを示している。シクを中心とする作業グループは、市場経済原理を導入するとともに、企業活動の評価の基準を、中央からの指令にではなく、収益性にもとめる改革方針を打ちだし、これにもとづいてまとめられたプランを政府と党に進言した。シクらの結論をふまえてつくられた「新原則提案」は、一九六五年一月の党中央委員会総会で承認され、この青写真にもとづいて詳細な実施計画がつくられたうえ、六七年一月から新経済政策として実施されることになった。これは、ノヴォトニーに対する経済改革派の理論的勝利を意味するものであり、他の社会主義同胞国に遅れたとはいえ、チェコでもようやく経済改革がはじめられたのである。

その要点は、社会主義経済の基本原則である生産手段の社会化および他人の労働の不搾取は厳守するが、他の点では資本主義的経済方式の利点——企業の独立採算自由競争、利潤ないし利子の導入、報償金の復活など——を採用し、中央集権的な計画と運営の分散化をはかるとともに、企業の自主性を確保しようとしたもので、それまでのソ連型社会主義経済にとっては、根本的な変更を意味するものであった。こうした経済改革の動きは、作家や知識人の動きの活発化とならんで、この国を長く支配してきた小型スターリン主義の駆逐をめざそうとしたものであった。

保守派の抵抗

東欧の自由化は、一九六八年の「プラハの春」で頂点に達したが、反革命を恐れるソ連は、戦車でこれを抑圧した。このいわゆる「チェコ事件」は、チェコスロヴァキア現代史の焦点をなすばかりでなく、東欧社会主義体制下での〝自由化〟や〝民主化〟一般を考えるうえでも、象徴的な重要性をもっている。以下この事件の背景と経過と意味を、順を追ってみてゆくことにする。

「新経済モデル」は経済体制の重大な変革を意味するものであっただけに、その実施にはいろいろと困難があった。すでにこの経済改革案が党および政府の決定となるまでに、古い党員のあいだには強い反対があり、一九六七年一月の実施後も、反対はかなり強かった。一九四八年の共産党政権成立後ノヴォトニー時代を通じて、経済面でも重要ポストは共産党員によって占められたが、彼らが重要な地位についたのは、経済的知識に明るいためではなく、もっぱら共産党への忠誠によるものであった。すなわち、共産党員としては上位にあるが、工場の管理、技術や機械のことはよくわからぬ人々が、工場長や技師長になっていたために、彼らは、新経済政策の意味が理解できず、改革によって自分たちの仕事が奪われ、権力が失われることを恐れた。また、体制の受益者であった労働者も、改革による賃金格差の拡大や失業の可能性に不安を感じた。そこで改革は、これらの人々を支持基盤とする保守派の強い抵抗にあい、しばしば実施を引きのばされた。さらに、六七年一月改革実施後の成績はよくなく、物価上昇のような移行期に特有の困難が保守派の妨害によって増幅され、それがまた保守派に改革批判の口実を与える結果になった。一方経済改革の推進者は、成績の不良を改革に反対する古参党員らの怠慢によるものとし、彼らを排除して改革をすすめなくては自国の経済は回復しないと主張し、保守派と改革派の対立は次第に激化した。

体制批判の表面化

他方、ノヴォトニーの暴政への高まる不満は、社会不安を生みだしていった。一九五〇年以後の政治裁判の犠牲になった六万をこえる人々は、復権とそれにともなう補償をもとめ、知識人は検閲にはげしく抗議し、プラハの中央集権主義に対するスロヴァキアの反感も強くなった。しかしノヴォトニーは、経済改革に消極的であったばかりでなく、作家・学生・知識人・労働者の自由への要求を抑圧し、彼らの反発をますます強めた。一九六七年の中東戦争にさいして、ノヴォトニー政権がソ連に追従してイスラエル弾劾を行なったことも、ユダヤ系国民、とくにインテリ層を刺激した。

体制批判の動きが表面化し、作家・知識人の自由化闘争の発端になったのは、一九六七年六月二七—二九日のチェコスロヴァキア作家同盟大会であった。その席で、改革派知識人は党の文化政策を批判し、検閲の存続、アラブ寄りの中東政策を鋭く非難したが、とりわけ注目されるのは、作家のヴァツリークが「市民と権力の関係について、権力と文化について」と題する演説を行ない、「共産党の一党独裁は、国家権力の問題を解決しないばかりか、むしろ悪化させている。このさい必要なのは、市民および作家に表現の自由を与えることである。反対の自由をもったデモクラシーのみが、国家権力の腐敗をはばむことができる」という趣旨を述べたことである。

九月二六日から翌日にかけて開かれた党中央委員会総会では、こうした反党・反ソ的発言を行なった人々の処分が議題になり、ヴァツリークを含む作家同盟幹部数人の党除名と機関紙の発行停止が決定された。しかしこの中央委総会は、ノヴォトニー第一書記を追放するきっかけとなった点でも、重要である。そこでは、有名な映画監督ヤン＝プロハースカを中央委員会候補の地位から追放するための討議資料が配布されたが、そのなかには、プロハースカがプラハのレストランやカフェーで行なった私的会話の記録が含まれており、彼がかけた電話の盗聴記録もはいっていた。出席者にとりわけ大きなショックを与えたのは、プロハースカが自宅で夫人と交した会話までが、かくしマイクで録音されていたことである。この総会でプロハースカの地位剝奪は可決されたが、以後、中央委員会の同僚の人権蹂躙を犯してきたノヴォトニーに対する怒りと批判が高まり、一〇月三一日の中央委員会では、スロヴァキア共産党第一書記のアレクサンデル＝ドプチェクが、正面からノヴォトニーを非難し、責任をとって辞任するよう迫った。しかしこの日は、大統領官邸でロシア十一月革命五〇周年記念の祝賀会が行なわれることになっていたので、両者の対決は延期された。

同じ日、プラハのカレル大学生は、学生寮の生活条件の悪さ、とりわけ頻繁な停電に抗議してデモを行ない、大統領官邸前に集まった。このデモはなんら政治的要求をかかげてはいなかったが、警察の手荒い弾圧にあって多数の負傷者がでた。医師として入院中の学生を診察したスタリー学長は、一二月一九日の中央委員会総会で、警察が負傷学生に拷問を加えて「不当な取扱いをうけなかった」旨の供述書に署名させたことを報告した。このような人権蹂躙はノヴォトニーの悪政に由来するという意見が大勢を制したために、ノヴォトニーも、党第一書記と大統領の兼任の是非を討議に委ねる意向を表明せざるをえなくなった。かねて、ソ連に忠実なノヴォトニーに信頼をよせていたブレジネフも、一二月八日にプラハを訪問してノヴォトニーの不評を知り、最後までこれを支持する場合ソ連の失うものが大きいと判断して、ついにノヴォトニーを見放したといわれる。

ドプチェク政権の出現

こうした雰囲気のなかで、長年独裁者として君臨してきたノヴォトニーは、一九六八年一月五日、ついに中央委員会総会で党第一書記を解任され、ドプチェクが後任に選ばれた。それとともに、国民経済計画委員会議長のオルドジヒ＝チェルニークが首相となり、また経済改革プランの作成者オタ＝シクが副首相に起用され、強力な経済改革推進内閣が成立した。中央委員会の三分の一はなおノヴォトニー派であり、地方党組織の責任者もノヴォトニー派が多かったから、ドプチェク新体制の前途は明るくなかったが、ジャーナリストや作家の言論を通じて盛りあがった世論の力が、民主化をすすめるうえに大きな効果をあげ、六八年三月ノヴォトニー派の内相と検事総長が解任されたのを手はじめに、保守的政治家はつぎつぎに辞職を迫られた。ノヴォトニーは軍のクーデターによる巻き返しを試みたが失

スムルコフスキー(左)とチェルニーク

敗し、三月二一日には大統領をも辞任せざるをえなくなり、一九五〇年に国防相をやめさせられたスヴォボダ将軍が、大統領に就任した。つづいて四月一八日には、政治裁判の犠牲者であったヨーゼフ＝スムルコフスキーが、国民議会議長に選ばれ、党・政府・議会の指導者は進歩派でかためられた。

ドプチェク新政権は、〃人間の顔をした社会主義〃の標語のもとに、徹底した自由化路線を打ちだし、検閲の廃止、ノヴォトニー派要人の追放、秘密警察の権力縮小など思い切った改革に着手し、労働者・知識人を党に協力させる態度をとった。経済の分野でも、労働者評議会による企業自主管理や市場論理の導入が計画され、また、ソ連経済圏へ強制的に組み込まれて以来著しく立ち遅れていた技術水準を高めるために、西側から経済援助・技術援助をうけることも考慮された。

この国が経済改革を行なううえでもっとも大切なことは、機械や工場設備の近代化であった。チェコスロヴァキアは工業国家とはいいながら、一九四八年二月以前の古ぼけた機械がそのまま使われており、それを更新するためには、アメリカ・西ドイツ・日本などから新しい機械を買う必要があったが、そのための外貨がなかった。そこで、コメコン銀行に預けたままの輸出超過分を外貨または金貨にかえてほしいという要求が、あるいは西ドイツとの外交再開を認めよという要望が、一九六八年一月以降ソ連に対して次第に強くあげられていったが、ソ連はこれをも拒否した。さらに、一九四八年二月のクーデターでソ連の秘密警察の演じた役割が暴露されたことも、反ソ的気運を強め、チェコスロヴァキアをソ連の衛星国から離脱させようとする動きさえ、あらわれはじめたのである。

ドプチェクは生粋の共産主義者であり、ソ連で幹部教育をうけた人物であったから、ソ連共産党首脳の考え方を熟知しており、自国の自由化を手放しですすめた場合の危険を予測できないはずはなかったが、ノヴォトニー時代への反感が強かっただけに、国民の自由化に対する意気込みはすさまじく、ドプチェクもこれを抑制することは困難であった。のみならず、経済改革をすすめるためには労働能率をあげねばならず、そのためには、労働者がすすんで意欲的に働き、工場の管理や機械の改良などに熱意をもって従う状況をつくりだす必要があったから、ドプチェク政権は、労働者に生き甲斐を与えるために、旅行の自由、会話の自由、言論・集会の自由その他を、

ドプチェク第一書記(右)とスヴォボダ大統領　1968年プラハでのメーデー行進。

今までよりもいっそう広く認めなくてはならなかったのである。

「行動綱領」と「二千語宣言」

一九六八年四月五日、チェコスロヴァキア共産党の新指導部が採択した「行動綱領」は、チェコ自由化の憲章というべきもので、チェコスロヴァキアが社会主義国としての立場を堅持し、ワルシャワ条約機構とコメコンの忠実な一員でありつづけることを誓いながらも、「チェコスロヴァキアの社会主義への道」があることをはっきりと述べ、共産党の目的は社会の万能の支配人になることではないとし、従来ブルジョア民主主義の独占物とされてきたもろもろの自由を強く保証した。すなわち、集会と結社の自由が認められ、事前検閲の廃止、指導者の定期的な記者会見が約束され、国民の西側諸国への旅行および長期滞在の権利が認められた。さらに綱領は、世界市場へ積極的に進出する意欲を示し、東・西ドイツ併存の事実を認めながらも、西ドイツと友好関係を樹立する必要を力説した。政治犯の釈放と精神的・物質的な補償も約束され、また、スロヴァキアにチェコと同等の地位を与え連邦を形成することも、意図されていた。

さらに六月二七日には、ヴァツリークの起草した「二千語宣言」が、文化人をはじめ多数知名人の署名をともなって発表された。この宣言は、党の「行動綱領」をこえる急進的なもので、全国民に民主化の積極的推進と、これを妨げようとする保守派との戦いをよびかけ、暗にソ連の干渉に対する事前警告をも含むかなり挑発的な文書であった。すなわち、党の権力を乱用して不正行為を行なったものに対してはデモやストライキで抗議するようよびかけ、外国勢力の介入に対しては武器を手にして戦うことを強調していた。共産党の独裁に真向から挑戦してはいなかったが、その論理をつきつめてゆけば、一党独裁制を否定し多党民主制に到達することは、明らかであった。

つぎに、チェコの自由化に対するソ連の態度をみなければならない。ソ連も経済面では消極的ながら一部分権化や企業利潤などを試みつつあったが、チェコの経済改革はゆきすぎで気に入らず、資本主義経済に戻るのではないかという懸念を抱いた。しかも一九六八年一月と三月の政変で、経済改革推進のためにノヴォトニーほか党の古い幹部が排除されたために、ソ連はチェコスロヴァキアにいいしれぬ不信と不安をもつようになった。つづく「二千語宣言」は、共産党の独裁を脅かす危険な文書にみえたので、『プラウダ』はこれを反革命文書と規定し、厳重な警告を発した。さらにプラハでは、チェコの新政権がアメリカや西ドイツからの外国債を考えているという噂が流れ、また、西ドイツとチェコの国境地帯へのソ連軍駐留をチェコスロヴァキアが拒否したので、ソ連はチェコの新指導部が共産圏からの離脱をはかっているのではないかという気分に襲われ、手をこまぬいているわけにはゆかなくなったのである。

チェコの改革運動は、他の隣接社会主義諸国をも不安におとしいれた。彼らは、チェコスロヴァキアで共産党の独裁権が後退し、多党政治が実現すれば、社会主義体制そのものの崩壊に発展する可能性があり、それが自分たちにはねかえることを恐れた。同時に、チェコの自由化思想が共産圏の他地域に及ぶことは、まことに迷惑であった。ソ連の武力介入を招いた決定的要因は、チェコの改革がたんなる経済の次元にとどまらず、政治や思想の次元にまで及んだことだったのである。

緊張の連続

こうして、「二千語宣言」がでた六月末から二カ月間、息づまる緊張がつづいた。ソ連軍を中心とするワルシャワ条約機構軍が、六月下旬から八月にかけて、チェコスロヴァキアおよび周辺諸国で大がかりな演習をつづける一方、これと並行して、ソ連・東欧諸国の首脳会談があいついで開かれ、チェコ問題についての対策が協議された。まず、ソ連・ブルガリア・ポーランド・ハンガリー・東ドイツの五カ国は、七月中旬ワルシャワで会談を行ない、共同声明で「チェコスロヴァキアの独立と主権は社会主義国としてのみ維持されうる」という警告を発し、自制を強く要望した。チェコ政府も同胞諸国との和解を望まぬわけではなかったから、七月二九日から八月一日にかけて、ソ連国境に近いチェコスロヴァキアのチェルナに、ブレジネフ以下ソ連共産党首脳のほとんど全員と、ドプチェク以下チェコスロヴァキア中央委員会幹部全員とが集まって、劇的な会談が行なわれた。

この会談で、チェコは新聞の一部検閲の復活、共産党指導下の国民戦線以外の政治集団の禁止、治安維持の強化、自由化に反対する共産党員の保護、ソ連との論争に終止符を打つことなどに同意し、両国共産党の意見は一致したという声明が発表されたので、ソ連とチェコのあいだの問題については完全な了解がついたかにみえた。つづいて八月三日には、ブラティスラヴァで、ルーマニア・ユーゴスラヴィアを除くワルシャワ条約五カ国とチェコスロヴァキアとの会談が行なわれ、妥協が成立するように思われた。

しかしこれらも、事態を終熄させることはできなかった。その後もチェコスロヴァキア国内では、ワルシャワ条約やコメコンから脱退すべしとの声があがり、学生は反ソデモを行なって、チェルナ会談への不満を示した。さらに八月九日には、ソ連中心主義の反対者、ユーゴのティトー大統領がプラハを訪問し、英雄として歓迎され、八月一五―一七日には、ソ連の内政干渉に批判的なルーマニア共産党党首チャウシェスクも、プラハを訪れた。これらの出来事は、ソ連に強い不信を抱かせずにはおかなかった。

八月二〇日、モスクワでは、チェルナ・ブラティスラヴァ両会談以後のチェコ指導部の無策と、とどまるところを知らぬ事態を憂慮して、中央委員会の緊急総会が開かれ、激論の末、軍事介入派が少差で反対派をおさえたと推測されている。そのさい強硬手段を主張したのは、シェレスト・キリレンコ・ポリャンスキーらで、コスイギン・ポドゴールヌイらはこれに反対したが、中道派のブレジネフも、このときには、混乱を片づける責任を感じて強硬派にまわった、といわれる。

1968年8月のプラハ

一九六八年八月事件の経過

以上のような背景のうえに、一九六八年八月二〇日の深夜から翌日にかけて、ソ連軍を中心とするワルシャワ条約五カ国軍が突如チェコスロヴァキアに侵入し、一晩のうちにこの国の全土を占領した。六二万の軍隊の内訳は、ポーランド軍一〇万、ブルガリア・ハンガリー軍各一万五〇〇〇、残りはソ連軍で、東ドイツ軍は補給部隊の役割をはたしたといわれる。この事件にさいして、政府と党幹部は市民たちに、冷静を維持し、侵入した外国軍隊に抵抗しないようよびかけたので、組織的な形での衝突はおこらなかったが、市民は非武装の自発的抵抗を行ない、ワルシャワ条約軍とのあいだに流血のトラブルが続発した。

八月二一日、ドプチェク第一書記、チェルニーク首相、スムルコフスキー国民議会議長らの指導者は、ソ連軍に逮捕されてモスクワに連行された。ソ連は、九月五日に予定されていたチェコスロヴァキア共産党大会で、自由化に反対する中央委員たちが一掃されるまえに、武力介入を行なってドプチェク第一書記を追放し、反自由化の親ソ政権を樹立しようとしたものと思われる。しかし国民の反ソ感情は高まり、二二日には、チェコスロヴァキア共産党第一四回臨時党大会が開かれ、占領軍の撤退、指導者の釈放などを要求する宣言を採択した。翌二三日には、正午から一時間ゼネストが行なわれたが、この日スヴォボダ大統領はモスクワに赴いてソ連首脳と会談を行ない、二四日には、モスクワに連行されていたドプチェクらもこれに参加した。会談は二六日までつづいて、ようやく原則的な和解に達し、翌二七日にはチェコスロヴァキア代表団は帰国して、両国の共同声明が発表された。その結果、ドプチェク政権は承認されたが、社会主義諸国の団結の尊重とソ連の要求する国内正常化を約束させられ、自由化政策の遂行には重大な制限が課せられることになった。

この事件におけるチェコ市民の反抗は、一九五六年動乱のさいのハンガリー市民のはげしい抵抗に比べると、はるかに消極的であったが、それでも、外国軍侵入後一週間のうちにプラハだけでも二四人が殺され、三五六人が負傷し、全国の生産損失高は四〇億コロナ（一ドル＝一五コロナ）に達したといわれる。

この事件で注目されるのは、ソ連がただちに親ソ政権を樹立しようとする構想に失敗したことである。チェコの自由化に戦車で介入したソ連も、チェコ国民の意志に逆らってドプチェク第一書記を追放することは控えざるをえず、ドプチェクは、その後も自己の地位にとどまり、国民はドプチェク第一書記とスヴォボダ大統領のもとに団結して、受動的抵抗をつづけた。しかし、全土を軍事占領されている状況のもとでは、限度があった。九月には、まずオタ＝シク副首相が解任され、議会で報道規制法が成立したのを手はじめに、自由化には急ブレーキがかけられていった。一〇月には、ブレジネフ書記長が「社会主義共同体の利益は各国の個別的利益に優先する」というブレジネフ＝ドクトリンを公表して、ソ連軍による長期占領の構えをみせ、同月開かれた第二次モスクワ会談では、ソ連軍のチェコスロヴァキア駐留が半永久的に認められ、七万の軍隊を暫定的に駐留させる協定が、両国間に調印された。

チェコ事件の意義——ハンガリー動乱との比較

一九六八年のチェコスロヴァキアに対するソ連の武力干渉は、一九五六年のハンガリー軍事占領のさいに似た状況下でおこった。ハンガリーで「スターリン主義者」の圧制に民衆の批判が向けられたように、チェコスロヴァキアでも、スターリン主義の独裁者ノヴォトニーの追放と政治的民主化・経済改革が要求されていた。しかし、両者のあいだには大きな相違があった。一九五六年のハンガリーで政権の座にあったのは、ラーコシに近いゲレーであり、民衆の望んだナジは、一〇月下旬の危機的状況のもとでようやく首相になったにすぎず、しかも、ナジの首相就任によっても事態は寄易に収拾できないほどになっており、ハンガリー勤労者党は崩壊しつつあった。他方チェコスロヴァキアの場合は、一九六八年春にはスターリン主義者はほとんど勢力を失っており、ノヴォトニーに反対して成立したドプチェク政権と、急進的な知識人・学生・労働者とのあいだには根本的対立はなく、後者は前者を支持する態度をとっていた。共産党は体質の変革を通じて、民衆を把握していたのである。

したがって、チェコ事件におけるソ連軍の介入は、共産党政権の急速な崩壊による混乱を恐れたのではなく、いっそう長期的な見通しに立つものであった。第一に、チェコスロヴァキアは「ソ連・東欧共産圏」の西端にあって西ドイツと国境を接するという重要な戦略的地位にあった。第二に、この国は共産圏でもっともすすんだ工業国の一つであり、コメコン諸国の経済協力と国際分業のうえで不可欠の地位を占めていた。このような国が共産圏から離脱するのを、ソ連として許すわけにはいかなかったのである。第三に、当時はすでに中ソの対立が険悪化していたから、東欧共産圏全体をしっかり掌握することは、ソ連にとって至上命令だったのである。しかし第四に、ソ連指導者にとってさらに本質的な脅威は、チェコスロヴァキア国内の政治・思想面での自由化が、他の社会主義国とりわけソ連に広まることであり、実際にもチェコの国内情勢は、ソ連の知識人のあいだに関心をよびおこしつつあった。それゆえソ連の国益という立場から、チェコ侵入は作戦上不可欠だったのである。チェコの実験は、ソ連のスターリン的社会主義にも西欧の大衆社会型管理社会にも共通な〝人間の危機〟に対して、革命的な〝人間的社会主義〟を対置しようとする壮大な試みであったが、それが重大な意味をもつだけに、恐怖にとらえられたソ連は、全世界の非難を承知のうえで武力介入に赴かざるをえなかったのであり、このような武力行使は、ソ連型社会主義の弱さの表現であったとみることもできよう。

一九六八年八月のチェコ事件は大国による小国の圧殺であるとして、ソ連には、国際世論のはげしい非難が浴びせかけられた。たしかにこの年には、一九五六年に存在した冷戦の深刻な国際状況はなく、チェコ内にもまったく内戦の様相はなかったから、ソ連のチェコ介入はハンガリーへの介入よりもいっそう悪質であり、道義的見地からは弁護の余地がないように思われる。

しかし、ソ連の軍事介入を考える場合、ドプチェクにみられる大きな矛盾を忘れることはできない。ドプチェクは元来ソ連で育ちソ連の党学校をでた親ソ的人物で、一九五六年のハンガリーのナジとは違って、ワルシャワ条約やソ連との友好を表明しており、共産党の一党独裁という建て前をくずそうとはしなかった。彼は、共産党以外の名目的存在である政党を国民戦線に実質的に参加させることによって、従来以上にその基盤を拡大し、下からのエネルギーを吸収・活用するが、しかし国民戦線のヘゲモニーはあくまでも共産党がにぎるという考えであった。彼が必要としたのは、共産党に活をいれ共産党を強化するが、共産党の国家・社会における指導的地位を侵さない非共産政党、いいかえれば協力者ないし抗議集団であって、競争者ないし反対政党ではなかった。しかし、ドプチェクによって承認された非共産政党——社会党・人民党——は、複数政党制への展開を志向するかのように、自己の行動の目標がマルクス主義にもとづかぬことを挑戦的に宣明し、また、国民の一部とくに過激派知識人は、これらの非共産政党を支持するとともに、これら諸政党も共産党と対等の資格で政治的選択に参画すべきであると主張するにいたったが、これは、ソ連型社会主義の拠って立つ一党制を真向から否定するものであった。しかもドプチェク自身、共産党の指導的地位についてあいまいな態度をとり、マスコミを放任し、党および政府の首脳部に、ソ連流のマルクス＝レーニン主義に忠実とはいえない人々を送った。

このようなドプチェクの自由化路線には明らかに限界があり、そのまますすめば、チェコが非共産化されるか、ソ連の介入があるか、いずれかであるほかなかったであろう。第一書記になったのちドプチェクは、もはやチェコ共産党内自由派の指導者であっただけでなく、ノヴォトニー体制に不満をもつ全国民の自由化の象徴になってしまった。政治的な甘さを払拭しえなかったチェコ指導部が、元来慎重な国民のつもる不満の爆発に押し流されて、共産党の一党独裁を掘りくずす複数政党制へ突っ走る勢いをみせたというのが、実情であった。しかもそれが他の社会主義国に及ぶことは必至であったから、これを憂慮したブレジネフは、物理的暴力に訴えて他の諸国への見せしめにしたのである。東欧諸国の政策がソ連の国益およびソ連圏全体の利害に背馳する場合、ソ連は強力に干渉するのが常であり、この意味で、チェコへの軍事的介入は論理的にきわめて明快な処置であったし、ドプチェクの慎重さを欠いた矛盾した態度に責任があったことは、否定できない。

フサークの時代と〝正常化〟

ソ連軍の駐留にもかかわらず、チェコスロヴァキアの言論機関、労組活動には、なおしばらくは自由・民主の気風が感じられたが、独立と自由の幅が徐々にせばめられてゆくとともに、国民のあいだには大きな失望と反ソ感情が生まれた。とりわけ、一九六九年一月カレル大学の学生ヤン＝パラフが抗議の焼身自殺をとげたのをきっかけに、市民の反ソ感情は一段と高まり、六九年三月末、ストックホルムのアイスホッケー世界選手権試合でチェコチームがソ連チームに勝つと、プラハでは歓喜し大群衆が反ソデモを行ない、ソ連航空会社アエロフロートの事務所を襲う事件にまで発展した。

フサーク

しかしこの事件は、事態を急速に悪化させ、以後、革新運動を指導したほとんどすべての人々が、責任ある地位を追われることになった。まず、翌四月には、報道の事前検閲制が復活されて言論に対する統制が強化され、四月一七日の中央委員会でついにドプチェク第一書記が解任され、フサークが後任に選ばれた。そのほか、各級党機関からいわゆる進歩派の追放が行なわれた。スムルコフスキーはすでに六九年一月国民議会議長を解任されていたが、四月には党幹部会員をも解かれた。

フサークは生粋のスロヴァキア人で、第二次大戦中はスロヴァキアの反ナチ抵抗運動を指導し、戦後一九四五—五一年のあいだスロヴァキア委員会議長（自治政府首相）をつとめたが、「ブルジョア民族主義者」の烙印を押されて逮捕され、五四年から六〇年まで獄中ですごした。六〇年に釈放されたあと、六三年には名誉回復をうけたが、スターリン主義者のノヴォトニーとは合わず、不遇をかこっていた。六八年「プラハの春」とともに、チェルニーク内閣の副首相となったが、他の改革派とすべての点で利害が一致したわけではなく、彼が自由化に協力したのは、スロヴァキアの自治権拡大を熱望する基本的立場に由来するものであったと思われる。

ドプチェクのあとを継いだフサークは、〃正常化と安定〃への道を歩みだした。彼は就任演説で、五〇年代のスターリン主義体制に戻らぬことを強調したけれども、ラジオ・テレビ・新聞から進歩派を追放し、ついでチェコ事件一周年の六九年八月には、警察と戦車を動員し、催涙ガスと警棒でプラハ民衆の抗議デモを解散させたうえ、治安維持法を制定して将来の不穏な事態に備えた。また九月の中央委員会総会では、スムルコフスキーを中央委員会から追放し、ドプチェクを党幹部会員から解任するとともに、ソ連の占領直後秘密裡に開かれた臨時党大会を否定し、ワルシャワ条約軍侵入の正当性を承認した。

さらに、一九七〇年一月二八日には、チェルニーク首相も解任され、保守派の大物シュトロウガルが後任になった。二月からは、党員の資格を再審査して改革派を追放するために、党員証の書きかえが行なわれ、党・国家機関の末端にいたるまで粛清がすすめられた。七〇年から七一年にかけての〃正常化〃の時期に、一四〇万党員のうち四六万が追放されたといわれ、知識人や専門家の多くは職場を追われて、工場の警備員やタクシーの運転手などになった。一九七〇年はじめトルコ大使に転出させられたドプチェクは、六月にははやくも大使を解任されたうえ、党籍を剝奪され、同年一二月一三日には、チェルニーク前首相も党籍を剝奪された。フサークはソ連との友好関係復活に努め、一九七〇年五月には友好協力相互援助条約があらたに調印され、いわゆる制限主権論が条約化されるとともに、政治・経済・文化などあらゆる面での両国の緊密な関係が協定され、対ソ関係の〝正常化〟が達成された。

こうした一連の動きから知られるのは、党内で保守派の進出が著しく、元来スターリン主義者でないフサークも、そのまえに一歩一歩後退をみせていることである。一九六九年九月の中央委員会総会当時、党内にはフサークを中心とする現実中道派、シュトロウガルをいただく保守派、ビリャークを指導者とする超保守派の三勢力があったといわれ、この総会ののち、後退する自由派勢力に代わって、保守ないし超保守勢力が台頭したが、とりわけ超保守派は、ソ連の支持を背景に、六八年一月のノヴォトニー失脚とドプチェクの登場を反社会主義勢力によるクーデターとみなし、一月政変の合法性・正当性を主張するフサーク派と対立し、自由派の徹底的追放を迫った。一九七〇年の前半にドプチェクやチェルニークが完全に党から追放されたのは、そのためだったのである。そこでフサークは、保守派の主張に接近し、シュトロウガルを中心とする保守派も、フサークとの連携を必要と考えるにいたった。やがてフサークは、七月下旬シュトロウガルを伴ってソ連を訪れ、八月一〇日ブレジネフと会談して、今後の政策についてソ連の信任をとりつける一方、国内では超保守グループの抵抗をおさえながら次第に柔軟な姿勢を打ちだし、国民の共感をよんだ。

一九七〇年一二月の中央委総会では、党員証書きかえ作業の終了が宣言されるとともに、「危機的時期からの教訓」が採択された。この文書は、超保守派の側からのチェコ情勢に関する総括であって、一九六八年の軍事介入はチェコ側の〝要請〟によるものであることを明確にしているが、他方フサークの主張も生かされている。すなわち「教訓」は、ノヴォトニー時代から危機があったことを認め、六八年一月のノヴォトニー追放を正しかったと評価するとともに、「一月」の改革路線はその後右翼日和見主義・反社会主義によって悪用されたが、党内の〝健全な核〟がワルシャワ条約国の国際主義的援助のもとに反革命を撃退したという、公式結論を下している。つづいて一九七一年五月には第一四回党大会が開催されて〝正常化〟が達成され混乱が終わったことが確認され、「教訓」が党の基本方針として決議された。

こうして、フサークは次第に党内の指導性を強化してゆく一方、彼の〝正常化〟は国民からも一応評価されたが、ここで、フサーク時代に引き継がれた「プラハの春」の遺産をみておきたい。改革派の綱領中連邦化だけは、八月事件後も葬り去られることなく、原型に近い形で実現した。一九六八年九月二五日、従来の中央集権立法制をやめて、「チェコ社会主義共和国」「スロヴァキア社会主義共和国」をそれぞれ平等の権利をもつ民族国家とし、主権の一部を連邦に委譲する趣旨の政府案が発表され、この基本線にもとづいて、六九年一月、現行憲法の一部が補足され、連邦制が出発した。以後チェコスロヴァキアは連邦国家となり、人民院と民族院から成る連邦議会が設けられたが、ただ当初の案に反

「プラハの春」の遺産と後遺症

して党レヴェルでは連邦化が実現されず、チェコ部分にチェコ局が設けられるにとどまった。しかし、連邦制への転換は重要な意味をもつもので、以後チェコ人に代わってスロヴァキア人の勢力が台頭し、またソ連への協力姿勢が目立つようになった。

経済の方面では、八月事件後一時国民の生産意欲は減退し、労働生産性はあがらず、インフレの危機に見舞われた。また、改革の推進者オタ＝シクが追放されたのち、ふたたび中央集権的計画化に重点がおかれることになったが、それにもかかわらず、彼の理念のかなりの部分は、集権主義的修正を加えられながら、実現された。政府は、一九七〇年一月物価凍結令をだし、物価の安定をはかったので、インフレも終熄する傾向をみせ、経済成長もふたたび上昇線をたどっている。実質賃金は一九七一年には四・一％、七二年には六・四％伸び、消費物資の供給も大幅に改善された。政府の堅実な経済政策によって国民の消費生活が向上したことは、フサーク政権の安定に寄与し、一九七二年夏以降、政治的雰囲気は鎮静に向かった。

外交政策の面では、八月事件後しばらくのあいだはまったく独自のイニシアティヴを欠いていたが、一般的な国際緊張緩和の気運に乗じて、一九七三年一二月には、西ドイツとの国交回復を実現した。

こうして、フサーク政権の現実中道路線は一応の成功を収めたといえる。彼は、改革派の要人がほとんど追放され、保守派が主流をなした今日でも、相変わらず第一書記の地位にあるばかりか、一九七五年五月に老齢のスヴォボダ大統領が辞任したあと、大統領をも兼ねている。このことは、フサークが党内力関係のバランスのうえに立ち、きわめて現実的な、しかも並々ならぬ政治力の持ち主であることを示している。

しかし、チェコ事件の後遺症はなお多く残っており、外面的な安定の背後には、政治的無関心と文化的頽廃が大きく広がっており、保守派のつきあげとソ連の圧力が強いことも否定できない。フサーク政権は相変わらずきびしい引締め策をとり、チェコスロヴァキアは、今日、東欧共産圏内で自由派に対する抑圧のもっとも強い国の一つであって、一九七四年六月には、警察官の権限を強化した新警察法が施行され、プラハの七〇〇人のタクシー運転手のうち、大学教育をうけた約五〇〇人が免許を取り上げられ、追放されるという事件がおこっている。彼らの多くは、ドプチェク時代に活躍した自由派のジャーナリスト・教師などで、タクシー運転手として外国人と接触するのを当局がきらったのが、追放の理由といわれている。

しかし、自由派の動きが消滅したわけではなく、一九七七年一月六日には、元外相ハーエク、作家ヴァツリークら二五七名が、言論・人権の抑圧に抗議した「憲章七七」を発表し、わずか一カ月間に五〇〇人の署名者をえた。政府はこれにもきびしい態度で臨み、ハンガリーに比してのチェコの暗さを示した。現在もチェコスロヴァキア党内では、ビリャーク政治局員らの超保守派と、フサーク書記長を中心とする現実派との抗争がひそかにつづいているといわれ、この国の政治に少なからず不安定要素が含まれていることは、たしかである。しかしいずれにしても、政治指導者が民衆の希望を無視しつづけることができない以上、長い目でみた場合、生活の向上と自由の拡大が少しずつ前進してゆくことは間違いないであろうし、暗いチェコスロヴァキアにも静かな地殻変動を期待することは、不可能ではないように思われる。現在、東欧における自由化のための最短の道はハンガリーのカーダール路線であり、フサーク政権も基本的にはそれを踏襲するほかないであろう。チェコスロヴァキアの人々は、自己の歴史的経験を思い返しつつ、陰鬱な冬の再来に耐えながら、ふたたび春の訪れるのを待っているような気がする。

Ⅵ 東欧の激動――一九八九年

1　ハンガリー

ペレストロイカと東欧

一九八九年は東欧現代史のうえで画期的な年であった。ポーランド・ハンガリーからはじまった民主化の波は、東独・ブルガリア・チェコスロヴァキアへとひろがり、残された頑強なルーマニア政権をも一気に突き崩した。こうして、第二次世界大戦後四〇年以上つづいた東欧共産党政権は総崩れになり、アルバニアを除く東欧諸国はいずれも、民主化への第一ハードルを乗り越えたのである。

ところで、こうした東欧の民主化ドミノ現象は、ソ連のゴルバチョフ政権の存在を背景にしてはじめて実現したものであった。一九八五年三月新指導者ゴルバチョフの登場とともに、ソ連では大きな変化がおこった。彼は大胆なペレストロイカ（立て直し）政策をかかげて国内の改革をすすめるとともに、協調を重視する「新思考外交」の推進に乗り出し、東欧諸国にも国情に応じた独自の社会主義づくりを認めて、他国への介入を正当化する「ブレジネフ＝ドクトリン」（制限主権論）を実質的に否定した。長年改革路線の障害であったクレムリンがみずからペレストロイカを開始し、ソ連・東欧圏をしめつけていたタガがゆるんだことによって、東欧諸国は大きなチャンスをむかえたのである。

いうまでもなく東欧の民主化は、各国の支配体制が自由選挙を許さず、民衆の自由と人権を軽視したうえに、経済が破綻した結果であり、基本的には各国国民の意志と理性と人間性の勝利であった。しかし、運動の高揚を可能にしたのはソ連のペレストロイカであり、長年蓄積されてきた自国の独裁政権とソ連の重圧に対する不満が、ゴルバチョフの柔軟で現実的な政策に触発されて表面化したのであった。ゴルバチョフのはたした役割は、まことに大きかったといえよう。

しかし、八九年の東欧激動のなかで、各国のたどった道は一様ではなかった。つぎにハンガリーとチェコスロヴァキアの経過を、具体的にみてゆくことにしよう。

カーダールの退場

ハンガリーは、経済改革と政治的自由化の点では、東欧圏でつねに先頭に立ってきた。五六年のハンガリー動乱直後に政権の座についたカーダールは、国内の分裂を拾収したあと、ソ連に柔順な外交路線を守りながら、国民生活の向上をねらった経済重視の政策をすすめた。とりわけ六八年からは、市場原理を導入して企業の利潤追求を認めるなど大幅な経済改革をすすめた結果、店頭には食料品や消費物資が豊富に並び、生活水準は高まり、七〇年代の繁栄をもたらした。政治面でも国政・地方選挙に複数候補者制を採用するなどしたので、ハンガリーは東欧でもっとも開かれた国になり、カーダールの声望は内外に高まった。

しかし、カーダールの権威にはまもなく影がさしはじめた。八〇年代にはいると経済成長率は落ちこみ、対外債務が急増し、物価の上昇や失業者の増大も顕著になり、国民生活の水準は低下しはじめた。そこへペレストロイカの影響も加わって、ハンガリーには改革ムードが高まり、中途半端な上からの改革にあきたらない国民の不満が吹き出し、書記長の交代を望む声が大きくなった。

こうした状況のもとで、八八年五月、カーダールは社会主義労働者党(共産党)中央委員会で書記長を辞任し、前年から首相をつとめていたグロース＝カーロイが新書記長に選ばれた。同時に古参の政治局員たちも退陣し、ニエルシュ、ポジュガイ＝イムレ、ネーメト＝ミクローシュらの急進改革派が政治局にはいり、世論を反映した形での政権交代が実現した。さらに六月末の国民議会では、政府の人事が大幅に刷新され、ソ連・東欧圏ではじめて、非党員の生化学者シュトラウブ＝ブルーノが国家元首(国民議会幹部会議長)に選ばれ、改革派の急先鋒ポジュガイが新設の国務相に任命された。

グロースの改革　グロース書記長は停滞した経済の打開をはかるために、政治の民主化、経済の自由化、外交での西側接近をワンセットにしてすすめようとした。外交では、韓国との常駐代表部相互設置、イスラエルとの国交回復、書記長自身の訪米、ECとの経済貿易協定の調印、対日経済関係の緊密化など、多方面に手を打った。経済面では、証券市場の創設や新会社法の制定など、新しい改革に乗り出したが、とりわけ一〇月に成立した新会社法は、個人会社の設立を認め、民間企業制限を緩和し、外資一〇〇%の会社も認めるなど、社会主義圏では画期的な内容のものであった。

政治改革では、一一月一〇日結社法が閣議決定された。これは、民間の個人や団体に政党・労働組合などを設立する権利を認めたもので、野党の存在を前提にする複数政党制の導入を意味し、これに備えて一一月二四日、グロース書記長は兼務の首相を辞任し、四〇歳のネーメト政治局員が首相に選ばれた。複数政党制の導入は東欧最初の思い切った改革であったが、ソ連は口をはさむ様子をみせなかった。

自由化のすすむハンガリーでは、すでに八七年後半以降、「民主フォーラム」「青年民主同盟」などいくつかの政治組織が市民や知識人らの手であいついで結成され、いずれも「複数政党制」の実現を要求しており、「小地主党」「社会民主党」「国民党」など戦後のある時期活動した旧政党も、復活を宣言していた。

一九八九年の民主化　八九年にはいると、ハンガリーの政治改革は音をたててすすみはじめた。一月には新会社法が実施され、結社法が国会で可決された。二月には、党の中央委総会が五六年のハンガリー動乱を肯定評価する歴史的な見直しを行ない、複数政党制の実施を正式に決定した。一一月七日のソ連革命記念日を国の祝日からはずすことも、閣議で決定された。三月には、スト権の承認を含む新たな労働組合法が国会で可決され、四月には民主集中制が放棄された。五月にはいると、オーストリアとの国境に設けられた越境防止の鉄条網が撤去された。これは、東独国民がハンガリー経由で西側へ脱出するルートになり、秋のベルリンの壁の崩壊に決定的な影響を及ぼすことになる。一二日には内閣の大幅改造が行なわれたが、党中央委が閣僚候補の指名権を放棄したために、ネーメト首相は党の指名を経ずに改革支持派の新閣僚を任命した。首相がみずからの意志で閣僚人事を行なったのは、戦後はじめてのことであった。月末の三一日、党は五六年動乱当時の首相ナジ＝イムレが処刑されたのは違法であると声明し、六月一六日には首都ブダペストで、ナジ元首相の名誉を回復する改葬式が、約二五万の参列者をえて行なわれた。そのなかには、ソ連を含むワルシャワ条約諸国の外交団が含まれており、ソ連・東欧諸国もハンガリー動乱の見直しに踏み切ったことを物語っていた。

急進改革派の台頭

こうした経過のなかで、社会主義労働者党の内部では、民主化をめぐって急進派と漸進派の対立が表面化してきた。グロース書記長の自由主義路線はたしかに斬新で、一時は「改革派の旗手」と称えられたが、彼の考えはどこまでも、党主導の「上からの自由化」をバランスよく実施してゆくことであった。ところが、民主化の進展はグロース自身も押え切れぬほどになり、彼の描いた改革の筋書きはたちまち乗り越えられ、グロース自身彼が登用した新しい政治家たちの手で脇へ押しやられるはめになった。

六月二四日、社会主義労働者党は党指導部の大幅な改造に踏み切り、最高指導機関として新たに「幹部会」を設けた。幹部会は党議長を含む四人から構成され、党首である党議長には積極改革派のニエルシュが、幹部会員にはグロース書記長、ネーメト首相、ポジュガイ国務相が選出された。これによってグロースは、党ナンバーワンの地位を実質的に失った。同時に党は、近く設けられる予定の強大な権限をもつ大統領に、ポジュガイを指名することを決めた。

七月にはいって注目を集めたのは、二二日の国会補欠選挙で、九月にかけての再投票も含めて、野党候補が四議席を独占したことで、社会主義労働者党は国民の支持が皆無に等しい現実をみせつけられ、その原因が非民主的な独裁にあること、このままでは危機に瀕した経済の回復も絶望的であることを痛感させられた。八月にはいると、党は六八年のチェコスロヴァキアへの軍事介入を自己批判した。

社会主義労働者党は、来年に実施される総選挙でも劣勢が予想されるために、六月在野勢力との話し合いにはいり、主要な政治グループ九団体（民主フォーラム・白由民主同盟・青年民主同盟・社会民主党・小地主党・国民党など）と円卓会議を開いて、協力の道をさぐった。これは連立政権化をにらんでの周到な根まわしであったが、一党体制から複数政党制への移行を慎重かつ円滑にすすめることでは、在野側も一致し、九月には、新憲法の制定、大統領制の採用、選挙法の改正などで一応の合意に達した。

共産主義との決別

一〇月にはいると、社会主義の枠を打破するという驚くべき改革が実現した。六日からはじまった党大会で、社会主義労働者党は翌七日マルクス＝レーニン主義的共産主義との決別を宣言し、その名を「社会党」と改めて体制を一新し、党首にニエルシュを選出した。政権の座にある共産党がみずから共産主義を放棄し、一党独裁制と決別したのは、史上初めてのことで、新たに採択された党綱領と規約は、市場経済や複数政党制による議会制民主主義を柱にして、西欧社会民主党型の路線を鮮明に打ち出していた。つづいて一八日には「党の指導的役割」を規定した憲法の条項が削除され、二三日には、「ハンガリー人民共和国」の国名が「ハンガリー共和国」と改められた。五六年の反ソ暴動につながるこの日は「国民和解の日」と定められ、当時の犠牲者への追悼行事が行なわれるとともに、新共和国発足の記念式典が開かれた。

一〇月の改革は、ハンガリー動乱以後慎重に積み重ねられてきた諸改革の集大成ないし総決算というべきもので、東欧に民主化の春一番を吹かせた意義は絶大である。党内になお強かった保守勢力を抑えて、内部からの民主化、困難な自己変革に踏み出した党内改革派の勇気と合理的精神は、注目に値するものである。しかし、彼らを新党への脱皮にまで押しやったのは、抜本的出直しをはからなくては取り残されるという強い危機感であり、何とか生き残ろうとする最後の気力であった。西欧型政党への転換の裏には、ハンガリー人の強い西欧志向が働いていることも、見逃せない。

この大転換が東側諸国の戦車を誘い出すことなく「平和裏に」実行されたことは、興味深い。ゴルバチョフ書記長は新社会党首ニエルシュに、就任のわずか二時間後に祝電を送り、ソ連がこの改革を前向きに評価していること、「制限主権論」がすでに死滅していることを、はっきり示した。

自由選挙への道

新生社会党は最大野党の「民主フォーラム」と協議し、大統領選出の国民投票を九〇年一月七日に行ない、その後に完全自由選挙による総選挙を行なうという政治日程を定めたが、「自由民主同盟」などは、「大統領選の一月実施は結党後まもない野党勢力に不利」として異議を唱え、国民投票で結着をつけることになった。その結果僅差ながら野党側が勝ち、九〇年三月二五日に総選挙、その直後に国会議員による大統領選挙というようにスケジュールが組み直された。

ハンガリーでは八九年一一月までに二八団体が政党として登録されたが、野党乱立のなかで伸びをみせているのは、「ワルシャワ条約機構」脱退など過激な政策綱領をかかげる「自由民主同盟」と「青年民主同盟」で、前者は、社会党を除く野党勢力による連合政権だけがハンガリーを危機から救いうると主張している。新社会党は党員が旧党時代(約七二万)の十分の一以下に減って、完全に守勢に立ち、最大野党で穏健派の「民主フォーラム」も、伸び悩んでいる。社会党の前途はきびしく、総選挙でどれだけの支持をえられるか、はたして安定した政権ができるのか、疑わしい。野党連合や諸政党はインテリや若者や旧来の指導者を基盤とし、労働者や農民を組織しきっていないので、これらの層がどう動くかは不明であり、ハンガリーの政局はなお流動化の可能性をはらんでいる。

2　チェコスロヴァキア

「正常化」政策の時代

一九六八年の「プラハの春」が挫折したあと、翌年四月フサークが共産党第一書記（のちに書記長）になり、ソ連のブレジネフ政権と歩調を合わせて、「正常化」の名のもとに、言論の自由を封じ、改革派党員を除名し、西側への旅行をきびしく制限し、基本的人権や自由を抑圧する政策をとった。その間にも「憲章七七」グループや「プラハの春」の生き残りの反体制派、カトリック勢力などは根強く運動をつづけたが、活発な行動はとれなかった。

その反面フサークの政権は、政治的自由の制限に対する不満をそらすために、暮しの向上に配慮する経済重視の政策をすすめた。その結果、この国の生活水準は東欧ではトップクラスになり、商店には品物がよく出まわり、対外債務も少なく、経済は安定をみせた。しかし八〇年代にはいると、経済の停滞がめだちはじめ、ソ連のペレストロイカの影響もあって、経済面でも政治面でも自由化を求める声が大きくなり、八七年一二月一八日、フサークは書記長の座をミロシュ＝ヤケシュ幹部会員に譲った。

ヤケシュ政権もフサークの正常化政策を受け継ぎ、民生重視の経済運営を行なう一方、民主化を求める反体制派にはきびしい締めつけを行なった。彼はソ連のペレストロイカには支持のポーズをとりながら、自国の改革には一貫して慎重な姿勢を保持した。しかしヤケシュも、経済の停滞に手をこまねくわけにはいかなかった。この国はかつては有数の工業国であったが、技術革新に後れをとり国際競争力を失ったために、経済不振が深刻化したのである。そこでヤケシュは八八年六月、企業の自主的経営をある程度認める新国営企業法を制定するなどしたが、ハンガリーの大胆な試みに比べてテレポが遅く、目にみえる成果はあがらなかった。そのため党の信用が失われるとともに、このままでは三流国家に転落しかねないという不安が、国民の不満を増大させた。政治面でもヤケシュはいくらか柔軟な態度をみせたが、民主化を求める反体制グループの運動には依然弾圧で臨み、言論統制や旅行制限も変わらなかった。彼はまた八八年一〇月、穏健派のラジスラフ＝アダメッツを首相に起用し、幹部会員を慎重派で固めた。こうして国民のあいだには、欲求不満がますますつのってゆき、八八年から八九年にかけて、プラハの市民は時おり街頭で不満の気持を表わしはじめたが、全体はなお平静であった。

政情の急変、連日のデモ

八九年一〇月にいたって、チェコスロヴァキアの政治情勢は一変した。ハンガリーでいち早く「非共産化」が行なわれ、東独でホーネッカー政権がもろくも崩壊したことは、チェコ人に大きな刺激となり、自由と民主化を求める声はしだいに大きくなったが、事態を急発展させるきっかけになったのは、一一月一七日の事件であった。この日プラハでは、学生を中心とする反政府デモが行なわれ、参加者は三万人にのぼった。このデモは当局の許可をえていたのに、警官隊が介入して多数の負傷者や逮捕者を出したために、国民の怒りが爆発し、以後連日のデモとなった。民主化と現政権の退陣を要求するデモは、二〇日には一気に全国にひろがり、プラハでは二〇万の規模に拡大し、学生は一七日の当局の暴力に抗議してストに突入し、一部の工業労働者・病院関係者・国営テレビ関係者なども、各所で討論会を開いた。国営報道機関は姿勢を変えて、反政府デモやストの様子を積極的に伝えはじめた。

党指導部も近隣諸国の激変に大きなショックをうけ、国民の不満をそらすために、一一月にはいると、外国旅行制限の大幅な緩和や義務兵役期間の短縮などの措置を打ち出したが、民主化の要求には依然強硬な態度を変えなかった。しかし、共産党政権の国際的孤立化が深まるなかで、党内でも動揺が激しくなり、指導部はしだいに窮地に追いこまれていった。

一一月一九日には、「憲章七七」などの反体制組織、文化人、一般市民の代表たちがプラハ市内の劇場に集まり、政府との対話を開くための連合協議会「市民フォーラム」を結成し、これまで「国民戦線」の一員として実質的に共産党の一党支配を支えてきた「社会党」や「人民党」のメンバーも、これに参加した。アダメツ首相はみずからの判断で「市民フォーラム」を国民の意思を代表するグループと認め、二一日初会見し、対話に応ずることを約束し、今後警官隊によるデモの弾圧は行なわないと伝え、譲歩を示した。しかし強硬派の幹部会員ミロスラフ＝シュテパンは「市民フォーラム」を反社会主義分子と決めつけ、ヤケシュ政権内部の分裂を露呈した。

二二日プラハではふたたび二〇万人規模のデモが行なわれ、二三日には二五万人以上にふくれあがり、プラハの街のあちこちには、ゼネストを呼びけるビラや新聞がはられた。二四日は、「プラハの春」の指導者で元党第一書記のドプチェクが、ヴァーツラフ広場で演説し、「人間の顔をした社会主義」を強く訴えた。

ヤケシュ政権の倒壊

こうしたなかで二四日党中央委員会の緊急総会が開かれ、激論のすえ、ヤケシュ書記長以下幹部会員・書記の全員が辞任し、後任の書記長には四八歳で無名のカレル＝ウルバーネク幹部会員が選ばれた。同時に、憲法改正や多党化をうたった決議も採択された。しかし、決議では「上からの改革」が強調されており、新指導部の顔ぶれも新味に欠けたので、「市民フォーラム」を中核とする民主勢力はこれを不満としてさらに圧力を強めた。その結果共産党は二六日再度緊急中央委総会を開いて、再選されたばかりのシュテパンら強硬派の幹部会員を解任し、改革派を大幅に起用しなければならなくなった。

二七日には「共産党独裁政権継続か否かの国民投票」と位置づけられたゼネストが、正午から二時間全土にわたって行なわれ、大成功を収めた。参加者は産業労働者・学生・公共サーヴィスの従業員など全国で数百万人に及び、チェコ史上かつてない巨大な示威運動となった。二八日には、アダメツ首相ら政府側と「市民フォーラム」の会談が行なわれた。「市民フォーラム」はゼネストの成果を背景に民主化の即時断行を迫り、一二月三日までに非共産党員を含む新政府を樹立すること、一二月一〇日までにフサーク大統領が辞任すること、「プラハの春」へのワルシャワ条約機構軍の介入に対する非難を早急に実行することなどを要求し、政府側がこれに応じたので、「市民フォーラム」は新たなデモの中止を指示し、今後は政府と「市民フォーラム」との会談が政治改革推進の場となる方向が固まった。二九日、連邦議会は「共産党の指導的役割」条項の削除を、全員一致で決定した。この憲法改正は、東欧ではハンガリーにつぐもので、独裁の解体と自由選挙に大きく道を開いた。

一二月三日アダメツを首班とし非共産党員五人を含む連立内閣が発足したが、共産党員が四分の三を占める共産党主導型だったので、一般市民や学生の猛反対をうけ、四日には「市民フォーラム」の呼びかけで、ヴァーツラフ広場に約二五万人が集まり、組閣のやり直しを政府に求め、聞きいれられない場合には再度ゼネストにはいるとしたので、事態は緊迫した。五日一週間ぶりに再開された会談で、「市民フォーラム」側は「一一日ゼネスト」をタイムリミットにする現政府の総辞職、非共産党員を中心とする新政府の樹立を求め、翌日の交渉では、具体的な閣僚候補をあげてポストを要求した。アダメッツ首相はこれをのんだが、現状では責任をもって政局運営にあたれないとして、七日辞任した。

民主化革命の勝利

一方、一二月二日から三日にかけてマルタ島で行なわれた米ソ首脳会談で冷戦時代の幕引きが行なわれたあと、四日モスクワで開かれたワルシャワ条約機構の首脳会議は、「プラハの春」への軍事介入を不法な内政干渉であり民主化の破壊であったと強く非難する声明を発表し、同日ソ連政府も、軍事介入の決定はブレジネフ政権による誤りであったとの声明を出した。これは「ブレジネフ＝ドクトリン」の放棄を最終確認したもので、東欧の改革に一段とはずみをつけ、六日にはドプチェクの名誉回復が行なわれた。

一〇日、マリアン＝チャルファ第一副首相を首班とする新内閣が成立した。これは、非共産党員が過半数を占める連立内閣で、「市民フォーラム」は若手の経済学者ヴァルトル＝コマーレク、反体制活動家ヤン＝チャルノグルスキーの二人を第一副首相にすえたうえ、外相・蔵相の中枢ポストを押さえ、事実上新政府の実権を握った。新内閣には各派とも満足し、フサーク大統領は一〇日辞任した。一一月なかばからはじまったチェコスロヴァキアの民主化革命は、スタートこそ遅れたが、連日数十万人が集まった市民デモ・全国ゼネストなど強大な国民の圧力を背景に、わずか三週間余りで、四一年間つづいた共産党の一党支配を無血のうちに終わらせるという大勝利を収めたのである。共産党は二〇日臨時党大会を開き、議長と第一書記の二頭制をとることにし、新議長にアダメツ前首相、新第一書記にヴァシル＝モホリタ党幹部会員を選出し、ウルバーネクはわずか一カ月で党最高指導者の地位を退いた。

二二日「市民フォーラム」など民主勢力と共産党のあいだで行なわれた会談での合意をうけて、連邦議会は二八日ドプチェクを連邦議会の新議長に選び、二九日には、「市民フォーラム」の最高指導者で劇作家のヴァーツラフ＝ハベルを、満場一致で自由選挙までの暫定大統領に選んだ。一九四八年の共産党政権成立以来、非共産党員の大統領が生まれたのははじめてで、チェコスロヴァキアの民主化運動はここに一段落を告げたのである。

歴史的な意義をもつ新しい自由総選挙は、九〇年六月八日に行なわれることになり、政府は選挙法の改正や政党法・集会法などの準備をすすめ、「市民フォーラム」や共産党など各政党も、選挙への対応を急ぎはじめた。「市民フォーラム」は民主勢力のゆるやかな連合体で、当初は政党でないことを強調していたが、しだいに組織化をすすめ、独自の候補者を立てる方向に動いてきた。「無血革命」を推進したことへの国民の信頼は厚く、総選挙では大勝が見込まれ、新政権は「市民フォーラム」中心になるものと思われる。存亡の瀬戸際に立つ共産党は、五月の党大会で抜本的な改組を打ち出すほかないといわれている。

3　新情勢と今後の展望

西側への接近

新生東欧諸国にとって最大の課題は、経済の立て直しであるが、市場経済の導入による経済の自由化には多くの困難がともない、時間と忍耐力が要求されよう。しかし、すでに市場経済の実験を経験し、なおかなり高度の経済力をもつハンガリーとチェコスロヴァキアは、割に早く軌道に乗れるかもしれない。

これとの関連で注目されるのは、東欧諸国が西側との連携強化に活路を見出そうとしていることである。西側もこれに応ずる姿勢をみせ、ECは八九年一一月パリで緊急首脳会議を開き、東欧の民主化促進のために一致して経済援助を行なうことを申し合わせ、一二月ブリュッセルで開かれた西側二四カ国の「ポーランド・ハンガリー支援会議」でも、民主化の進展を条件に、支援の範囲を東独・チェコなどにもひろげる合意が生まれている。

コメコン(経済相互援助会議)の再編も大きな問題になってきた。コメコンでは以前から分業体制の押しつけや域外では通用しないルーブルでの決済に対する不満があったが、近年はコメコン内の貿易自体が低迷し、西側経済への参加を望む東欧諸国には完全に魅力がなくなった。九〇年一月ソフィアで開かれたコメコン年次総会では、チェコスロヴァキアのクラウス蔵相が組織の全面的改革を提案し、ハンガリーとポーランドも同調した。改革の中身づくりは特別委員会に委ねられたが、コメコンが事実上解体に向かうのはさけられないであろう。

東欧の民主化と併行して、チェコ・ハンガリー・ポーランドの諸国はあいついで、国内に駐留するソ連軍の早期撤退を要求し、ソ連側も同意の様子をみせている。これは東側軍事機構の空洞化につながるもので、ワルシャワ条約機構が各国間の調整機関に変質する日は、遠くないかもしれない。

中欧の復権

これまでソ連下の東側同盟の枠内に閉じこめられてきたハンガリーとチェコスロヴァキアは、東欧の政治変化が一巡したのをうけて、新たな積極外交をみせはじめた。ハンガリーのメジェシ副首相は九〇年早々ハンガリー・チェコ・ポーランド三国の連邦構想を打ち出したが、チェコのハベル大統領も一月二六日ブダペストで、チェコ・ハンガリー・ポーランド・オーストリア・イタリア・ユーゴスラヴィア六カ国の首脳会議を四月ブラティスラヴァで開くことを提案し、ハンガリーも同意した。こうした動きは、ドイツ再統一の機運が高まるなかで中欧諸国が独自の統合をめざそうとするもので、「中欧の復権」として注目される。

ハンガリーの政情

ハンガリーでは、一九九〇年三月二五日と四月八日に戦後最初の完全自由選挙が実施され、漸進的改革を掲げる「民主フォーラム」が第一党になり、社会党（旧共産党）は第四党に転落した。これをうけて五月二三日、「民主フォーラム」を中心とし「独立小地主党」「キリスト教民主党」を含む中道右派の三党連立政権が発足し、「民主フォーラム」のアンタル党首が首相になった。「民主フォーラム」は穏健改革派と急進的人民主義者らによるゆるやかな連合組織であったが、人民主義者は過激な主張を展開し、フォーラム指導層にしばしば圧力をかけた。野党側は、ブダペストの知識人を中心に自由市場と社会民主主義の原則を掲げる「自由民主同盟」、若い世代を代表する「青年民主同盟」、旧共産党の改革派が再生した「社会党」が主要政党であった。「民主フォーラム」は経済再建のために最大野党「自由民主同盟」の協力を必要と考え、八月「自由民主同盟」のゲンツを大統領に選んだ。

新政府は再建策の実行に消極的で、政策も優柔不断なことが多かった。それは、連立与党の内部対立、人民主義者からの批判、政府機関の経験不足などによるもので、アンタル首相自身も、強力な指導者ではあったが経験豊かな政治家ではなく、決断力に欠けていた。そこで九一年になると、民主化の手法に対する不安が高まり、改革ペースののろさが論議の的になった。

連立政権内部の対立で目を引いたのは、共産政権時代に没収・国有化された土地や資産の補償をめぐる問題であった。「独立小地主党」は土地・資産の旧所有者への完全返還を掲げ、国家資産購入証書による補償に強く反対したので、九一年一月、連立政府は一時崩壊の危機に直面した。「独立小地主党」は三月妥協に応じたが、党内の一部には根強い不満があり、国会議員団の内部対立が表面化した。土地資産補償法は六月二六日国民議会で承認され、補償は国家資産購入証書で行なわれることになった。政府と大統領の関係も良好でなく、ゲンツが大統領職にある程度の権威と影響力をもたせようとしたため、政府の反発をまねいた。首相と大統領の対立は国営ラジオ・テレビの政府管理をめぐって尾を引き、大統領は七月、首相が求めていた国営ラジオ・テレビ社長の解任を拒否した。

こうした状況下で行なわれた九〇年秋の地方選挙では、野党が大半をおさえ、与党候補は予想外の不振を示した。九二年五・六月の国会補欠選挙でも与党は振るわず、「社会党」と「自由民主同盟」が勝利を収め、連立政権に対する劇的な支持の低下がめだった。九二年秋の世論調査では「青年民主同盟」が三二%でトップに立ち、「民主フォーラム」は一四%と大きく低下し、「社会党」は一三%と二倍の復調を見せた。これに危機感をいだいた「民主フォーラム」右派は、ネオ＝ナチ的な右翼的潮流に支持基盤を求めようとして、ハンガリー民族主義を強調し、アンタル首相の主流派もこれに暗黙の支持を与えるという危険な状態がうまれた。

「民主フォーラム」内の権力主義的傾向は、電波メディア問題にもあらわれた。報道機関は政府の見解を代表すべきであるとする政府多数派は、ニュースの取り上げ方が不当であるとしてラジオ・テレビ局の首脳部を激しく攻撃し、首相府がテレビ・ラジオの予算を直接管理したため、メディアの独立性維持が脅かされた。

政党政治の体制は流動的で、「独立小地主党」は分裂して、連立与党としては無意味な存在になり、「民主フォーラム」もマスコミ統制問題をめぐって二つに割れた。野党陣営にも混乱があり、内部分裂した「自由民主同盟」は、政府の苦境に乗じて勢力を伸ばすことができず、世論調査でトップに立った「青年民主同盟」も、補欠選挙で人気を票に結びつけることができなかった。他の諸党を上回わったのは「社会党」で、長年積みあげた組織力と豊富な経験がものをいった。補欠選挙の投票率はきわめて低く、経済的困難に苦しむ一般国民の政治的無関心を反映した。

ハンガリーの経済改革と外交

経済面では、社会主義経済から市場経済への移行が徐々に進められ、アンタル政権は国営企業の民営化、外資との合弁企業の設立、貿易の自由化、産業の再編成をめざした。九〇年三月に発表された経済四カ年計画は、私有財産制度にもとづく経済の安定、インフレの鎮静化、西欧への統合などを目標にしたもので、経済活動への国家関与の縮小、対外債務支払の確実化、通貨の交換性回復などをうたっていた。

しかしハンガリー経済の現実はきびしく、アンタル首相は九〇年 二月の議会演説で国家経済が危機に瀕していることを認め、改善策を提案したが、変わりばえしなかった。財政赤字は当初の予測を大幅に上回わり、インフレ率は三〇%を超えた。工業生産は、国内需要の冷え込みやソ連・東欧諸国との貿易縮小が響いて、八八年から三年連続して減少し、GNPは九〇年以降三年続いてマイナス成長となった。九〇年には商品やサービス価格の七七%が自由化され、生産コストが増大したために、消費者物価は九一年上半期には三五・七%と著しく上昇し、失業率も九二年末には一二%を上回わった。

民営化は、チェコスロヴァキアと違って、国内と西側からの民間投資で行なわれることになり、速度はゆるやかであった。西側の景気後退はマイナスの作用を及ぼしたが、ハンガリーは東欧地域への西側投資の半分以上を占めることができ、外国貿易も全般的にかなりの実績をあげた。

一九九二年も、足踏み状態がつづいた。政府は深刻な経済的困難の緩和に取り組むよりも、みずからの地位と威信の問題にかまけ、その間生活水準はさらに低下し、社会は一段と混乱した。経済は引きつづき不調で、とくに上半期の工業生産は振るわなかったが、のち多少好転した。失業率は上昇したが、インフレは横ばいに転じ、西側からの投資が一〇億ドルを突破したのは、明るい材料であった。

外交面では、アンタル政権は西欧諸国やEC・NATOとの緊密な関係維持につとめ、北米・日本・独立国家共同体(CIS)・中欧諸国との友好にも留意しながら、多角的外交を進めたが、西側諸国との関係拡大と中欧諸国を中心にした地域協力の緊密化がとくにめだっている。ソ連との関係では、九〇年三月駐留ソ連軍の撤退協定に調印し、撤退は九一年六月一九日に完了した。

九一年一二月には、ソ連の解体を前に、ロシア・ウクライナと外交関係を樹立し、九二年一一月にはエリツィン・ロシア大統領がハンガリーを訪れ、五六年のハンガリー動乱にソ連軍が介入したことを謝罪した。

西欧との関係では、九一年一二月一六日に、ECと政治・経済・科学・技術など広範な分野での協力強化を定めた連合協定を結んだ。アンタル首相は、九七〜九八年にECに正式加盟したい意向を表明している。欧州会議に旧共産政権として初めて正式加盟が認められたことも、注目される。ハンガリーは九二〜九三年には、国連安全保障理事会の非常任理事国として活動した。

ハンガリー外交の短期的目標は、近隣の中欧諸国と緊密な関係をきずくことであった。ゲンツ大統領は九〇年七月一二日チェコスロヴァキアを訪問し、ポーランドを加えた三国間で、ワルシャワ条約機構解体後の安全保障政策で基本的に協力する意向を表明したが、さらに九一年二月一五日、三国はハンガリーのビシェグラードで首脳会議を開き、東欧共産圏崩壊後の「欧州復帰」に向けて共同歩調を取る旨の共同宣言を採択した。ハンガリーは東欧の地域紛争にはかかわらない方針を取ってきたが、旧ユーゴスラヴィアの戦火とスロヴァキアの独立でそれが困難になった。ユーゴスラヴィアについては、クロアチアとスロヴェニアの独立を支持し、ドイツ・ECに続いて九一年一二月両国を承認した。政府は旧ユーゴから一〇万にのぼる難民をうけいれる一方、セルビアに住む約三二万のハンガリー人の境遇に憂慮している。スロヴァキアとの関係では、ドナウ川開発をめぐる対立が目を引く。国境のドナウ川に二カ所の取水路と発電用ダムを建設する共同計画で、ハンガリー側は環境破壊を懸念して八九年ナジマロシュ＝ダムの工事を中止したが、スロヴァキア側がガプチコボ水力ダムの建設を続行し、九二年一〇月には取水・発電を開始して、対立を激化させている。スロヴァキア南部に住むハンガリー人の将来にも不安の影がさし、独立後のスロヴァキアで民族主義が高まれば、六〇万のハンガリー人をめぐって両国の対立が深まる恐れもある。

チェコ市民勢力の細分化

チェコスロヴァキアでは一九九〇年六月八・九日、四四年ぶりに複数政党制にもとづく自由な総選挙が行なわれた。連邦議会では、「市民フォーラム」がスロヴァキアの姉妹組織「暴力に反対する民衆」とともに三〇〇議席中一七〇を獲得して、最大勢力となった。共産党は善戦して第二党になり、「キリスト教民主連合」が第三党になった。チェコ・スロヴァキア両共和国議会の選挙も同時に行なわれたが、連邦議会とほぼ同じ結果になった。これをうけて、六月二七日、「市民フォーラム」「暴力に反対する民衆」「共産党」「キリスト教民主連合」の連立によるチャルファ内閣が発足し、七月五日、ハベルが大統領に再選された。

九〇年の総選挙後、チェコ共和国では、長年にわたった共産党独裁への反動から極端な反共傾向がうまれ、こうした右傾化ムードを背景に、与党の「市民フォーラム」内部では経済改革の速度をめぐって意見の対立が生じた。「市民フォーラム」はさまざまな市民組織が参加したゆるやかな連合体で、反共産党の傘としては便利であったが、その後しだいに政治的な食い違いが表面化した。五カ月後の地方選挙で「市民フォーラム」が三一・七%しか取れなかったことが契機になって、強力な組織をもとうとするグループは政党化を志向し、九一年四月二一日、クラウス蔵相を党首とする「市民民主党」を結成して、急進的経済改革の推進と反共の強い姿勢を打ち出した。中道穏健派はこれに対して「民主市民運動」を結成し、さらに別組織の「市民民主連合」も旗揚げしたので、「市民フォーラム」は発足後一年三カ月あまりで三つに分裂した。九二年六月の第二回総選挙では、「市民運動」は議席を得られなかったが、「市民民主党」は第一党になり、翌七月、チェコ共和国では、党首クラウスを首相とする「市民民主党」「キリスト教民主党」「キリスト教民主連合・人民党」「市民民主連合」の連立政権が発足した。

チェコとスロヴァキアの分離・独立

共産党支配の崩壊と市民勢力の細分化は、国家の統合にも大きな影響を及ぼすことになった。スロヴァキアは共産政権時代からチェコ主導の連邦運営に不満をくすぶらせていたが、一九八九年の政変とともにこの不満が表面化し、独立への願いが高まった。八九年の政変のさい、スロヴァキアでは、共産党体制打破をめざした市民運動団体「暴力に反対する民衆」が結成されたが、その後連邦擁護派と民族主義派の内部対立がおこり、九一年三月、後者は「民主スロヴァキア運動」を結成した。党首は共和国首相メチアルで、スロヴァキア共和国の独立と漸進的改革をめざした。メチアルは主流派を攻撃し混乱をまねいたとして、首相を解任されたが、スロヴァキアでは分離独立を主張する声が根強かった。主流派はその後「市民民主同盟」と名を変えたが、「民主スロヴァキア運動」の分離後支持率が低下し、急速に影響力を失った。野党にまわった「民主スロヴァキア運動」は、民族主義的スローガンを掲げて人気を集めた。その間、連邦を維持しつつ双方の平等化を実現する方策がいろいろ探られたが、実らなかった。

連邦解体への重大な転機になったのは、九二年六月五・六日の総選挙で、チェコでは経済改革、とりわけ民営化の範囲と速度が最大の争点になった。「市民民主党」の党首クラウス蔵相は、採算の取れない倒産企業の閉鎖とあわせて、国営企業の早急かつ広範な民営化を主張したが、これは、チェコよりも経済状態の劣ったスロヴァキア側をひどく不安にした。こうした状況下の総選挙で、チェコではクラウスのひきいる「市民民主党」が圧勝し、国民が急速な経済改革を支持することがはっきりしたが、スロヴァキアでは、メチアルのひきいる独立派の「民主スロヴァキア運動」が第一党になり、メチアルが首相に返り咲いて「民主スロヴァキア運動」を主とする内閣を組織した。

この選挙結果が連邦分裂へのレールを敷いた。新たにチェコ共和国首相になったクラウスは、経済改革優先の立場から、政治的混乱の長期化が西欧への接近の障害になることをおそれて、連邦制の放棄に踏み切った。その結果、六月二〇日のメチアル・クラウス会談で、両共和国を二つの主権国家とすることで意見が一致し、スロヴァキア議会は七月一七日、主権宣言を採択した。つづいて八月二六日、両首脳は年内に分離手続きを完了することを確認し、スロヴァキアは九月一日、独自の憲法を採択した。一一月には、連邦解体法と連邦資産分割法が連邦議会で可決され、関税同盟の協定も調印された。そして九三年一月一日、一九一八年以来のチェコスロヴァキア連邦共和国は正式に解体し、チェコとスロヴァキアの両独立共和国に分離した。この分離が整然とかつ平穏裡に進んだことは、注目に値する。

独立後のチェコ共和国では、連邦大統領を二期務めたハベルが、九三年一月に初代大統領に選出された。ハベルは連邦制の維持を望んで九二年七月に連邦大統領選に立候補したが、「民主スロヴァキア運動」の反対で三選をはばまれ、辞任していた。連邦解体後、改めて新チェコ共和国の大統領に就任したのである。政府は、クラウス首相の内閣がつづいた。分離後のチェコには、弱体な新国家が自国の東側にうまれたことによる安全保障上の不安があるほか、新憲法の採択、クーポン制による野心的な民営化計画の推進、インフレの昂進や失業増大への対応など、政治的課題が山積している。スロヴァキア共和国では、九二年一二月に予定された大統領選挙が有力候補者ドプチェクの死で難航したすえに、九三年二月一五日、「民主スロヴァキア運動」のコバーチが大統領に選ばれた。政府は、九二年六月の選挙後成立したメチアルを首相とする「民主スロヴァキア運動」内閣がつづいた。スロヴァキアの窮状については、後述する。

チェコスロヴァキアの経済と外交

チェコスロヴァキアでは、一九八九年の革命後、市場経済導入をめざす急進的な経済改革がはじまり、九一年一月から価格の自由化、外国貿易の自由化、国営企業の民営化、財政の緊縮化などが本格化した。国営企業の民営化は二段階で行なわれることになったが、チェコスロヴァキアの民営化の特徴はクーポン制の採用にあり、一八歳以上の全国民は、一〇〇〇コルナ相当のクーポンを購入し、自分の選択した企業に投資できることになった。全企業の八〇%まではこの方式で民営に移行し、残りの企業は直接売却されたり、競売にかけられる。九一年の第一段階は、商店やレストランなど小規模のサービス業が対象で、国営大企業の民営化は九二年五月にスタートした。チャルファ首相は、行政の改革、自然環境の改善、人権の擁護にも目を向けた。九二年には、一九四五年以降接収された土地や没収された資産の返還を定めた法案がチェコ議会で可決され、連邦議会では、五%の付加価値税と最高四七%の所得税、同四五%の法人税を盛り込んだ税制改革法が可決された。九一年一月からは、通貨コルナに外貨交換性が付与され、年末までに九五%の価格自由化が実現された。農業面でも、農地の私有化、農業協同組合の解体などが進められている。チェコではインフレがかなり沈静化し、通貨の信用が維持され、失業率が四%台にとどまるなど、経済管理は大体においてうまくいき、工業生産の低下も九二年度後半にくいとめられたが、市場経済の導入に関連する困難な問題は少なくない。

元来後進的農業地域であったスロヴァキアは、共産党時代に新規投資が優先的に行なわれて工業が発展したけれども、軍需産業が集中するなどゆがんだ経済構造のために、産業基盤が弱く、急進的経済改革の打撃をもろにうけて、失業率一〇%を超える経済不振におちいり、これがスロヴァキアの自立要求を高める一因になった。独立後のスロヴァキアは急進的改革路線を若干修正し、経済に対する国家の介入に重点をおいているが、エリート層の未熟さもあり、前途は多難である。

外交面では、一九八九年の革命後の新政権はヨーロッパへの復帰を目標とし、ソ連離れ、西側への接近、近隣諸国との友好を柱に、活発な外交を展開した。ソ連とは、「プラハの春」への軍事介入見直しやチェコ駐留ソ連軍の撤退で合意ができ、撤退は九一年五月二七日に完了した。対米関係では、九一年一月に米輸出入銀行がチェコ向け輸出に信用保証を与え、四月にブッシュ大統領が一般特恵関税待遇を与えるなど、経済面を中心に関係が深まっている。西欧との関係では、九一年二月二一日欧州会議に加盟し、四月一〇日には、NATO諸国の議会組織である北大西洋評議会への準加盟を決めた。一二月には、ポーランド・ハンガリーとともに、将来のEC加盟に道を開く連合協定に調印した。九二年二月にはドイツと友好条約を結び、五月にはメージャー英首相がプラハを訪問して、チェコスロヴァキアの今世紀中のEC加盟に支持を表明した。オーストリア・イタリア・新ユーゴ・ハンガリー・ポーランドなど中欧近隣諸国との地域協力にも力を入れており、九一年二月一五日ハンガリーのビシェグラードで開かれたポーランド・ハンガリーとの中欧三国首脳会議では、東欧崩壊後の「欧州復帰」における三国の共同歩調が確認された。

分離・独立後のチェコは、アメリカ・EC寄りの方針をいっそう強め、NATOへの正式加盟も重要な外交目標の一つになっている。九三年一月一九日に、チェコはスロヴァキアとともに国連加盟を実現した。独立後のスロヴァキアは、連邦時代の西寄りの外交を基調にしながら、東側とも一定の関係を保とうとしているが、ドナウ川のダム建設計画をめぐって、環境への悪影響を懸念するハンガリーとの間に緊張が高まっており、共和国内の約六〇万人のハンガリー系住民がスロヴァキア独立後の将来に不安を抱いていることも、無視できない問題である。スロヴァキア外交の緊急課題は、チェコとの間に安定した関係を維持し、ハンガリーとの関係を正常化することである。

今後の展望

共産主義経済から市場経済への転換に困難がともなうのは避けがたく、とくにチェコスロヴァキアの場合は、連邦分裂の影響で、九三年にチェコでは三%、スロヴァキアでは六%以上のマイナス成長が見込まれ、工業生産が回復して市場経済が固まるまでには時間がかかるものと思われる。その鍵をにぎるのは外国から直接投資であるが、九〇年から九二年にかけてハンガリーが四〇億ドル、チェコスロヴァキアも約一七億ドルを得ているのは、明るい材料である。九二年にはなお生産低下がやまず、かなり高率なインフレがつづいたが、前二カ年にくらべるといずれも鈍化した。両国はこの三年間に対ＯＥＣＤ諸国への輸出を大幅に伸ばし、貿易収支はハンガリーが小幅の赤字にとどまり、チェコスロヴァキアは約四億ドルの黒字に転じている。経済の私企業部門がかなりの伸びを見せ、わずかながらも経済回復の曙光が見えはじめたので、マイナス成長が底を打つ可能性も出てきた。九二年には、ＥＣ統合の見通しが不透明になり、ドイツ経済が東西統一のコストに圧迫されたために、中欧諸国のＥＣ正式加盟の見込みは当初の予想より遠のいた。チェコスロヴァキアとハンガリーの政治的民主主義の定着も、むしろこれからといえる。しかし、両国の体制変換が進んで旧体制への逆行をもはや不可能にしていることは確かで、欧州復帰の見通しは明るく、二一世紀早々にもＥＣ正式加盟が実現するものと思われる。

新版 世界各国史 全28巻

＊は既刊

政治史を軸に、社会・経済・文化にも着目した、世界史を学ぶための基本図書。先史から現代までバランス良く通観する。

四六判　平均500頁　定価：本体3300円～3700円

1 **日本史** 宮地正人編

＊2 **朝鮮史** 武田幸男編

＊3 **中国史** 尾形勇・岸本美緒編

＊4 **中央ユーラシア史** 小松久男編
モンゴル・中国(内モンゴル・チベット・新疆ウイグル)・カザフスタン・クルグズスタン・タジキスタン・ウズベキスタン・トルクメニスタン

＊5 **東南アジア史 Ⅰ** 大陸部
石井米雄・桜井由躬雄編
ベトナム・カンボジア・ラオス・タイ・ミャンマー

＊6 **東南アジア史 Ⅱ** 島嶼部
池端雪浦編　インドネシア・フィリピン・マレーシア・シンガポール・ブルネイ

7 **南アジア史** 辛島昇編
インド・パキスタン・バングラデシュ・ネパール・ブータン・スリランカ

＊8 **西アジア史 Ⅰ** アラブ
佐藤次高編　イラク・シリア・レバノン・イスラエル・ヨルダン・クウェイト・サウジアラビア・バハレーン・カタール・アラブ首長国連邦・オマーン・イエメン・エジプト・リビア・チュニジア・アルジェリア・モロッコ

＊9 **西アジア史 Ⅱ** イラン・トルコ
永田雄三編　アフガニスタン・イラン・トルコ

10 **アフリカ史** 川田順造編
サハラ以南のアフリカ諸国

＊11 **イギリス史** 川北稔編
連合王国・アイルランド

＊12 **フランス史** 福井憲彦編

＊13 **ドイツ史** 木村靖二編

＊14 **スイス・ベネルクス史**
森田安一編
スイス・オランダ・ベルギー・ルクセンブルク

15 **イタリア史** 北原敦編

＊16 **スペイン・ポルトガル史**
立石博高編

17 **ギリシア史** 桜井万里子編

＊18 **バルカン史** 柴宜弘編
ルーマニア・モルドヴァ・ブルガリア・ユーゴスラヴィア連邦・マケドニア・スロヴェニア・クロアチア・ボスニア＝ヘルツェゴヴィナ・アルバニア・ギリシア

＊19 **ドナウ・ヨーロッパ史**
南塚信吾編
オーストリア・チェコ・スロヴァキア・ハンガリー

＊20 **ポーランド・ウクライナ・バルト史**
伊東孝之・井内敏夫・中井和夫編
ポーランド・ウクライナ・ベラルーシ・リトアニア・ラトヴィア・エストニア

＊21 **北欧史** 百瀬宏・熊野聰・村井誠人編
デンマーク・ノルウェー・スウェーデン・フィンランド・アイスランド

＊22 **ロシア史** 和田春樹編
ロシア連邦・グルジア・アルメニア共和国・アゼルバイジャン共和国

＊23 **カナダ史** 木村和男編

＊24 **アメリカ史** 紀平英作編

＊25 **ラテン・アメリカ史 Ⅰ**
メキシコ・中央アメリカ・カリブ海
増田義郎・山田睦男編

＊26 **ラテン・アメリカ史 Ⅱ**
南アメリカ 増田義郎編

＊27 **オセアニア史** 山本真鳥編
オーストラリア・ニュージーランド・太平洋諸国

28 **世界各国便覧**

世界現代史　全37巻

＊は既刊

＊1	日本現代史	藤村道生
2	朝鮮現代史	
＊3	中国現代史	今井　駿・久保田文次・田中正俊・野沢　豊
＊4	モンゴル現代史	小貫雅男
＊5	東南アジア現代史I　総説・インドネシア	和田久徳・森　弘之・鈴木恒之
＊6	東南アジア現代史II　フィリピン・マレーシア・シンガポール	池端雪浦・生田　滋
＊7	東南アジア現代史III　ヴェトナム・カンボジア・ラオス	桜井由躬雄・石澤良昭
＊8	東南アジア現代史IV　ビルマ・タイ	荻原弘明・和田久徳・生田　滋
＊9	南アジア現代史I　インド	中村平治
＊10	南アジア現代史II　パキスタン・バングラデシュ	加賀谷寛・浜口恒夫
＊11	中東現代史I　トルコ・イラン・アフガニスタン	永田雄三・加賀谷寛・勝藤　猛
12	中東現代史II　東アラブ・イスラエル	
＊13	アフリカ現代史I　総説・南部アフリカ	星　昭・林　晃史
＊14	アフリカ現代史II　東アフリカ	吉田昌夫
＊15	アフリカ現代史III　中部アフリカ	小田英郎
＊16	アフリカ現代史IV　西アフリカ	中村弘光
＊17	アフリカ現代史V　北アフリカ	宮治一雄
＊18	イギリス現代史　連合王国・アイルランド	松浦高嶺
＊19	フランス現代史	河野健二

*20 ドイツ現代史　成瀬　治・黒川　康・伊東孝之
*21 ベネルクス現代史　ベルギー・オランダ・ルクセンブルク　栗原福也
*22 イタリア現代史　森田鉄郎・重岡保郎
*23 スペイン・ポルトガル現代史　斉藤　孝
*24 バルカン現代史　ユーゴスラヴィア・ルーマニア・ブルガリア・アルバニア・ギリシア　木戸　蓊
*25 オーストリア・スイス現代史　矢田俊隆・田口　晃
*26 ハンガリー・チェコスロヴァキア現代史　矢田俊隆
*27 ポーランド現代史　伊東孝之
*28 北欧現代史　デンマーク・スウェーデン・ノルウェー・フィンランド・アイスランド　百瀬　宏
*29 ソ連現代史 I　ヨーロッパ地域　倉持俊一
*30 ソ連現代史 II　中央アジア・シベリア　木村英亮・山本　敏
*31 カナダ現代史　大原祐子
*32 アメリカ現代史　斎藤　真
*33 ラテンアメリカ現代史 I　総説・ブラジル　斉藤広志・中川文雄
*34 ラテンアメリカ現代史 II　アンデス・ラプラタ地域　中川文雄・松下　洋・遅野井茂雄
35 ラテンアメリカ現代史 III　メキシコ・中米・カリブ海地域
*36 オセアニア現代史　オーストラリア・太平洋諸島　北大路弘信・北大路百合子
*37 世界現代史　柴田三千雄・木谷　勤

矢田 俊隆　やだとしたか
1915年生
1938年，東京帝国大学文学部卒業
元北海道大学名誉教授
主要著書 『近代中欧の自由と民族』
吉川弘文館 1966,『東欧史(新版)』
(編著) 山川出版社 1977,『ハプ
スブルク帝国史研究』 岩波書店
1977,『オーストリア・スイス現代史』
(共著) 山川出版社 1984ほか

世界現代史26 ハンガリー・
チェコスロヴァキア現代史

1978年 9 月25日 1 版 1 刷発行　　2002年11月15日 2 版 3 刷発行
著者 矢田 俊隆 ©　　発行者 野澤 伸平
印刷所 図書印刷株式会社　　製本所 山田製本印刷株式会社
発行所 株式会社 山川出版社 東京都千代田区内神田 1-13-13
〒101-0047 振替 00120-9-43993 http://www.yamakawa.co.jp/
TEL 東京 03(3293)8131(営業)・8134(編集)
落丁本・乱丁本はお取り替えいたします ISBN4-634-42260-3

付　　録

■ 索　引

人名索引

ア―オ

アイゼンハワー　*248*
Eisenhower, Dwight David 1890–1969
アイタイ　*266*
Ajtai, Miklós　1914–
アチェール　*266*
Aczél, György　1917–
アッティラ　*20, 32*
Attila　406頃–453
アポニ　*74*
Apponyi, Albert　1848–1933
アールパード　*32*
Árpád　?–907頃
アンドラーシ　*68, 69*
Andrássy, Gyula　1823–90
イェラチッチ　*65, 66*
Jelačić, Josip　1801–59
イジー　*30, 31*
Jiří z Poděbrad 1420–71(位1458–71)
イシュトヴァーン1世(聖王)　*33*
István I Szent　位997–1038
イーデン　*197*
Eden, Robert Anthony　1897–
イムレーディ　*139, 141*
Imrédy, Béla　1891–1946
ヴァーツラフ1世(聖侯)　*24*
Václav I Svatý　位921–929
ヴァーツラフ2世　*26*
Václav II　位1278–1305
ヴァーツラフ4世　*27*
Václav IV　位1378–1419
ヴァツリーク　*306, 307, 312, 327*
Vaculík, Ludvík　1926–
ウィルソン　*85*
Wilson, Thomas Woodrow 1856–1924
ヴィンディシュグレーツ　*64, 66*
Windischgrätz, Alfred　1787–1862
ヴェレシュマルティ　*58*
Vörösmarty, Mihály　1800–55
ヴォロシーロフ　*219, 220*
Voroshilov, Klement Efremovich 1881–1969
ヴラディスラフ2世(プシェミスル家) *26*
Vladislav II　位1140–72
ヴラディスラフ2世(ヤゲロ家)　*31*
Władysław II　ボヘミア王 位1471–1516, ハンガリー王 位1490–1516
エンドレ2世　*34*
Endre II　位1205–35
オタカル1世　*26*
Otakar I Přemysl　位1197–1230
オタカル2世　*26*
Otakar II Přemysl　位1253–78
オットー1世(大帝)　*25*
Otto I (der Große)　912–973 (位936–973)

カ―コ

ガイ　*60*
Gaj, Ljudevit　1809–71
カジンツィ　*58*
Kazinczy, Ferenc　1759–1831
カーダール　*227, 239, 240, 242–245, 249–255, 257, 258, 261–268, 297, 328*
Kádár, János　1912–89
ガーボル　*45*
Gábor, Bethlen　位1613–29
カーライ，ジュラ　*258*
Kállai, Gyula　1910–
カーライ，ミクローシュ　*144, 145*
Kállay, Miklós　1887–1967
カール1世(オーストリア皇帝)　*82, 83, 86–88, 92, 110, 112–115, 120, 184*

Karl I　1887–1922(位1916–18)
カール6世(神聖ローマ皇帝)　*47–49*
Karl VI　神聖ローマ皇帝 位1711–40, ハンガリー王〈3世〉 位1711–40
カール大帝　*24*
Karl der Große　742–814 (位768–814)
ガルバイ　*96, 97*
Garbai, Sándor　1879–1947
カールマーン　*33*
Kálmán　位1095–1116
カレル1世(神聖ローマ皇帝カール4世)　*19, 26–28, 30*
Karel I　位1346–78
カーロイ, ジュラ　*127, 131*
Károlyi, Gyula　1871–1947
カーロイ, ミハーイ　*73, 89, 92–96, 99, 103, 124*
Károlyi, Mihály　1875–1955
キシュファルディ　*58*
Kisfaludy, Károly　1788–1830
クラマーシュ　*81, 154–156, 167–169*
Kramář, Karel　1860–1937
クレメンティス　*282, 287, 294, 300*
Clementis, Vladimír　1902–52
クン　*89, 94–97, 103–105, 121, 124, 156*
Kun, Béla　1886–1930
ゲレー　*235, 237, 239, 246, 250, 255, 318*
Gerő, Ernó　1898–
ゲンベシュ　*101, 103, 125, 127, 131–139, 149, 151*
Gömbös, Gyula　1886–1936
コヴァーチ　*222, 240*
Kovács, Béla　1908–59
コスイギン　*258, 315*
Kosygin, Aleksei Nikolaevich　1904–
コダーイ　*10, 74*
Kodály, Zoltán　1882–1967
コッシュート, フェレンツ　*74*
Kossuth, Ferenc　1841–1914
コッシュート, ラヨシュ　*59–61, 65, 66, 68, 74*
Kossuth, Lajos　1802–92
ゴットヴァルト　*275, 277–281, 283, 288, 292–294, 298, 300, 302*
Gottwald, Klement　1896–1953
ゴムウカ　*236, 246, 247, 294, 297*
Gomułka, Władysław　1905–
コラール　*57*
Kollár, Jan　1793–1852

サ—ソ

ザーポトツキー　*283, 284, 292, 295, 298, 301*
Zápotocky, Antonín　1884–1957
サーポヤイ　*38*
Szápolyai(Zápolyai), János　1487–1540
サムエイ　*94*
Szamuely, Tibor　1890–1919
サモ　*24*
Samo　?–658
サーラシ　*137, 139, 146, 149*
Szálasi, Ferenc　1897–1946
シェーネラー　*78*
Schönerer, Georg　1842–1921
ジギスムント（ジグモンド）　*28, 29*
Sigismund(Zsigmond)　位1387–1437
シク　*303, 304, 308, 317, 326*
Šik, Ota　1919–
シモニ=シェマダム　*112*
Simonyi-Semadam, Sándor　1864–1946
シュヴァルツェンベルク　*65*
Schwarzenberg, Felix　1800–52
シュヴェフラ　*155, 174, 175, 179*
Švehla, Antonín　1873–1933
シュトロウガル　*323, 324*
Strougal, Lubomír　1924–
シロヴィ　*199*
Syrovy, Jan　1888–1971
シロキー　*288, 292, 300*
Siroký, Viliam　1902–72
スヴォボダ　*273, 292, 309, 316, 317, 327*

Svoboda, Ludvík　1895-
スースロフ　*235, 239, 242, 245, 246*
Suslov, Mihail Andreevich　1902-
スタリー　*307*
Starý, Oldřich　1914-
スターリン　*8, 227, 231, 236, 237, 239, 271, 272, 274, 277, 278, 282, 283, 285, 288, 292, 293, 297, 299-301*
Stalin, Iosif Vissarionovich　1879-1953
ストーヤイ　*145, 146*
Sztójay, Döme　1883-1946
スムルコフスキー　*309, 316, 322, 323*
Smrkovský, Josef　1911-74
スメタナ　*8, 78*
Smetana, Bedřich　1820-84
スラーンスキー　*283, 284, 287, 288, 294, 300*
Slánský, Rudolf　1901-52
セーチェニー　*59, 61*
Széchenyi, István　1791-1860
セルツキー　*303*
Selucký, Radoslav
ゼンクル　*279*
Zenkl, Petr

タート

ターフェ　*77-80*
Taaffe, Eduard　1833-95
ダラディエ　*199*
Daladier, Édouard　1884-
ダラーニ　*135, 136, 138, 139*
Darányi, Kálmán　1886-1939
タルデュー　*126, 127*
Tardieu, André　1876-1945
ダレス　*248*
Dulles, John Foster　1888-1959
チェピチカ　*292, 294*
Čepička, Aexej　1910-
チェルニー　*173, 174*
Černý, Jan　1874-1957
チェルニーク　*308, 316, 322-324*
Černík, Oldřich　1921-
チェンバレン　*198, 199*
Chamberlain, Arthur Neville　1869-1940
チャウシェスク　*315*
Ceaușescu, Nicolae　1918-
チャペック　*9*
Čapek, Karel　1890-1938
デアーク　*61, 68*
Deák, Ferencz　1803-76
ティサ，イシュトヴァーン　*76, 88, 89, 92*
Tisza, István　1861-1918
ティサ，カールマン　*73, 74*
Tisza, Kálmán　1830-1902
ティソ　*201, 202, 207*
Tiso, Jozef　1887-1947
ティトー　*213, 214, 314*
Tito, Josip Broz　1892-
ティルディ　*220, 223, 240*
Tildy, Zoltán　1889-1961
テレキ　*112, 120, 139, 141-143*
Teleki, Pál　1879-1941
ドヴォジャーク（ドヴォルザーク）　*8, 78*
Dvořák, Antonín　1841-1904
トゥカ　*189, 207*
Tuka, Vojtech　1880-1946
トゥサル　*169, 172, 173*
Tusar, Vlastimil　1880-1924
ドプチェク　*307-310, 314, 316-324, 327, 341, 343*
Dubček, Alexander　1921-
ドブロフスキー　*55, 56*
Dobrovský, Josef　1753-1829
ドモフスキ　*182*
Dmowski, Roman　1864-1939
ドゥリシュ　*275*
Duriš, Julius　1904-
ドルティナ　*279*
Dortina, Prokop
トルムビッチ　*182*
Trumbić, Ante　1864-1938

ナーノ

ナジ，イムレ　*217, 220, 225, 232, 234-*

237, 239–248, 250–252, 318, 320, 334
Nagy, Imre　1896–1958
ナジ, フェレンツ　*220, 222, 223*
Nagy, Ferenc　1903–
ニエルシュ　*266, 267, 332, 335*
Nyers, Reszö　1923–
ノイラート　*206*
Neurath, Konstantin　1873–1956
ノヴォトニー　*292–310, 312, 318, 321, 322, 324, 325*
Novotoný, Antonín　1904–75
ノセク　*279*
Nosek, Václav

ハ—ホ

ハイドリヒ　*206*
Heydrich, Reinhard　1904–42
ハーエク　*327*
Hájek, Jiři　1913–
ハシェク　*9*
Hašek, Jaroslav　1883–1923
バチーレク　*300*
Bacílek, Karol　1896–1974
バッチャーニュ　*61, 65*
Battyány, Lajos　1806–49
バッハ　*67*
Bach, Alexander　1813–93
バデニー　*79, 80*
Badeni, Kasimir　1846–1909
ハーハ　*201, 202*
Hácha, Emil　1872–1945
バラーク　*293, 299*
Barák, Rudolf　1915–
パラツキー　*55, 63, 65*
Palacký, František　1798–1876
パラフ　*321*
Palach, Jan　1948–69
バルトーク　*10, 74*
Bartók, Béla　1881–1945
バールドシ　*143, 144*
Bárdossy, László　1890–1946
ヒトラー　*125, 130, 131, 134, 138–140, 143, 145, 147–149, 190, 192–194, 196–200, 202, 205, 270, 271, 286*
Hitler, Adolf　1889–1945
ビリャーク　*324, 327*
Bilák, Vasil　1917–
フィールリンゲル　*273, 280, 284*
Fierlinger, Zdeněk　1891–1976
フェヘル　*266*
Feher, Lajos　1917–
フェルディナント1世(ハプスブルク家)　*36, 38–40, 44*
Ferdinand I　位1526–64
フェルディナント1世(ハプスブルク=ロートリンゲン家)　*61*
Ferdinand I　位1835–48
フェルディナント2世　*41, 43*
Ferdinand II　位1619–37
フォック　*258, 267*
Fock, Jenő　1916–
フサーク　*287, 294, 300, 322–328, 343*
Husák, Gustáv　1913–
フサール　*103, 112*
Huszár, Károly　1882–1941
ブジェティスラフ1世　*25*
Břetislav I　位1034–55
フス　*7, 22, 27, 28, 55*
Hus, Jan　1369?–1415
フニャディ　*35*
Hunyadi, János　1386?–1456
フランツ2世　*53, 54*
Franz II　1768–1835(神聖ローマ皇帝 位1792–1806, オーストリア皇帝〈1世〉 位1804–35)
フランツ=フェルディナント　*160*
Franz Ferdinand　1863–1914
フランツ=ヨーゼフ1世　*75, 82, 104*
Franz Josef I　1830–1916 (位1848–1916)
フリードリヒ　*99*
Friedrich, István　1883–1958
フリードリヒ2世(神聖ローマ皇帝)　*26*
Friedrich II　位1212–50
フリードリヒ5世　*41*
Friedrich V　ファルツ選帝侯 位1610–23, ボヘミア王 位1619–20

フリンカ　*159, 162, 189, 201*
Hlinka, Andrej　1864–1938
フルシチョフ　*231, 236, 245–247, 257, 293, 294, 297, 298, 301*
Khrushchëv, Nikita Sergeevich 1894–1971
ブレジネフ　*264, 308, 314, 315, 317, 324*
Brezhnev, Leonid Ilyich　1906–
プロハースカ　*307*
Procházka, Jan　1925–71
ペイドル　*99*
Peidl, Gyula　1873–1943
ヘゲデューシュ　*233*
Hegedűs, András　1922–
ペテーフィ　*58, 61, 237*
Petőfi, Sándor　1823–49
ベトレン　*98, 111–113, 115–117, 119, 120, 122–125, 127–132, 135, 149*
Bethlen, István　1874–1947
ベネシュ　*83, 110, 114, 115, 154–156, 164, 176, 177, 181–187, 192, 193, 197, 198, 200, 201, 207, 214, 270, 272, 273, 280, 282, 283*
Beneš, Edvard　1884–1948
ベーラ4世　*34*
Béla Ⅳ　位1235–70
ベラン，ヨーゼフ　*291*
Beran, Josef
ベラン，ルドルフ　*201*
Beran, Rudolf　1887–1957
ベリンケイ　*93, 96*
Berinkey, Dénes　1871–1948
ヘンライン　*191, 194–198, 200*
Henlein, Konrad　1898–1945
ホジャ，エンヴェル　*214*
Hoxha, Enver　1908–
ホジャ，ミラン　*194, 199*
Hodža, Milan　1878–1944
ホルティ　*89, 98, 99, 103, 111, 112, 120, 129, 130, 135, 136, 138, 140, 141, 144–146, 148–150, 217, 223*
Horthy, Miklós　1868–1957

マーモ

マクシミリアン1世　*36*
Maximilian I　1459–1519（位1493–1519）
マクシミリアン2世　*40*
Maximilian II　1527–76（位1564–76）
マサリク，トマーシュ　*83–85, 154, 155, 160, 161, 163, 169, 176, 179, 181, 186, 193, 204, 275*
Masaryk, Tomáš Garrigue　1850–1937
マサリク，ヤン　*275, 279, 282*
Masaryk, Jan　1886–1948
マーチャーシュ1世　*35*
Mátyás I　位1458–90
マティアス　*41*
Mathias　位1612–19
マリア=テレジア　*49–51*
Maria Theresia　1717–80（位1740–80）
マリペトル　*195*
Malypetr, Jan　1873–1947
マルティノヴィッチ　*58*
Martinovics, Ignác　1755–95
マレテル　*243*
Maleter, Pál　1917–58
マレンコフ　*231, 233, 234, 245, 292, 298, 301*
Malenkov, Georgii Maksimilianovich　1902–
ミクローシュ　*216, 217*
Miklós, Béla　1890–1948
ミコヤン　*235, 239, 242, 245, 246*
Mikoian, Anastas Ivanovich 1895–
ミュンニヒ　*253, 258*
Münnich, Ferenc　1886–1967
ミンドセンティ　*227, 239, 244, 262*
Mindszenty, József　1892–1975
ムッソリーニ　*118, 119, 131–133, 147, 199*
Mussolini, Benito　1883–1945

メッテルニヒ　*54, 58, 60*
Metternich, Klemens　1773–1859
モロトフ　*245*
Molotov, Viacheslav Mikhailovich 1890–

ヤ―ヨ

ユングマン　*55*
Jungmann, Josef　1733–1847
ヨーゼフ2世　*49, 50–52, 54, 55, 57*
Joseph II　1741–90 (位1765–90)
ヨネスク　*182, 184*
Jonescu, Take　1858–1922

ラ―ロ

ライク　*222, 225, 226, 232, 234, 235, 250*
Rajk, László　1908–49
ラウシュマン　*275, 276*
Laušman, Bohumil　1903–63
ラカトシュ　*146*
Lakatos, Géza　1890–1967
ラーコシ　*222, 224–227, 230, 232–236, 250, 253, 255, 292, 318*
Rákosi, Mátyás　1892–1971
ラーコーツィ＝フェレンツ2世　*46*
Rákóczi, Ferenc II　1676–1735
ラーザール　*258*
Lázár, György　1924–
ラシーン　*167*
Rasín, Alois　1867–1923
ラースロー1世　*33*
László I　位1077–95
ラヨシュ1世　*34*
Lajos I　位1342–82
ラヨシュ2世──→ルードヴィク
Lajos II
ランシマン　*197*
Runciman, Walter　1870–1949
ルター　*28*
Luther, Martin　1483–1546
ルードヴィク（ボヘミア王ルードヴィク1世，ハンガリー王ラヨシュ2世）　*31, 36*
Ludwik　位1516–26
ルドルフ1世　*26*
Rudolf I　位1273–91
ルドルフ2世　*40, 41, 44*
Rudolf II　位1576–1612
レオポルト1世　*46*
Leopold I　位1657–1705
レオポルト2世　*52*
Leopold II　位1790–92
レナールト　*300*
Lenárt, Josef　1923–

補

アダメツ　*339, 342–344*
Adamec, Ladislav
ウルバーネク　*341, 344*
Urbanek, Karel
クラウス　*346*
Klaus, Václav
グロース　*332–335*
Grósz, Károly　1930–
コマーレク　*343*
Komárek, Valtr
シュトラウブ　*332*
Straub, Bruno　1914–
チャルノグルスキー　*343*
Čarnogurský, Jan
チャルファ　*343*
Calfa, Marian
ネーメト　*333–335*
Németh, Miklós　1948–
ハベル　*344*
Havel, Václav　1936–
ポジュガイ　*332, 335*
Pozsgay, Imre　1933–
モホリタ　*344*
Mohorita, Vasil
ヤケシュ　*339, 341*
Jakeš, Miloš

事項索引

ア―オ

カ―コ

サ―ソ

タート

ナ—ノ

ハ—ホ

マ―モ

ヤ―ヨ

ラ―ロ

ワ

■年　　表

〔略号〕 **C** チェコスロヴァキア，チェコ
H ハンガリー　**S** スロヴァキア
E ヨーロッパ全体または国際関係

西暦	事　　項
前　1C	クアディ族・マルコマン＝族定住
後　10	パンノニア，ローマ帝国の属州となる
106	ダキア地方，ローマ帝国に征服される
271	ローマ帝国，ダキア地方を放棄
375	フン族の西進．ゲルマン民族の大移動始まる
400	ローマ帝国，パンノニアを放棄
406	フン族，パンノニアを支配
453	アッティラ没し，フン帝国瓦解
500	この頃より，スラヴ族・アヴァール族，ドナウ流域に進出
568	アヴァール族の建国
623	この頃，スラヴ族最初のサモ王国成立（～658)
790	フランク国王シャルルマーニュ，アヴァール族を征討
796	アヴァール王国滅亡
830	大モラヴィア国成立
863	キュリロス，メトディオスの兄弟，モラヴィアでギリシア正教の伝道を開始
896	マジャール人，パンノニアに侵入
900	ボヘミアにプシェミスル朝成立
	この頃，マジャール人，トランシルヴァニア地方を統一
905	大モラヴィア国，マジャール人に侵冦され，大敗し滅亡（～906)
921	ボヘミア国初代の聖ヴァーツラフ１世（～929)
924	クロアティア王国成立
955	オットー１世，マジャール人をレヒフェルトで決定的に撃破する
962	神聖ローマ帝国の成立
967	ボヘミアのボレスラフ２世（～999)．この頃よりカトリック教の浸透
997	聖イシュトヴァーン１世（～1038) によるハンガリーの国家的統一
1000	ハンガリー，ローマ＝カトリック教に改宗
1037	スロヴァキア，ハンガリーの領土となる
1106	ハンガリー王カールマーン，クロアティア王を兼ねる
1197	ボヘミアのプシェミスル=オタカル１世，世襲的王号を獲得(正式批准は1212年)
1222	ハンガリー，エンドレ２世の金印勅書
1241	モンゴルの東欧遠征（～42)
1251	ボヘミア王の子オタカル（のちの２世)，オーストリアを支配
1260	ボヘミア王オタカル２世，シュタイエルマルクを支配

1301	ハンガリーのアールパード家断絶
1306	ボヘミアのプシェミスル家断絶
1308	アンジュー家のハンガリー統治（～86）
1310	ルクセンブルク家のボヘミア支配（～1437）
1346	ボヘミアのカレル1世（～78）
1348	カレル1世，プラハに大学創設
1351	ハンガリー王ラヨシュ1世による貴族の特権と義務の確定
1370	ラヨシュ1世，ポーランド王を兼ね，中欧随一の強勢（～82）
1396	ニコポリスの戦いで，ハンガリー王ジギスムント指揮の十字軍，オスマン＝トルコ軍に敗れる
1402	ヤン＝フス，プラハ大学総長に就任
1415	フスの処刑
1419	フス戦争（～36）
1456	ベオグラードの戦いで，ハンガリーのフニャディ＝ヤーノシュ，オスマン＝トルコ軍を破る
1457	「チェコ同胞団」生まれる
1468	ハンガリー，マーチャーシュ王のボヘミア王国攻撃開始
1471	ヤゲロ家のボヘミア統治（～1526）
1487	ボヘミア国会の農奴制確認
1490	ヤゲロ家のハンガリー統治（～1526）
1500	ボヘミアの領邦条令
1514	ハンガリーの大農民反乱
1526	モハーチの戦い．ボヘミア・ハンガリー両国王ルドヴィーク1世（ラヨシュ2世）敗死．オーストリア大公フェルディナント，両国王を兼ね，ハプスブルク家のボヘミア・ハンガリー統治始まる
1529	オスマン＝トルコ軍のウィーン包囲
1541	オスマン＝トルコによるハンガリー中央部の直轄支配（～1699）．トランシルヴァニア侯国の始まり
1567	トランシルヴァニア国会による信仰の自由決定
1571	マクミシリアン2世，信教の自由を宣する
1575	「チェコ人の信仰告白」
1580	トランシルヴァニアの黄金時代
1593	ハプスブルク家とオスマン＝トルコの十五年戦争（～1606）
1604	ハンガリーにおけるボチカイ＝イシュトヴァーンの反乱（～06）
1606	ハプスブルク家とハンガリー貴族とのあいだにウィーンの和約成立．ボチカイ，トランシルヴァニア侯であることを承認される
1609	ルドルフ2世，ボヘミアの信仰の自由を認める
1618	“窓からの突きおとし事件”おこる．三十年戦争始まる（～48）
1619	ボヘミア議会，ファルツ侯フリードリヒを国王に推戴
1620	「白山」の戦い．ボヘミア軍，皇帝軍に徹底的に敗れ，ボヘミアの没落始まる
1621	トランシルヴァニア侯ベトレン＝ガーボル，ハンガリー王に選出される
1627	ボヘミアの「改訂領邦条令」．新教派亡命．フェルディナント2世，絶対主義体

	制へ前進
1664	オーストリア，トルコを破る．ヴァシュヴァールの和
1680	ボヘミアの農民反乱
1683	オスマン＝トルコの第２次ウィーン包囲
1686	ハンガリーの首都ブダの解放
1699	カルロヴィッツの和．トルコ軍侵略地を返還
1703	ラーコーツィ＝フェレンツ２世の対ハプスブルク解放戦争（～11）
1713	カール６世，国事詔書を制定
1720	ボヘミア国会，カール６世の国事詔書を承認
1722	ハンガリー国会，国事詔書を承認
1749	ボヘミア行政のオーストリアとの一体化
1754	ハンガリーに不利な新関税の実施
1756	七年戦争（～63）
1760	マリア＝テレジア，ハンガリー貴族による近衛部隊を編成
1781	ヨーゼフ２世の信仰寛容令．ボヘミアで農民の人身的隷属廃止
1784	ヨーゼフ２世，公用語としてのドイツ語使用を強制
1785	ハンガリーにおける地方自治の停止．農民の人身的隷属廃止
1788	ハンガリー貴族のウィーンに対する反抗（～89）
1790	ヨーゼフ２世，死の直前に改革令の多くを撤回
1795	この頃よりボヘミア・モラヴィアの民族運動再発 ハンガリー＝ジャコバン党事件
1804	フランツ２世，オーストリア皇帝と称する
1806	神聖ローマ帝国消滅．ナポレオン，イリュリア州を設置
1814	ウィーン会議（～15）
1815	ハンガリー独立運動高まる
1825	ハンガリー議会による改革始まる
1836	パラツキー，『チェコ民族史』を刊行
1847	コッシュートが下院議員に当選
1848	オーストリア三月革命．メッテルニヒ失脚．ハプスブルク帝国領内各地に民族運動おこる．***3–3*** ハンガリーのコッシュート，ウィーン体制を批判．***6*** プラハで汎スラヴ民族会議開催．***7–2*** ウィーンに憲法制定議会召集
1849	***3– 7*** シュヴァルツェンベルク，武力で議会を解散．保守的な欽定憲法発布 ***8–13*** ハンガリー降伏．独立戦争失敗し，コッシュート亡命
1851	オーストリア，欽定憲法も廃止
1859	オーストリア，フランス－イタリア同盟軍に大敗
1860	オーストリア，「十月勅書」（憲法）を発布
1861	オーストリア，「二月憲法」を発布
1865	オーストリア，勅令で二月憲法を停止
1866	普墺戦争．オーストリア，ケーニヒグレーツで完敗
1867	オーストリア＝ハンガリー二重王国の成立（アウスグライヒ）．クロアティア，ハンガリー王国に併合され，制限付きの自治権獲得

1868		プルゼンにシュコダ兵器工場建設
1871		フランツ＝ヨーゼフ帝，チェコ人との妥協を意図するが失敗
		ドイツ統一帝国成立
1873		ブダとペストの統合
1879		独墺同盟の成立．ハンガリーの同盟参加．オーストリア，ターフェ内閣成立．
		チェコ国民劇場の開設
1880		チェコ人の要求をいれ，ボヘミア・モラヴィア両州に言語令を発布
1882		プラハ大学をドイツ部とチェコ部に二分
1883		チェコ国民劇場の再建
1884		スメタナ死亡（1824～）
1894		ハンガリー征服1000年祭
1897		バデニーの新言語令．チェコ語はドイツ語とほぼ同じ地位を認められ，チェコ人の官公吏就任の道が開かれる．チェコ人とドイツ人との対立激化
1904		ドヴォジャーク死亡（1841～）
1905		ハンガリー，独立党を中心とする連合が総選挙で勝利．皇帝，普通選挙法の導入をにおわせる
1907		オーストリア，普通選挙制を導入
1908		オーストリア，ボスニア・ヘルツェゴヴィナを併合
1910		チェコ社会民主党および労働組合，オーストリアの組織から分離
1914	**7**-*28*	第一次世界大戦勃発（～18）．ハンガリー，独墺側に参戦
	12	マサリク，オーストリアを脱出
1915	——	東欧，戦場となる
1916	**2**	マサリク，パリに「チェコスロヴァキア国民会議」を創設．ベネシュ，フランス政府にオーストリア＝ハンガリー帝国解体の要を説く
	6- *3*	チェコ指導者，反逆罪で死刑の宣告をうける
	秋	チェコ人，プラハに「国民委員会」を形成
	11-*21*	フランツ＝ヨーゼフ帝逝去
1917	**3**-*11*	ロシア三月革命
	5-*30*	オーストリア，停止中の国会を再開
1918	**3**- *3*	ブレスト＝リトフスクの講和
	4- *8*	ローマでオーストリア＝ハンガリー被抑圧諸民族会議開催
		フランス（**6**-*30*），イギリス（**8**-*14*），アメリカ（**9**-*3*），チェコスロヴァキア国民会議を事実上の政府として承認
	10-*16*	カール帝の宣言，連邦制によって全王国の統一を保持しようとする
	H **10**-*25*	ハンガリー国民会議の成立
	C **10**-*28*	チェコ国民委員会の独立宣言
	〃 -*30*	スロヴァキア国民会議，チェコ人と結合して単一国家を形成すると宣言
	〃 **11**-*14*	革命的国民議会，マサリクを大統領，クラマーシュを首相，ベネシュを外相に任命

	H	***11–16***	共和国として独立宣言
	C	***12– 9***	暫定憲法制定
1919	**H**	***1–11***	カーロイ＝ミハーイ，大統領に選ばれる
	C	***2–25***	通貨改革法の制定
	H	***3–21***	ハンガリー＝ソヴェト共和国の成立宣言
	C	***4–16***	農地改革法の制定
	H	***8– 1***	ソヴェト共和国の崩壊
	E	***9–10***	サン＝ジェルマン条約（対オーストリア）調印．オーストリア，ハンガリーの独立を承認
	H	***11–19***	ルーマニア軍，ブダペスト撤退
	E	***11–27***	ヌイイ条約締結
1920	**C**	***2–29***	新憲法の制定
	H	***3– 1***	王制回復（～44）．ホルティ，摂政に選ばれる
	C	***5–27***	マサリク，大統領に再選される
	H	***6– 4***	トリアノン条約に調印．旧領土の７割を失う
	C	***8–14***	チェコスロヴァキアとユーゴスラヴィアが防御同盟，小協商の基礎
	H	***11–12***	農地改革法の制定
1921	**H**	***3–26***	旧王カールによる王朝復興の試み
	〃	***4–14***	ベトレン内閣の成立
	C	***4–23***	ルーマニアと友好条約を締結
	E	***6– 7***	ルーマニア‐ユーゴスラヴィア防御同盟条約調印により，小協商完成
	H	***10–23***	旧王カールのクーデター失敗
1922	**C**	***8–31***	ユーゴスラヴィアと友好条約を締結
	〃	***10– 7***	第１次シュヴェフラ内閣の成立
1923	**H**	***7– 1***	通貨改革
1924	**C**	***1–25***	フランスと相互援助条約締結
1925	**E**	***12– 1***	ロカルノ条約調印
1927	**H**	***4– 5***	イタリアと友好条約を締結
	〃	***6–25***	フィウメ港使用権につき，イタリアと協定
1929	**E**	***10–24***	世界経済恐慌はじまる
1931	**E**	***5***	オーストリアのクレディト＝アンシュタルト銀行破産
1932	**H**	***2***	イタリアと通商条約締結
	E	***3***	フランス首相タルデュー，ドナウ連合を提案
	C	***4– 3***	英・仏・独・伊，ロンドンでドナウ問題討議
	H	***10– 1***	ゲンベシュ内閣の成立
	C	***10–29***	第１次マリペトル内閣成立
	E	***11–29***	仏‐ソ不可侵条約締結
1933	**C**	***10***	ナチス勢力拡大．ヘンライン，ズデーテン＝ドイツ祖国戦線を結成
1934	**H**	***3–17***	イタリア‐オーストリア‐ハンガリー三国政治経済協定

	C	*5–24*	マサリク，大統領に再任
1935	E	*5– 2*	仏－ソ相互援助条約締結
	C	*5–16*	チェコ－ソ連相互援助条約締結
	〃	*–19*	議会選挙でズデーテン＝ドイツ党が第二党に進出
	〃	*11–18*	ベネシュ，大統領に選ばれる
1936	E	*3– 7*	ヒトラー，ロカルノ条約破棄．ドイツ軍のラインラント進駐
1937	H	*10–10*	矢十字党の結成
1938	E	*3–13*	独墺合邦宣言
	C	*4–24*	ズデーテン＝ドイツ党，完全自治を要求
	E	*9–29*	ミュンヘン会談
	C	*10–22*	ベネシュ大統領，ロンドンに亡命
	H	*11– 2*	第１次ウィーン裁定．これによりスロヴァキア南部を獲得
1939	H	*2–24*	日独伊防共協定に参加
	C	*3–14*	スロヴァキアおよびルテニア，独立宣言
	〃	*–15*	ドイツ軍，プラハに入城．ハンガリー軍，ルテニアに侵入
	〃	*–16*	ティソ，スロヴァキア共和国の首相に就任．人民党の一党独裁体制確立．ドイツ，ボヘミア・モラヴィア地方を保護領化，ハーハを保護領大統領に任命．ハンガリー，カルパト＝ウクライナ地方を併合
	〃	*–23*	スロヴァキア，ドイツと保護条約を締結
	〃	*4–27*	エリアーシュ，ボヘミア・モラヴィア保護領首相に就任．「民族協同体」の一党独裁体制確立
	E	*9– 1*	第二次世界大戦の開始
	C	*11–17*	ドイツ，ボヘミア・モラヴィア保護領の全高等教育機関を閉鎖．知識人の迫害を開始
	〃	*12–20*	イギリス，ベネシュ前大統領の「チェコスロヴァキア国民委員会」を仮承認
1940	C	*7–28*	ティソ，ヒトラーの圧力で内閣改造
	H	*8–30*	第２次ウィーン裁定．これによりトランシルヴァニア北部を獲得
	〃	*11–20*	ハンガリー，日独伊三国同盟に加入
	C	*11–24*	スロヴァキア，三国同盟に加入
1941	H	*6–27*	対ソ宣戦布告
	C	*7–18*	イギリス，ベネシュの亡命政府を正式承認．ソ連・アメリカもこれに続く
	〃	*9–27*	エリアーシュ，亡命政府と通じていたかどで逮捕．ハイドリヒ，保護官代理に就任，戒厳令を施行
	H	*12–12*	ハンガリー，対米・英宣戦布告
1942	C	*5–27*	ハイドリヒ暗殺事件
	〃	*6– 9〜10*	リディツェ村虐殺事件
	E	*9*	スターリングラードのソ連軍反撃開始
1943	E	*2*	スターリングラード戦線のドイツ軍降伏
	〃	*5–23*	コミンテルン解散

	C	*12–12*	ベネシュ大統領訪ソ．チェコスロヴァキア－ソ連友好相互援助条約締結．チェコ共産党書記長ゴットヴァルト，協力を約す
	〃	*–24*	抵抗組織「スロヴァキア国民評議会」の発足
1944	H	*3–19*	ドイツ軍，ハンガリーを無血占領
	C	*8–29～10–28*	スロヴァキア国民蜂起
	H	*10–15*	ソ連へ休戦申し入れ発表．矢十字党のクーデター
	〃	*12–21*	「独立戦線」の臨時政府，デブレツェンに成立
	〃	*–31*	親ソ臨時政府，ドイツに宣戦
1945	H	*1–20*	臨時政府，連合国と休戦協定締結
	E	*2– 4～11*	ヤルタ会談．米・英・ソ，東欧問題について合意
	H	*2–13*	ソ連軍，ブダペストを解放
	C	*3–17～ 4– 3*	ベネシュ大統領，訪ソ
	H	*3*	農相ナジ=イムレ，農地改革を実施
	C	*4– 3*	ベネシュ，亡命政府閣僚を伴って解放地区に帰還
	〃	*– 4*	コシツェに「国民戦線」の連立政権樹立
	H	*4– 4*	ソ連軍，全土を解放
	C	*5– 5*	プラハ蜂起
	〃	*– 6*	米軍，プルゼン（ピルゼン）を占領
	〃	*– 9*	ソ連軍，プラハを解放．国民戦線結成
	〃	*6–22*	第1次土地改革
	〃	*–29*	ソ連にカルパト＝ウクライナを譲渡
	〃	*10–22*	第1次産業国有化の実施
	H	*11– 4*	総選挙で小地主党第一党となる
	〃	*–15*	ティルディ内閣成立
	C	*12– 1*	米軍およびソ連軍，チェコ全土から撤退
	H		バルトーク死亡（1881～）
1946	H	*2– 1*	王制廃止．新憲法を制定し，共和国宣言
		– 4	ナジ=フェレンツ内閣成立
	C	*5–26*	国民議会選挙．共産党第一党となる
	〃	*7– 2*	ゴットヴァルト内閣成立
	H	*8– 1*	新通貨フォリント切り替えにより，通貨インフレーションを収拾
1947	H	*1– 3*	反政府陰謀のかどで，55人の政治家逮捕
	E	*2–20*	旧枢軸五カ国（ハンガリー・ルーマニア・ブルガリア・イタリア・フィンランド）と連合国のパリ講和条約署名．ハンガリー，1938年の国境に復帰
	H	*2–25*	小地主党前書記長コヴァーチ，ソ連当局により逮捕
	〃	*5–30*	ナジ=フェレンツ内閣辞職．翌日ナジ亡命
	C	*6– 1*	第2次土地改革
	〃	*7– 4*	マーシャル＝プラン参加決定
	〃	*–10*	同決定撤回
	H	*8– 1*	第1次三カ年計画開始
	〃	*–31*	総選挙．共産党22％の得票で第一党となる

	E	9- 2〜27	ポーランドでヨーロッパ主要共産党会議．コミンフォルム（共産党情報局）を結成
	C	9- 3	共産党と民主派諸党の対立激化．民主派閣僚の暗殺未遂事件おこる
	〃	11-16	社会民主党大会で右派が勝利し，フィールリンゲルは委員長を辞任
	H	11-20	大企業および大銀行の国有化
1948	C	2-20	非共産系12閣僚の辞表提出により，政治危機激化
	〃	-25	ベネシュ大統領，12閣僚の辞表を受理．いわゆるプラハのクーデターにより，共産党が全権を掌握
	〃	3-10	マサリク外相不審死
	〃	-11	第3次土地改革
	〃	4-26	従業員50人以上の全企業を国有化
	〃	5- 9	新憲法採択
	〃	-30	総選挙．共産党第一党となる
	〃	6- 7	ベネシュ，大統領を辞任．14日，ゴットヴァルト，大統領に就任
	H	6-12	共産党，社会民主党を吸収し，勤労者党と改称
	C	6-27	共産党，社会民主党を吸収．スラーンスキー，共産党書記長に就任
	E	6-28	コミンフォルム，ユーゴスラヴィア共産党を除名
1949	C	1- 1	第1次五カ年計画開始
	E	1-25	コメコン（経済相互援助会議）設置
	H	2- 1	人民共和国の発足．ハンガリー「独立人民戦線」結成
	〃	- 8	ミンドセンティ枢機卿に終身刑宣告
	〃	5-15	「独立人民戦線」の単一候補者名簿による総選挙
	〃	6- 8	外相ライクの逮捕
	C	7-31	共産党，約25万の党員を除名
	H	8-20	新憲法制定
	〃	9-19	ライクらの公開裁判開始．**10-15**　ライクら処刑
1950	H	1- 1	第1次五カ年計画開始
	C	3-14	クレメンティス外相解任
	〃	4-23	チェピチカ国防相，チェコスロヴァキア軍のソ連式編成替えを言明
	〃	-28	法王庁と断交
	〃	5- 5	フサークらスロヴァキア党指導者の党追放
1951	C	2-27	クレメンティス前外相逮捕．その後フサークら多数逮捕
	〃	11-27	党書記長スラーンスキー，スパイ容疑で逮捕
1952	H	8-14	党第一書記ラーコシ，首相を兼任
	C	11-27	クレメンティス，スラーンスキーらの公開裁判．11人に死刑の判決
	〃	12- 3	スラーンスキーら死刑
1953	H	1-10	ソ連に賠償支払完了
	E	3- 5	ソ連でスターリン死去
	〃	- 6	マレンコフ，首相に就任
	〃	-14	フルシチョフ，第一書記に就任

	C	*3–14*	ゴットヴァルト大統領死去．後任は前首相ザーポトツキー，首相にはシロキー，第一書記にはノヴォトニーが就任
	〃	*6– 1*	通貨改革実施．プルゼン・プラハ・オストラヴァなどで労働者の暴動発生
	H	*– 4*	ナジ=イムレ，首相に就任．「新路線」を発表し，内政を緩和
1955	E	*2– 8*	ソ連でマレンコフ首相解任．重工業優先政策再導入
	H	*3– 2～4*	党中央委員会でナジ=イムレを右翼偏向と批判
	〃	*4–18*	ナジを党政治局から追放，首相も解任．後任首相にヘゲデューシュを指名
	E	*5–14*	ワルシャワ条約（友好協力相互援助条約）機構成立
	H	*7* 中旬	ミンドセンティ枢機卿釈放
1956	C	*1– 1*	第2次五カ年計画開始
	E	*2–14～25*	ソ連第20回党大会開催．スターリン批判演説
	C	*3–10*	チェピチカ副首相解任
	H	*3–17*	「ペテーフィ会」設立
	〃	*–27*	ライク，部分的に名誉回復される
	E	*4–17*	コミンフォルム解散
	C	*4–25*	スラーンスキー事件関係者釈放．学生・知識人らの反政府デモ発生
	H	*6–29*	知識人ら，大衆集会を組織
	〃	*7–18～21*	党中央委員会開催．ラーコシ第一書記解任，後任はゲレー
	〃	*10– 6*	ライクの葬儀に30万人参加
	〃	*–13*	ナジ=イムレ復権
	〃	*–22*	学生団，ナジ前首相の再任を要求
	〃	*–23*	ブダペストで市民のデモ，保安警察と衝突．ハンガリー事件おこる
	〃	*–24*	ソ連軍第1次介入．ナジ，首相に就任．自由化政策開始
	〃	*–25*	ゲレー解任．カーダールが党第一書記に就任
	〃	*–30*	連立政権発足
	〃	*11– 1*	ナジ，ワルシャワ条約からの脱退とハンガリーの中立を宣言．カーダール，社会主義労働者党を結成
	〃	*– 4*	ソ連，本格的な第2次軍事介入．カーダール，新政権を樹立
	〃	*–22*	ユーゴスラヴィア大使館に避難したナジの強制連行
	〃	*12–30*	ソ連，ハンガリーに5000万ドルの借款供与
1957	H	*5–14*	中国，ハンガリーに1億ルーブルの借款供与
	C	*11–13*	ザーポトツキー大統領死去．ノヴォトニー第一書記が大統領をも兼任
1958	H	*1–28*	カーダール，党務に専任，首相にはミュンニヒが就任
	E	*3–27*	ブルガーニン・ソ連首相辞任．フルシチョフ第一書記が首相兼任
	H	*6–17*	ナジ=イムレの処刑発表
	〃	*11–16*	動乱後初の総選挙
1960	E	*4–16*	中ソ論争表面化
	C	*7–11*	社会主義共和国憲法制定

1961	C	1- 1	第3次五カ年計画開始（1962年で中止）
	H	1- 1	第2次五カ年計画発足
	〃	9-12	ミュンニヒ首相解任．カーダールが首相を兼任
	E	10-17～31	ソ連第22回党大会開催．フルシチョフ，第2次スターリン批判
	C	11-15	党中央委員会報告で，ノヴォトニー，過去の誤謬の大半はスラーンスキーの責任と言明
1962	C	2- 8	内相バラークを公職より追放
	E	6- 6～7	モスクワでコメコン首脳会議．国際分業の基本原則を採択
	H	8-19	ラーコシ・ゲレーを党から除名
	〃	11-20～24	第8回党大会開催．社会主義の基礎建設完了を宣言．カーダール，アルバニアと中共を非難
	C	12- 4～8	第12回党大会開催．ゴットヴァルト批判される
1963	C	4- 3～4	党中央委員会総会，スラーンスキー事件・「スロヴァキア民族主義」事件関係者の部分的名誉回復を決定
	〃	- 7～8	スロヴァキア党第一書記にドプチェク選出
	〃	6 上旬	クレメンティスの名誉回復
	〃	8- 7	スラーンスキーの部分的名誉回復
	〃	9-21	スラーンスキー粛清の中心人物シロキー首相解任．後任にレナールト指名
	〃	12	フサークらスロヴァキア民族主義者の完全名誉回復
1964	H	3-31	フルシチョフ・ソ連首相，ハンガリー訪問．両国共同コミュニケに調印
	E	10-15	ソ連でフルシチョフ解任．後任党第一書記にブレジネフ，首相にコスイギンを選任
1965	C	1-29	党中央委員会，次年1月からの経済改革導入を決定
	H	6-25	カーダール党務専任．首相にカーライ=ジュラが就任
	〃	11- 5	ソ連・中国，対ハンガリー物資救援を申し入れる
1966	H	1- 1	第3次五カ年計画発足
	C	1- 1	第4次五カ年計画発足
	〃	5-31～6-4	第13回党大会．オタ=シク，政治改革なくして経済改革の効果なしと主張
1967	C	3- 1	チェコ-ポーランド友好協力相互援助条約調印
	H	4-14	カーライ首相は国会議長に，後任首相にフォックが就任
	C	6-27～29	第4回作家同盟大会開催．言論の自由をめぐり激しい政府批判
	H	9- 7	対ソ連友好相互援助条約更新
	C	9-26～27	党中央委員会，主要作家の党除名，機関紙の発行停止を決定
	〃	10-31	プラハで寄宿舎の管理改善を要求し，学生デモ．警察厳しく弾圧
	〃	12- 8	ブレジネフ・ソ連共産党書記長，チェコ訪問
	〃	-14	政府，学生弾圧の行き過ぎを認める
	〃	-19～21	党中央委員会でノヴォトニー批判が噴出
	H	——	コダーイ死亡（1882～）
1968	H	1- 1	新経済機構全面的に発足

	C	*1-* *3〜5*	党中央委員会でノヴォトニー，党第一書記を辞任，後任にドプチェク選出
	〃	*2-* *1*	ドプチェク，全路線の転換を約束
	〃	*3-21*	ノヴォトニー，大統領をも辞任
	〃	*-30*	スヴォボダを大統領に選出
	E	*3-23〜24*	ドレスデンでソ連・東欧6カ国首脳会談．チェコスロヴァキア情勢を検討
	C	*4-* *1〜5*	党中央委員会，「行動綱領」を採択
	〃	*- 8*	首相にチェルニーク，副首相にオタ＝シク・フサーク，外相にハーエクを選任
	〃	*-18*	スムルコフスキーを国会議長に選出
	〃	*5-* *1*	スラーンスキーの完全名誉回復
	E	*5-* *8*	モスクワでソ連・東欧党首脳会議．ルーマニアとチェコスロヴァキアは招かれず，その後ソ連圏諸国の反チェコスロヴァキア論調急増
	C	*6-20*	検閲を廃止する新聞法採択
	〃	*-27*	「二千語宣言」発表
	E	*6-20〜30*	ワルシャワ条約統一軍，チェコスロヴァキア内で合同演習
	〃	*7-14〜15*	ワルシャワでソ連・東欧5カ国首脳会談．チェコスロヴァキア指導部への警告書簡を採択
	〃	*-29〜8-1*	ソ連とチェコスロヴァキア党首脳部がチェルナ＝ナト＝ティソウで会談
	〃	*8-* *3*	ソ連・東欧6カ国首脳，ブラティスラヴァで会談．共同声明発表
	C	*8-* *9〜11*	ティトー大統領来訪
	〃	*-15〜17*	チャウシェスク書記長来訪
	E	*8-20*	ソ連・東ドイツ・ポーランド・ハンガリー・ブルガリア5カ国軍約20万，チェコスロヴァキアに侵入
	〃	*-21*	ソ連，ドプチェク・チェルニーク・スムルコフスキーらを逮捕し，モスクワに連行
	C	*8-21*	大統領・閣僚・国会幹部会等多くの機関・団体が占領に抗議する声明発表．市民，非暴力抵抗を開始
	E	*8-21〜23*	ルーマニア・ユーゴスラヴィア・アルバニア，軍事介入を非難する宣言発表
	C	*8-22*	秘密裡に第14回臨時党大会開催．ドプチェクら再任．占領軍撤兵要求を決議
	〃	*-23*	スヴォボダ大統領，交渉のため訪ソ．26日まで，ドプチェクら拘禁者も加わり対ソ交渉
	〃	*-27*	チェコスロヴァキア首脳ら帰国．「正常化」を決めた共同コミュニケ発表
	〃	*-28〜29*	スロヴァキア共産党大会．新第一書記に選ばれたフサーク，臨時党大会の正当性を否認
	〃	*-29*	報道関係幹部解任始まる
	〃	*10-16*	コスイギン首相来訪．ソ連軍のチェコ駐留協定に調印

	H	***12*-13**	対チェコスロヴァキア軍事介入を批判したヘゲデューシュ元首相らを譴責処分
1969	**C**	***1*- 1**	連邦制発足
	〃	- 6	スムルコフスキーを連邦議会副議長に格下げ
	〃	-16	カレル大学学生ヤン＝パラフ，抗議の焼身自殺
	〃	-24～25	パラフ追悼の大集会
	〃	***3*-28**	アイスホッケー事件
	〃	-31～***4*-8**	ソ連国防相グレチコ来訪．ソ連軍再出動の警告
	〃	***4*- 1**	事前検閲制再導入
	〃	-17	党中央委員会．ドプチェク第一書記解任．後任にフサークを選出．幹部会から改革派排除
	〃	***5*-29～30**	党中央委員会，シク・クリーゲルらを追放，その後改革派を各機関から排除
	〃	***8*-20～22**	軍事介入一周年記念抗議行動．2000人以上逮捕
	〃	***9*-25～27**	党中央委員会，ドプチェクを攻撃．ソ連などの軍事介入の動機を評価，改革派をさらに解任
	〃	***12*-28**	党員証更新による粛党本格化
1970	**C**	***1*-27**	シク前副首相，スイスに亡命
	〃	-28	党中央委員会．チェルニーク首相解任．後任に保守派のシュトロウガルを任命
	〃	***5*- 4～7**	ブレジネフ・コスイギンが来訪．6日，新友好協力相互援助条約締結．「制限主権論」を条文化
	〃	***6*-25～26**	党中央委員会開催，ドプチェク・チェルニーク・スムルコフスキーらを党から除名
	〃	***7*-22～*8* 上旬**	フサーク，シュトロウガルを伴って訪ソ，ブレジネフと会談
	H	***10*- 3**	新選挙法採択．複数候補者制導入
	〃	***11*-23～28**	第10回党大会開催．アチェールらを新政治局員に任命．社会主義的デモクラシー，経済改革の推進を確認
	C	***12*-11**	党中央委員会，1968年の軍事介入は自国からの要請によると発表
1971	**H**	***1*- 1**	第4次五カ年計画開始
	C	***1*- 1**	第5次五カ年計画開始
	〃	-25	フサーク・シュトロウガル・ビリャーク，モスクワ訪問．ブレジネフ・コスイギンらと会見
	H	***2*-10**	国会で，自治体の自治権拡大などにかんする法律を採択
	〃	***4*-25**	新選挙法による総選挙．ブダペストで公認候補者敗れる
	C	***5*-14**	スロヴァキア共産党大会開催．第一書記にレナールトを選出
	H	***9*-28**	ミンドセンティ枢機卿の出国を許可
1972	**H**	***2*- 3**	『プラウダ』紙がハンガリーの現状を批判
	〃	-10	ブダペスト市党拡大総会で，カーダール，ハンガリーにおける「プチブル思想の出現」を指摘
	〃	***3*-27～28**	フォック首相訪ソ．長期資源輸入問題で意見対立と発表

	C	*4–18*	チェコ国内航空機が2人のチェコ青年によりハイジャックされ，西独に着陸
	H	*4–19*	憲法の一部改正.「社会主義国家」と規定. 政治的自由化，経済改革の措置を一部成文化
	〃	*5–10*	ソ連，カーダール第一書記にレーニン勲章授与を決定
	C	*7–21*	改革派知識人，元党幹部4人に実刑判決
	〃	*8–10*	6月以降の一連の改革派裁判終了. 計46人の実刑宣告
	H	*10– 3*	外国との合弁を一部許可
	〃	*11–15*	党中央委員会，経済・イデオロギーの引締めを決議
1973	H	*6–14*	党からヘゲデューシュ元首相ら追放
	C	*12–11*	西ドイツとの国交正常化条約にプラハで署名
	H	*12–20*	西ドイツと正式に国交樹立
1974	H	*3–19～20*	党中央委員会，ニエルシュ書記を解任. アチェール書記を副首相に転任
1975	E	*1*	ソ連，東欧向け石油価格を2倍以上に引上げ
	H	*3–17～22*	第11回党大会開催. アチェール，政治局に復帰. この党大会で，ソ連が経済発展を阻害していることを非難
	C	*5–28*	スヴォボダ大統領辞任. フサーク書記長が大統領を兼任
	E	*7–30～8–1*	欧州安保協力会議首脳会議(ヘルシンキ)，最終文書に署名
1976	H	*7– 5*	食料品値上げ発表
1977	C	*1– 6*	元外相ハーエク，作家ヴァツリークら257名の自由派知識人が言論・人権抑圧を批判した「憲章77」を発表
	〃	*–26*	カーター米新政権・中国政府，「憲章77」支持声明
	〃	*6*	フサーク大統領，ルーマニアを訪問. チャウシェスク大統領とのあいだで両国の友好を深め，兄弟関係を発展させるとの共同声明を発表
	H	*6*	カーダール，イタリア・バチカンをはじめて訪問
	〃	*7*	カーダール，西ドイツを訪問し，友好関係の強化にのりだす
	C	*7*	対外サービスを専門にする新通信社「オルビス」を設立
	〃	*9–14～16*	フサーク，ハンガリーを訪問
	H	*9–22～24*	カーダール，ユーゴを訪問
	C	*10–25*	フニョウペク外相，日本は科学・技術協力の分野での最も重要な相手国の一つであるとして，チェコ・日本両国貿易を拡大するための条件づくりに最大限の努力をしていると言明
	〃	*10*	憲章77の起草者の一人ヴァーツラフ＝ハベルが反逆罪で執行猶予つき1年2カ月の禁固刑をいい渡されるなど，いくつかの有罪刑が出される
	H	——	この年，ソ連が西欧共産主義を批判した際，各国共産党の独自の道を支持し，国際センターは必要でないとの立場を表明
	〃	——	この年，アメリカからキリスト教界指導者の訪問をあいついで受け入れ，国内での説教活動を大幅に認める
1978	H	*1*	アメリカが第二次大戦中にもちだした古代ハンガリーの「聖イシュトヴァーンの王冠」を返却

1980	**E**	*9-17*	ポーランド自主管理労組「連帯」発足
1984	**C**	*10-12*	「プラハの春」の「二千語宣言」の発起人の一人であった反体制詩人サイフェルト，ノーベル文学賞受賞
1985	**E**	*3-11*	ソ連でゴルバチョフ政権誕生
	H	*6*	ソ連・東欧圏で最初の複数候補制による国政・地方選挙
1986	**C**	*3-28*	第17回党大会でフサーク書記長5選．保守路線を堅持
	〃	*12- 8*	ジョン＝レノンの6周忌に集まった学生ら約400人が非合法デモ強行
1987	**H**	*6*	グロース＝カーロイ，首相となる
	C	*12-18*	フサーク党書記長辞任．後任にヤケシュ党幹部会員を選出
1988	**C**	*1-12*	ヤケシュ書記長，ソ連書記長ゴルバチョフと会談．ペレストロイカ支持を表明
	H	*5-22*	カーダール書記長辞任．グロース首相が後任書記長に就任
	〃	*6-29*	国民議会幹部会議長(国家元首)に非党員の生化学者シュトラウブを任命
	C	*8-21*	ワルシャワ条約機構軍介入から20周年目に，約1万人の市民デモ
	〃	*10-10*	シュトロウガル内閣総辞職．後任の首相にアダメツ就任
	〃	*-29*	建国70周年に約5000人が民主化を求めてデモ
	〃	*12-10*	反体制派が20年ぶりの公認集会.「憲章77」主催の集会に約3000人が参加
1989	**H**	*1-11*	国会，政党結成の権利を認める結社法を可決
		-30	ネーメト首相，軍の規模を向こう2年間に9%削減する方針を発表
	〃	*2*	党中央委緊急総会で「ハンガリー動乱」の歴史的見直しを行なう
	〃	*2-14*	社会主義労働者党が複数政党制を承認
	〃	*-22*	11月7日のロシア革命記念日を国の祝日からはずし，1848年革命記念日の3月5日を新祝日にすることを閣議決定
	〃	*3-22*	スト権の承認を含む新たな労働組合法を国会で可決
	〃	*5- 2*	オーストリア国境の鉄条網撤去
	〃	*-12*	内閣大幅改造．ネーメト首相が党の指名を経ずに新閣僚を任命
	〃	*-31*	党が56年当時のナジ首相処刑は違法と声明
	E	*6- 4*	ポーランド総選挙で「連帯」が圧勝
	H	*6-16*	ブダペストでナジ元首相の改葬式．約25万人が参列
	〃	*-24*	党中央委総会で改革積極派のニエルシュ政治局員が党首(議長)に就任
	〃	*7-11*	ブッシュ米大統領，ハンガリーを訪問
	〃	*-22*	国会補欠選挙で，9月にかけての再投票を含めて，野党候補が4議席を独占
	〃	*8-11*	党が68年のチェコスロヴァキアへの軍事介入を自己批判
	〃	*-19*	党が駐留ソ連軍の完全撤退を明記した新党綱領草案を発表
	〃	*9-10*	ハンガリーに留まっている東独市民について，政府は東独との査証協定を停止して出国を許可すると発表
	E	*9-12*	ポーランドで「連帯」主導型の内閣発足．首相にマゾビエツキ

H	*10- 7*	社会主義労働者党が共産主義を放棄して「社会党」に改名．党首にニエルシュを選出
〃	*-18*	「党の指導的役割」条項を憲法から削除
E	*10-18*	東独のホーネッカー書記長が辞任
H	*10-23*	ハンガリー人民共和国がハンガリー共和国と改名．この日を「国民和解の日」と定める
C	*10-28*	建国71周年記念日にプラハのヴァーツラフ広場で自由と民主化を求めるデモ．1万人以上が参加
E	*11- 9*	ベルリンの壁撤去
〃	*-10*	ブルガリアのジフコフ書記長が辞任
C	*11-14*	アダメツ首相，出国ビザを廃止し国民の西側への旅行を大幅に自由化すると声明
〃	*-17*	プラハで3万人デモ．現政権指導者退陣などを要求．警官隊の介入
〃	*-19*	反体制組織が会合を開き，政府との対話を開くための連合協議会「市民フォーラム」を結成
〃	*-20*	反政府デモ全国に拡大．ブラティスラヴァで1万人，ブルノで2万人，リベレツで5000人が参加．プラハのデモは20万人に拡大．学生がストに突入
〃	*-21*	アダメツ首相が「市民フォーラム」代表と初の会見．警官隊によるデモ弾圧を行なわないと譲歩し，共産党の指導的役割の見直し，「市民フォーラム」との対話開始を約束
〃	*-22*	プラハで再び20万人規模のデモ．国営テレビが番組を中断して，デモ参加者のインタビューを放送
〃	*-23*	プラハのデモ，最大規模の25万人以上に拡大
〃	*-24*	ヤケシュ書記長ら指導部が辞任．後任にウルバーネク幹部会員を選出
〃	*-26*	緊急中央委総会でシュテパンら強硬派幹部全員を解任．アダメツ首相と「市民フォーラム」が初の対話．民主勢力の政権参加を示唆．政治犯の釈放も約束
〃	*-27*	正午から2時間の全国スト．数百万人が参加．各地の職場で「ストライキ委員会」結成
〃	*-29*	共産党の指導的役割を定めた憲法規定の削除を連邦議会で決定
E	*12- 2～3*	マルタ島で米ソ首脳会談
C	*12- 3*	内閣改造．アダメツ首相を首班とし，非共産党員5人を含む連立内閣発足
E	*12- 4*	ワルシャワ条約機構首脳会談，ソ連の「プラハの春」の軍事介入を非難する声明
C	*12- 6*	ドプチェク元党第一書記の名誉回復
〃	*-10*	チャルファ第一副首相を首班とし非共産党員が多数の新内閣成立．フサーク大統領辞任
〃	*-20*	共産党臨時大会で，新設の党議長にアダメツ前首相を，新第一書

			記にモホリタ幹部会員を選出
	〃	-21	フサーク前大統領の責任を追及する調査委の設置
	E	*12-22*	ルーマニアのチャウシェスク政権崩壊
	C	*12-28*	連邦議会，ドプチェクを議長に選出
	〃	-29	連邦議会，劇作家ハベルを暫定大統領に選出
1990	**E**	*1- 4*	チェコのクラウス蔵相，コメコンの年次総会で抜本的改革を提案
	C	*1-26*	ハベル大統領，地域統合を進めるため「中欧6カ国」首脳会談の開催をハンガリー首脳に提案
	H	*3-25*	自由選挙実施(*4-8* に第2回)，共産党，第4党に転落
	〃	*5-23*	アンタルを首相とする「民主フォーラム」中心の3党連立政権発足
	C	*6-8・9*	自由選挙実施，「市民フォーラム」の圧勝
	〃	-27	チャルファ首班の「市民フォーラム」などによる連立政権発足
	〃	*7- 5*	ハベル大統領再選
	H	*8- 3*	「自由民主同盟」のゲンツ，大統領に就任
	E	*10- 3*	東西ドイツの統一
1991	**C**	*1-*	経済改革の本格的開始
	H・C	*2-15*	ビシェグラードの中欧3国首脳会議で「欧州復帰」の共同歩調を確認
	C	*2-21*	欧州会議に加盟
	〃	*4-21*	「市民フォーラム」の分裂.「市民民主党」の結成
	〃	*5-27*	ソ連駐留軍の撤退完了
	H	*6-19*	ソ連駐留軍の撤退完了
	E	*12-9～11*	首脳会議で欧州連合条約(マーストリヒト条約)最終合意
	H・C	*12-16*	ＥＣと連合(準加盟)協定に調印
	E	*12-26*	ソ連邦の解体
1992	**C**	*6- 5・6*	第2回総選挙
	〃	-24	メチアルを首相とする「民主スロヴァキア運動」内閣成立
	〃	*7- 2*	クラウスを首相とする「市民民主党」その他の連立政権成立
	〃	-17	スロヴァキア議会，主権宣言を採択
	〃	-20	ハベル大統領辞任
	〃	*8-26*	両共和国首相，年末までに連邦を解体することで合意
	H	*11-*	エリツィン・ロシア大統領，56年のハンガリー動乱にソ連軍が介入したことを謝罪
	C	*11- 7*	ドプチェク，交通事故で死亡
	〃	-13	連邦議会で「資産分割法」可決
	〃	-25	「連邦解体法」可決
1993	**C**	*1- 1*	チェコスロヴァキア連邦共和国，チェコとスロヴァキアの両共和国に分離・独立
	E	*1- 1*	ＥＣ統合市場発足
	C・S	*1-19*	チェコとスロヴァキア，ともに国連加盟を果たす
	C	*1-26*	ハベル，初代チェコ大統領に選出
	S	*2-15*	コバーチ，スロヴァキア大統領に選出

■ 参考文献

ハンガリー・チェコスロヴァキア現代史に関する参考文献を邦語の著書（邦訳を含む）を中心に簡単に紹介する。しかし邦語文献の数はきわめて限られており，ことに通史的なものはほとんどない状態なので，両国の現代史をより深く研究するためには，欧語文献にたよるほかないが，言語の特殊性や入手の可能性を考え，ここでは英語文献の主要なものをあげるにとどめる。両国の現代史はいうまでもなく東欧全般の理解を前提とするから，東欧一般に関する文献もかかげてある。なお最近わが国では，社会主義諸国の政治・経済の比較といった観点からの東欧研究がかなり進んでいるので，その方面の文献も若干とりあげることにした。

1 現代の東欧を全般的に扱ったもの

(1) 『ソ連・東欧諸国』(『世界の旅』5) 中央公論社 1971
(2) 『東欧』(『世界の国』18) 講談社 1975
(3) 『中部ヨーロッパ』(『世界文化地理大系』13) 平凡社 1957
(4) 世界経済調査会『東欧の研究』 世界経済調査会 1966
(5) 林 三郎『変容する東ヨーロッパ』 毎日新聞社 1968
(6) 相場正三久『東欧自由化とソ連』 朝日新聞社 1968
(7) 藤村 信『プラハの春 モスクワの冬』 岩波書店 1975
(8) 中沢孝之『デタントのなかの東欧』 泰流社 1977
(9) 加藤雅彦『東ヨーロッパ』(改訂第2版) 日本放送出版協会 1977
(10) 小林和男『ウィーンの東』 日本放送出版協会 1977
(11) 『ソ連・東欧総覧』 読売新聞社 1973・1976
(12) 『共産主義と国際政治』 日本国際問題研究所 1975—

(1)〜(3) は写真が多く，観光案内的性格も備えている。(4) はいくらか古いが，東欧に関する最初の総合的叙述である。(5)〜(10) は日本のジャーナリストの体験にもとづく今日の東欧の解説・評論もしくは印象記。立場はさまざまであるが，鋭い観察を含み有益である。(11)・(12) は，最近のソ連・東欧諸国の動向を知るうえに役立つ。

2 東欧史一般を扱ったもの

(13) 矢田俊隆編『東欧史』(新版)(『世界各国史』13) 山川出版社 1977

(14) 鳥山成人『スラヴの発展』(『大世界史』15) 文芸春秋 1968

(15) 同 『ビザンツと東欧世界』(『世界の歴史』19) 講談社 1978

(16) J. アンセル，山本俊朗訳『スラヴとゲルマン――東欧民族抗争史』弘文堂 1965

(17) A. Palmer, *The Lands Between: A History of East-Central Europe since the Congress of Vienna*, London, Weidenfeld & Nicolson, 1970.

(13) は東欧の歴史を一冊にまとめた唯一のもので，近・現代，とくに第一次大戦後が詳しく，記述にも信頼がおける。巻末の「参考文献」も便利である。(14) は18世紀までのロシアを含むスラヴの歴史的発展を概観したもの。(15) は東欧の歴史を総合的によくまとめてある。(16) はスラヴの西方拡散，ゲルマンの東欧進出から第二次世界大戦開始までの両者の関係史。(17) はウィーン会議以後の東・中欧史のすぐれた概観。

3 ハンガリー・チェコスロヴァキアの歴史と現状

A 通 史

(18) ハンガリー大使館編『ハンガリー』 恒文社 1966

(19) P. ボヌール，山本俊朗訳『チェコスロヴァキア史』(文庫クセジュ) 白水社 1969

(20) D. Sinor, *History of Hungary*, London, Allen & Unwin, 1959.

(21) E. Pamlényi, ed., *A History of Hungary*, Budapest, Corvina, 1973.

(22) C.A. Macartney, *Hungary: A Short History*, 4th ed., London, E. Benn, 1974.

(23) F.G. Heymann, *Poland and Czechoslovakia*, Englewood Cliffs, N.J., Prentice-Hall, 1966.

(24) F. Kavka, *An Outline of Czechoslovak History*, Praha, Orbis, 1960.

(25) S.H. Thomson, *Czechoslovakia in European History*, 3rd ed., Princeton, Princeton Univ. Press, 1953.

(26) R.W. Seton-Watson, *A History of Czechs and Slovaks*, London, Hutchinson, 1943, Connecticut, Anchon Books, 1965.

(18) は現状が主だが，歴史もかなり詳しい。(19) は簡潔だが，事実は正確。(20) はハンディなハンガリー通史。(21) はハンガリー本国における最近の研

究成果を知るのに便利である。(22) はイギリスの先駆的研究者による通史。(23) の著者はチェコスロヴァキアに長く滞在したアメリカの大学教授で，叙述は簡明かつ客観的である。(24) の著者はプラハ大学教授で，叙述は簡明。(25) は学問的に堅実で見方も公平。(26) もイギリスの先駆的研究者による古典的通史。

B　ハプスブルク帝国支配の時期

(27)　矢田俊隆『近代中欧の自由と民族』　吉川弘文館　1966

(28)　　同　　『ハプスブルク帝国史研究』　岩波書店　1977

(29)　村瀬興雄「第一次大戦前のヨーロッパ――中部ヨーロッパ」（岩波講座『世界歴史』23）　岩波書店　1969

(30)　E. Wangermann, *The Austrian Achievement, 1700–1800*, London, Thanres & Hudson, 1973.

(31)　O. Jászi, *The Dissolution of the Habsburg Monarchy*, Chicago, Univ. of Chicago Press, 1929.

(32)　R.A. Kann, *The Multinational Empire: Nationalism and National Reform in the Habsburg Monarchy, 1848–1918*, 2 vols., New York, Columbia Univ. Press, 1950.

(33)　A.J.P. Taylor, *The Habsburg Monarchy, 1809–1918*, London, Hamish Hamilton, 1948.

(34)　A.J. May, *The Habsburg Monarchy, 1867–1914*, Cambridge, Mass., Harvard Univ. Press, 1951.

(35)　C.A. Macartney, *The Habsburg Empire 1790–1918*, London, Weidenfeld & Nicolson, 1969.

(36)　Z.A.B. Zeman, *The Break-up of the Habsburg Empire 1914–1918*, London, Oxford Univ. Press, 1961.

(28)は衰退期のハプスブルク帝国を対象とし，複雑な民族問題を多面的に考察した研究書。(27)・(29)も19世紀末から20世紀にかけての中欧理解に役立つ。(30)は18世紀のオーストリア史を，近年の研究をとりいれて概観したもの。オーストリア絶対主義とハンガリー・ボヘミアの関係を知るのに有益。(31)はとくに社会経済的事情についての議論が鋭い。(32)はハプスブルク帝国の民族問題に関する最も基本的な著作。(33)は興味ある挑発的な書物。(34)はバランスのとれた公平な総合的叙述。(35)はスケールの大きな著作で，学問的価値も高い。諸民族の側からの帝国史で，とくにハンガリー史に力を入れている。(36)は第一次大戦期に関するすぐれた研究。

C　両大戦間の時期

(37)　大類　伸『列強現勢史――東中欧諸国』 冨山房　1939
(38)　百瀬　宏「ヴェルサイユ体制とヨーロッパ『諸小国』―― 東欧とその国際環境を中心に」（岩波講座『世界歴史』26） 岩波書店　1970
(39)　I. T. ベレンド・G. ラーンキ，南塚信吾監訳『東欧経済史』 中央大学出版部　1978
(40)　E. ノルテ，ドイツ現代史研究会訳『ファシズムの時代』下巻　福村出版　1972
(41)　S. J. ウルフ編，斉藤孝監訳『ヨーロッパのファシズム』上巻　福村出版　1974
(42)　笹本駿二『第二次世界大戦前夜――ヨーロッパ 1939 年』（新書） 岩波書店　1969
(43)　　同　　『第二次世界大戦下のヨーロッパ』（新書） 岩波書店　1970
(44)　H. Seton-Watson, *Eastern Europe between the Wars 1918–1941*, London, Cambridge Univ. Press, 1945.
(45)　C.A. Macartney, *Independent Eastern Europe: A History*, London, MacMillan, 1962.
(46)　J. Rothschild, *East Central Europe between the Two World Wars*, Seattle and London, Univ. of Washington Press, 1974.
(47)　A. Polonsky, *The Little Dictators: The History of Eastern Europe since 1918*, London, Routledge & Kegan Paul, 1975.
(48)　C.A. Macartney, *October Fifteenth: A History of Modern Hungary 1929–1945*, 2 vols., Edinburgh, The Univ. Press, 1956.
(49)　R.L. Tökés, *Béla Kun and the Hungarian Soviet Republic*, New York, Praeger, 1967.
(50)　M.D. Fenyo, *Hitler, Horthy and Hungary: German-Hungarian Relations, 1941–1944*, New Haven, Yale Univ. Press, 1972.
(51)　V.S. Mamatey and R. Luža, eds., *A History of Czechoslovak Republic 1918–1948*, Princeton, Princeton Univ. Press, 1973.
(52)　R.J. Kerner, ed., *Czechoslovakia, Twenty Years of Independence*, Berkeley & Los Angeles, Univ. of California Press, 1940.
(53)　R.M. Smelser, *The Sudeten Problem 1933–1938*, Middletown, Wesleyan Univ. Press, 1975.

(37)は出版は古いが，第一次大戦後のハンガリー・チェコスロヴァキア・ポーランドなどの歴史を要領よくまとめてある。(38)は要点をよくおさえてい

る。(39)は両大戦間の東欧経済史に関するすぐれた概説を含む。(40)・(41)は戦間期東欧各国のファシズム運動を国別に概観するのに便利である。(42)・(43)はすぐれたジャーナリストの切実な体験記録。(44)・(45)はイギリスの専門家による両大戦間史の古典的名著。政治＝社会構造，民族問題，国際関係等について，実証的で鋭い分析を加えている。(46)は Sugar and Treadgold, eds., *A History of East Central Europe* 叢書全11巻中の一冊で，各国史的構成をさけ，東欧地域全体を歴史的単位として扱っている。この時期の東欧史の決定版といえる。(47)は両大戦間末期の各国の独裁化を平明に論述する。(48)はハンガリー史の権威による戦間期史の研究。(49)は英語によるソヴェト＝ハンガリーの重要な研究。(51)は両大戦間から1948年の政変までのチェコスロヴァキアの最新の通史で，内容もすぐれており，詳しい文献目録がついている。(52)は問題別の論文集。(53)はズデーテン問題のまとまった研究。

D　第二次大戦後の時期

〔東欧全般〕

(54)　Z. K. ブジェジンスキー，山口房雄訳『ソビエト・ブロック——その統一と対立の歴史』弘文堂　1964
(55)　H. ジョンソン，佐藤俊男訳『東欧の新世界』みすず書房　1957
(56)　H. セトン＝ワトソン，初岡昌一郎訳『東欧の革命』新時代社　1969
(57)　笹本駿二・加藤雅彦編『東欧の動乱』（『ドキュメント現代史』10）平凡社　1973
(58)　猪木正道『冷戦と共存』（『大世界史』25）　文芸春秋　1969
(59)　柴田政義『人民民主主義の史的展開』2巻　大月書店　1975
(60)　J.F. Brown, *The New Eastern Europe*, New York, Praeger, 1966.
(61)　F. Fejtö, *A History of the People's Democracies: Eastern Europe since Stalin*, London, Pall Mall Press, 1971.

(54)は第二次大戦後東欧に成立した「ソヴェト＝ブロック」が変化してゆく過程を政治学的に分析し，共産主義と民族主義の対立をイデオロギーと権力という観点から論じ，東欧現代史の分析に有益な手がかりを与える。(55)も，戦後10年間の東欧の変貌をよくみている。(56)は，H. Seton-Watson, *The East European Revolution*, London, 1950　の前半部の邦訳。東欧専門家による高水準の戦後東欧史で，諸国で共産党支配が確立され，ソ連の東欧支配の完成する過程に焦点をあてている。前掲の戦間史に比べると，反共的立場が強く出ている。(57)はユーゴスラヴィアの離反から「プラハの春」までの東欧圏の主要な事件の資料と評論を集めたもの。解説年表も便利。(58)

は明快で，東欧の記述が詳しい。(59)は東欧諸国の経済史・労働運動史の概観を与えているが，ソ連の政策に沿う傾向が強い。(60)は戦後社会主義体制に入った諸国が，1956年を境にどのような変化を経験したかを，国別に，政治・経済・文化の各分野にわたって詳述する。東欧現代史のすぐれた入門書。(61)はハンガリー出身の東欧専門の政治学者による包括的な戦後東欧史（原著はフランス語）下巻の英訳。1953年のスターリンの死から1968年のチェコ事件までを扱い，バランスのとれた手堅い叙述である。

〔ハンガリー〕

(62) F. フェイト，村松剛他訳『民族社会主義革命――ハンガリー十年の悲劇』 近代生活社 1957
(63) E.C. Helmreich, ed., *Hungary*, New York, Praeger, 1957.
(64) B. Kovrig, *The Hungarian People's Republic*, Baltimore & London, Johns Hopkins Univ. Press, 1970.
(65) F.A. Vali, *Rift and Revolt in Hungary: Nationalism versus Communism*, Cambridge, Mass., Harvard Univ. Press, 1961.
(66) P.E. Zinner, *Revolution in Hungary*, New York, Columbia Univ. Press, 1962.
(67) M. Molnár, *Budapest 1956: A History of the Hungarian Revolution*, London, Allen & Unwin, 1971.
(68) W.F. Robinson, *The Pattern of Reform in Hungary: A Political, Economic and Cultural Analysis*, New York, Praeger, 1973.
(69) W. Shawcross, *Crime and Compromise: Janos Kadar and the Politics of Hungary since Revolution*, London, Weidenfeld & Nicolson, 1974.

(62)はハンガリー動乱の事実と背景についての生彩ある叙述。(63)は後掲の(77)とともに Byrnes 編戦後東欧諸国史シリーズ中の一冊。手頃なハンドブックであるが，叙述の正確さにやや欠ける。(64)は Triska 編の同じ種類のシリーズの一冊で，ほぼ同じことがいえる。(65)はアメリカに亡命したハンガリー出身の政治学者の著書。ハンガリー動乱の性格を共産党内部の分裂，民衆と共産党との間の分裂，ハンガリー国民とソ連との分裂に焦点をあてて分析し，政治的側面だけでなく社会的・心理的・軍事的側面にも目を注ぎ，動乱を国際的視野で位置づけようとしている。(66)は第二次大戦中の旧体制の崩壊からハンガリー動乱によるスターリン体制の破産までの過程を社会的に分析し，動乱の心理的要因をも重視する。著者はアメリカの東欧

専門家。(67)はフランス語の原書の英訳で，動乱の代表的な叙述の一つ。著者は共産党の言論人として活躍し，スイスに亡命した人。(68)・(69)は最近のハンガリーについて詳しい。

〔チェコスロヴァキア〕

(70) J. コルベル，小林昭訳『平和共存とチェコ共産革命』日刊労働通信社 1960

(71) C. スターリング，茂木政・河合伸訳『チェコ戦後史の謎——マサリク外相の死』 鹿島研究所出版会 1971

(72) P. ティグリット，内山敏訳『プラハの春』 読売新聞社 1969

(73) 佐瀬昌盛「チェコの悲劇——その歴史と教訓」(『革新』 1975年8月号—)

(74) オタ＝シク，林三郎訳『チェコ経済の真実』毎日新聞社 1970

(75) J. スムルコフスキー，山崎功訳『スムルコフスキー回想録』 読売新聞社 1976

(76) 『戦車と自由 —— チェコスロバキア 事件資料集』2巻 みすず書房 1968

(77) V. Bušek and N. Spulber, eds., *Czechoslovakia*, New York, Praeger, 1957.

(78) Z. Suda, *The Czechoslovak Socialist Republic*, Baltimore and London, Johns Hopkins Univ. Press, 1968.

(79) E. Taborsky, *Communism in Czechoslovakia 1948–1960*, Princeton, Princeton Univ. Press, 1961.

(80) G. Golan, *The Czechoslovak Reform Movement*, London, Cambridge Univ. Press, 1971.

(81) G. Golan, *Reform Rule in Czechoslovakia: The Dubček Era 1968–1969*, London, Cambridge Univ. Press, 1973.

(82) H.G. Skilling, *Czechoslovakia's Interrupted Revolution*, Princeton, Princeton Univ. Press, 1976.

(70)はアメリカの国際関係論学者によるチェコスロヴァキアの共産主義運動とプラハの政変についての反共的叙述。(71)・(72)は読物としても興味深い。(73)は邦語による最も詳細な戦後チェコ史で，内容的にも注目に値するので，雑誌論文であるが例外的にあげておく。(74)・(75)は改革の当事者たちの回想録として貴重なもの。(76)は700ページをこえる大部なもの。きわめて有益だが，西側の新聞論調がかなり多い。(77)は多数の筆者による論文集。(78)は

Triska編東欧諸国史シリーズの一冊で，手頃なハンドブック。(79)はベネシュ大統領の下で外交官をつとめアメリカに亡命した人の著書。スターリン主義期について反共的立場に立ちつつ実証的な裏付けを施した研究書。(80)・(81)はイスラエルの女性研究者による「プラハの春」とそれにいたる過程についてのすぐれた研究。社会の自主性の回復という観点から，改革運動の開始・展開・挫折を実証的に跡づける。(82)の著者はアメリカの政治学者。最新の包括的ですぐれた研究。

4 東欧社会主義諸国の政治と経済，その他特殊なテーマを扱ったもの

(83) 日本国際政治学会編『戦後東欧の政治と経済』 有斐閣 1968

(84) 『東欧の経済と社会』2巻 アジア経済研究所 1971

(85) 佐藤経明編『ソ連・東欧諸国の経済改革』アジア経済研究所 1973

(86) 猪木正道・市村真一編『共産圏諸国の政治経済動向』創文社 1974

(87) 佐藤経明『現代の社会主義経済』(新書) 岩波書店 1975

(88) 東大社会科学研究所編『現代社会主義——その多元的諸相』東京大学出版会 1977

(89) G. マルチネ，熊田亨訳『五つの共産主義』下巻 (新書) 岩波書店 1972

(90) M. Kaser, *Comecon: Integration Problems of the Planned Economies*, London, Oxford Univ. Press, 1965.

(91) R.V. Burke, *The Dynamics of Communism in Eastern Europe*, Princeton, Princeton Univ. Press, 1961.

(92) S.D. Kertesz, ed., *East Central Europe and the World: Developments in the Post-Stalin Era*, Notre Dame, Indiana, Notre Dame Univ. Press, 1962.

(93) W.E. Griffith, ed., *Communism in Europe: Continuity, Change and the Sino-Soviet Dispute*, 2 vols., Cambridge, Mass., M.I.T. Press, 1964-66.

(94) P. Sugar and I.J. Lederer, eds., *Nationalism in Eastern Europe*, 2nd ed., Seattle, Univ. of Washington Press, 1971.

(95) L. Schapiro, ed., *Political Opposition in One-Party States*, London, MacMillan, 1972.

(96) A. Bromke and T. Rakowska-Harmstone, eds., *The Communist States*

in Disarray 1965-1971, Minneapolis, Univ. of Minnesota Press, 1972.
(97) Ch. Gati, ed., *The Politics of Modernization in Eastern Europe*, New York, Praeger, 1974.
(98) Ch. Harman, *Bureaucracy and Revolution in Eastern Europe*, London, Pluto Press, 1974.

(83)～(86)・(88)はいずれも，東欧各国についての研究論文を集めたもの。とりわけ(83)の木村汎・松井弘明，(86)の猪木正道，(88)の平田重明・斉藤稔の諸氏のものは，本書のテーマに関係が深く，教えられるところが多い。(87)は現代の社会主義経済の構造とそれがかかえている問題を平易に説明する。(89)は，チェコを含む今日の多様な共産主義を具体的に比較検討して，基本的性格と相異点を明らかにする。(90)は東欧諸国の経済統合の諸問題についての基本的文献。(91)は東欧諸国の共産党の指導部と党員の社会的・民族的構成を戦前と戦後にわたって比較分析したもので，多くの貴重な統計を含む。(92)・(93)は非スターリン化から中ソ論争にいたる時期についての，主としてアメリカ政治学者による分析。(94)は各国のナショナリズムの特殊性を，それぞれの専門家が突きこんで考察したもの。(95)以下はそれぞれ興味深い重要な研究である。

本書の執筆にあたっても，上記の文献の多くを参考にし，利用させてもらった。そのほかにも，英語以外の外国語文献，百科事典の関係項目，邦語の雑誌（『アジア経済』『スラヴ研究』『歴史学研究』『世界』各種紀要その他）論文などで，参考にしたものが少なくない。とりわけ南塚信吾・鹿島正裕両氏の研究成果には負うところが多い。これらすべての著者の方々に，厚くお礼を申しあげたい。

補　遺

(1) F＝フェイト，熊田亨訳『スターリン以後の東欧』岩波書店　1978
(2) F＝フェイト，熊田亨訳『スターリン時代の東欧』岩波書店　1979
(3) 鹿島正裕『ハンガリー現代史』亜紀書房　1979
(4) P＝F＝シュガー・I＝J＝レデラー編，東欧史研究会訳『東欧のナショナリズム――歴史と現在』刀水書房　1981
(5) 佐瀬昌盛『チェコ悔恨史』サイマル出版会　1983
(6) 木戸蓊・伊東孝之編『東欧現代史』有斐閣　1987

⑺　南塚信吾『静かな革命――ハンガリーの農民と人民主義』東京大学出版会　1987
⑻　南塚信吾編『東欧の民族と文化』（叢書東欧　1）彩流社　1989
⑼　羽場久浘子『ハンガリー革命史研究――東欧におけるナショナリズムと社会主義』勁草書房　1989
⑽　菊地昌典編『社会主義の現実　Ⅰ』（社会主義と現代世界　2）山川出版社　1989
⑾　徳永康元『ブダペスト回想』恒文社　1989

■ 写真引用一覧

1……E. Pamlényi (ed.); A History of Hungary, London, 1975.
2……『中部ヨーロッパ』(『世界文化地理大系』13) 平凡社 1957
3……T. Huszár; Contemporary Hungarian Society, Budapest, 1974.
4……F. Kavka; An Outline of Czechoslovak History, Praha, 1960.
5……Europa; Sein Wesen im Bild der Geschichte, Bern・Stuttgart・Wien, 1960.
6……E. Crankshaw; The Habsburgs, New York, 1971.
7……Lászlo Eősze; Zoltán Kodály. His Life and Work, London, 1962.
8……A. Palmer; The Lands Between, London, 1970.
9……『戦車と自由』I みすず書房 1968
10……『世界史大系 16』誠文堂新光社 1963
11……D. Pryce-Jones; The Hungarian Revolution, New York, 1970.
12……ハンガリー大使館編『ハンガリー』恒文社 1966

口絵1 JPS
2 著者撮影
p. 6——1, p. 564–565
p. 9 左——2, p. 159
〃 右——2, p. 158
p. 18——3, p. 10
p. 25——4, p. 48–49
p. 29——4, p. 48–49
p. 33——1, p. 564–565
p. 39——5, p. 141
p. 42 上——4, p. 48–49
〃 下——4, p. 48–49
p. 47——1, p. 564–565
p. 51——6, p. 189
p. 58——1, p. 564–565
p. 61——1, p. 564–565
p. 64——4, p. 48–49
p. 68——1, p. 564–565
p. 75 左——7, 口絵
〃 右——1, p. 564–565
p. 79——4, p. 48–49
p. 85——4, p. 128–129
p. 95 左——1, p. 564–565
〃 右——1, p. 564–565
p. 100——1, p. 564–565
p. 113——1, p. 564–565
p. 121——6, p. 258
p. 126——1, p. 564–565
p. 132——1, p. 564–565
p. 136——1, p. 564–565
p. 142——1, p. 564–564
p. 147——1, p. 564–565
p. 161——8, p. 214–215
p. 178——2, p. 135
p. 184——9, 口絵 8
p. 191——10, p. 203
p. 200——5, p. 257
p. 208——4, p. 128–129
p. 221——1, p. 564–565
p. 224——1, p. 564–565
p. 226——11, p. 33
p. 233——11, p. 46
p. 238——8, p. 214–215
p. 243——11, p. 110
p. 254——1, p. 564–565
p. 257——PANA
p. 263——12, p. 192–193
p. 271——4, p. 128–129
p. 277——丸木俊氏提供
p. 281——9, 口絵 4
p. 284——2, p. 129
p. 290——4, p. 128–129
p. 297——9, 口絵 8
p. 303——9, 口絵10
p. 309 左——9, 口絵10
〃 右——9, 口絵10
p. 311——9, 口絵 9
p. 315——8, p. 214–215
p. 322——PANA

■ 図表資料一覧

p. 107——A. Palmer; The Lands Between, London, 1970, p. 177.
p. 203——Ibid., p. 229.
p. 213——Ibid., p. 297.